Im Namen Allahs?

TREFFPUNKT PHILOSOPHIE

Herausgegeben von Matthias Kaufmann

Band 12

PETER LANG
EDITION

Sebastian Schnelle

Im Namen Allahs?

Gewaltrechtfertigungsstrategien islamischer Fundamentalisten aus westlicher Perspektive

PETER LANG
EDITION

Bibliografische Information der Deutschen Nationalbibliothek
Die Deutsche Nationalbibliothek verzeichnet diese Publikation in der Deutschen Nationalbibliografie; detaillierte bibliografische Daten sind im Internet über http://dnb.d-nb.de abrufbar.

Zugl.: Halle-Wittenberg, Univ., Diss., 2012

3
ISSN 1619-585X
ISBN 978-3-631-64170-5 (Print)
E-ISBN 978-3-653-03308-3 (E-Book)
DOI 10.3726/978-3-653-03308-3

Peter Lang Edition ist ein Imprint der Peter Lang GmbH.

Peter Lang – Frankfurt am Main · Bern · Bruxelles · New York · Oxford · Warszawa · Wien

www.peterlang.de

Danksagung

An dieser Stelle möchte ich allen danken, ohne die es nicht möglich gewesen wäre, diese Promotion zu Ende zu führen.

Zunächst möchte ich Herrn Prof. Dr. Matthias Kaufmann sehr herzlich danken, dass er sich spontan bereit erklärt hat dieses Projekt zu betreuen, auch wenn die Umstände etwas ungewöhnlich waren. Vielen Dank für eine hervorragende Betreuung und wertvolle Denkanstöße, ebenso wie für ein positives Gutachten, das mir eine Förderung durch die FAZIT-Stiftung ermöglicht hat.

Ebenso gilt mein herzlicher Dank Herrn Prof. Dr. Jürgen Paul, dem ich für die Übernahme des Zweitgutachtens und ebenfalls für das Verfassen eines positiven Gutachtens für die FAZIT Stiftung danken möchte.

Des Weiteren bin ich meinen „Lektoren" Greta Johannsen, Elisabeth Schmidt, Christine Schnelle, Friedemann Wahl, Sven Wildfang und Marius Zirngibl zu Dank verpflichtet, die sich immer wieder die Mühe gemacht haben, sich durch eine ihnen eigentlich fremde Materie zu wühlen und es dabei mit meiner unmöglichen Satzzeichensetzung aufgenommen haben.

Mein Dank gebührt auch der FAZIT-Stiftung unabhängige Verlagsgesellschaft mbH durch deren Stipendium ich in die Lage versetzt wurde, mich ein Jahr ganz dieser Promotion zu widmen.

Zu guter Letzt noch ein Dank an meine Eltern, die mich in diesem Studienabschnitt, wie auch in allen Vorhergehenden, finanziell und ideell unterstützt haben.

Ihnen allen vielen Dank!

Inhalt

1. Einleitung

Die Reaktion der westlichen Presse auf die Anschläge vom 11. September 2001 war eine eindeutige und vorhersehbare. Wie bereits bei anderen Attentaten islamischer Fundamentalisten zuvor, wurden diese als religiöser Fanatismus, Ausdruck einer simplen antiwestlichen Haltung, einer reaktionären Sehnsucht nach einer glorifizierten Vergangenheit oder als sinnloser Terrorismus bezeichnet. Darin unterschied sich die Reaktion der öffentlichen Medien in keinster Weise davon, wie sie bereits 15 Jahre zuvor von Charles Adams im Zusammenhang mit dem Attentat auf den ägyptischen Präsidenten Sadat beschrieben wurde (Jansen 1986: xiii). Auch wenn diese komplett negative Beschreibung nachvollziehbar und nicht gänzlich unzutreffend ist, so hilft sie jedoch nicht dabei, die tief sitzende Unzufriedenheit zu erklären, die radikale Aktivisten zu solch dramatischen Handlungen treibt. Wer die Visionen ignoriert, welche die Männer prägten, welche die Flugzeuge in die Türme des World Trade Centers lenkten, der beraubt sich der Möglichkeit, die interne Logik dieser Männer zu verstehen und ihr entgegenzuwirken. Es ist schließlich interessant, dass die Beschreibung der Vorgänge durch die westlichen Medien ausschließlich ablehnend ausfiel, während das Selbstverständnis der Attentäter mit größter Wahrscheinlichkeit ein positives war. Wie vermutlich die meisten anderen Menschen auch, hatten die Attentäter ein Selbstbild, in dem sie das moralisch Richtige und Gebotene taten, auch wenn diese Sicht im Westen aus verständlichen Gründen nicht geteilt wird. Aus Sicht der Attentäter waren deren Handlungen jedoch moralisch gerechtfertigt. Dies gilt wahrscheinlich für die meisten radikalen politischen Gruppen, was sich schon daran erkennen lässt, dass diese zahlreiche Publikationen veröffentlichen, in denen sie versuchen, ihre Sicht der Dinge zu erklären und zu rechtfertigen. Dies jedoch führt zu einer Spannung in normativer Hinsicht, da sich daraus sofort die Frage ergibt, was eine legitime Gewaltrechtfertigung ausmacht, wenn derartige Handlungen einmal als moralisch falsch, und einmal als moralisch gut oder sogar geboten angesehen werden. Dies soll denn auch der Fokus dieser Arbeit sein, die sich als philosophische Abhandlung versteht, die einerseits versucht, die Frage nach funktionierenden Gewaltrechtfertigungsstrategien prinzipiell zu beantworten, als auch andererseits einen Vergleich und eine Wertung von Gewaltrechtfertigungsstrategien, wie sie in der westlichen Welt[1], aber auch von islamistischen Autoren, verwendet werden, zu ziehen.

Bevor diesen Frage nachgegangen werden kann, jedoch noch eine wichtige Anmerkung vorweg. Im Gefolge speziell der Attentate vom 11. September in New York wurden in westlichen Gesellschaften antiislamische Strömungen stark, die durchaus existierende, radikale politische Strömungen in dieser Religion mit „dem Islam" gleichzusetzen suchen und allen Muslimen radikale und antidemokratische Tendenzen unterstellen, was teils auch rassistisch motiviert ist und mit einer Überfremdungsrhetorik einhergeht. (Wer dies allen Ernstes abstreiten wollte, dem sei das „Vergnügen" eines Besuchs auf der Internetseite *Politically Incorrect* empfohlen.) Der Autor möchte an dieser Stelle explizit darauf hinweisen, dass er eine derartige, primitive Haltung ablehnt, da der Islam eine ebenso vielschichtige und komplexe Religion darstellt, wie alle anderen Religionen auch. Die Existenz einer radikalen Minderheit, die den Gegenstand dieser Arbeit bildet, muss dabei nicht geleugnet werden, aber eine Gleichsetzung von Islamisten mit Muslimen ist schlicht und einfach unzulässig. Um es also noch ein letztes Mal klar darzustellen: Gegenstand dieser Arbeit ist nicht „der Islam", sondern eine radikale Strömung innerhalb dieser vielschichtigen Religion.

Um jedoch auf die Frage nach geeigneten Gewaltrechtfertigungsstrategien zurückzukommen: Wenn die Frage nach den Bedingungen moralisch legitimer Gewaltanwendung gestellt wird, so bedeutet dies sicherlich zweierlei: Erstens wird der Fragende damit anerkennen, dass Gewaltanwendung nicht einfach nur ein weiteres Mittel der Politikführung darstellt, sondern als Ausnahmefall gesondert zu rechtfertigen ist, und zweitens auch, dass Gewaltanwendung nicht prinzipiell illegitim ist, sondern unter bestimmten Bedingungen gerechtfertigt werden kann (Schmücker 2005: 8-9). Die Tatsache, dass alle später angeführten islamistischen Autoren in ihren Schriften auch immer wieder auf die Frage der Gewaltrechtfertigung eingehen, impliziert, dass sie diese Voraussetzungen teilen. Gegenteilige Ansichten werden im Rahmen dieser Arbeit ebenfalls Erwähnung finden, jedoch abgelehnt werden (siehe Abschnitt 3.4). Das geltende Recht hat dabei, ebenso wie viele Gewaltrechtfertigungstheorien, einen Hang zur Benachteiligung nicht staatlicher Akteure, was jedoch aus moralphilosophischer Sicht kein prinzipielles Problem darstellt. Oft lässt sich ein Gewaltmonopol eines Staates schlüssig nur solange rechtfertigen, wie dieser bestimmte Voraussetzungen erfüllt,

1 Wenn in dieser Arbeit von „der westlichen Welt" oder „dem Westen" die Rede ist, so soll damit der Okzident gemeint sein. Die Bezeichnung als „der Westen" wird deshalb beibehalten, da dies das im „Abendland" gängige Selbstbild trifft. Es sollte jedoch nicht vergessen werden, dass etwa aus dem ostasiatischen Raum betrachtet der Islam ganz eindeutig „dem Westen" zuzuordnen ist, wobei dann mit „dem Westen" der Kulturkreis der abrahamitischen Religionen gemeint ist.

und die Tendenz vieler Gewaltrechtfertigungstheorien staatliche Akteure nicht staatlichen gegenüber zu bevorzugen, wird zumeist nicht weiter erläutert. Sollte es einen guten Grund für diese Bevorzugung geben, so sollte dieser benannt werden und für den Fall, dass ein solcher nicht vorliegt, umso schlimmer (Steinvorth 2005: 46). Im internationalen Bereich kommt dazu noch das Problem, dass keine ausreichend legitimierte und mächtige Institution existiert, die ein Gewaltmonopol beanspruchen und durchsetzen könnte. Auch in dieser Hinsicht ist deshalb die Frage nach moralisch legitimer Gewaltanwendung interessant.

Dies heißt jedoch noch nicht, dass Gewaltanwendung, auch wenn sie in einem speziellen Fall für moralisch legitim befunden wird, gutgeheißen werden muss. Jede Form der Gewalt, die nicht durch Richter und positives Recht gedeckt ist, ist immer auch suspekt, da positives Recht genau dazu entwickelt wurde, um einen allgemein verbindlichen Rahmen zu schaffen, welcher der Willkür des moralischen Urteils einzelner entzogen wird. Wo dieser nicht existiert ist immer auch Vorsicht geboten (Steinvorth 2005: 50). Die Frage nach einer legitimen Anwendung von politischer Gewalt sollte deshalb immer auch als Kritik und nicht nur als Apologetik verstanden werden.

Wenn in diesem Werk von „Radikalen“, „Fundamentalisten“ oder „Islamisten“ die Rede ist, so ist es wichtig, zu wissen, wer damit gemeint ist, weswegen hier ein Versuch einer Definition gegeben werden soll. Zwar werden die Begriffe in der Alltagssprache und in den Medien inzwischen regelmäßig verwendet, und die meisten Menschen scheinen auch eine ungefähre Idee davon zu besitzen, auf wen diese Begriffe anzuwenden sind, da es jedoch auch Kreise gibt, welche diese Begriffe am liebsten auf alle Muslime angewendet sähen, und da diese auch in der wissenschaftlichen Literatur unterschiedlich verwendet werden, sollen diese hier näher eingegrenzt werden.

Zunächst ist es dabei wichtig, zu wissen, dass es sich beim Fundamentalismus[2] um eine moderne Entwicklung des Islam handelt, die von der islamischen Orthodoxie[3] abzugrenzen ist. Die Orthodoxie wird gängigerweise mit den vier Rechtsschulen (*madhhab*) des sunnitischen Zweiges des Islam gleichgesetzt,

---

2 Die zuvor angeführten Begriffe (Fundamentalismus, Islamismus, Radikalismus) sollen hier austauschbar verwendet werden, auch wenn es natürlich Unterschiede gibt. So unterstützen etwa nicht alle Fundamentalisten und Islamisten Gewalt als Mittel zur Durchsetzung ihrer Ziele. Auch ist eine Gleichsetzung von Islamisten und Fundamentalisten nur in manchen Fällen zulässig. Im Rahmen dieser Arbeit, werden jedoch nur solche Autoren behandelt, auf die alle drei Begriffe zutreffen, so dass die Begriffe hier nicht streng voneinander abgegrenzt werden.

3 An dieser Stelle soll nicht verschwiegen werden, dass der Begriff der Orthodoxie in Bezug auf den Islam (wie so viele ursprünglich vom Christentum geprägte Begriffe) nicht unumstritten ist. Alternativ kann auch vom „klassischen“ Islam gesprochen werden, was jedoch seinerseits zu Problemen führt.

dem ca. 85% der Muslime weltweit angehören. Zuweilen werden auch die klassischen Rechtsschulen des schiitischen Islam zur Orthodoxie gerechnet, im Rahmen dieser Arbeit soll das Augenmerk jedoch auf der sunnitischen Interpretation des Glaubens liegen, da dieser Zweig verantwortlich für die Existenz der hier untersuchten radikalen Strömungen ist, welche schließlich in internationalem Terrorismus gipfelten. Kennzeichen dieser Orthodoxie sind eine starke Betonung der Position der Rechtsgelehrten (*ulema*) und der Traditionen der jeweiligen Rechtsschule. Diese Traditionen haben sich über Jahrhunderte entwickelt und komplexe Formen der kontextuellen, linguistischen und historischen Exegese entwickelt, die auf vier Säulen beruht: dem Koran, den Überlieferungen aus dem Leben des Propheten (*hadith*), dem Konsens der Theologen (*ijma*) und der Begründung durch Analogieschlüsse (*qiyas*) (Moaddel 2002: 1).

Da es sich bei der Orthodoxie jedoch um eine konservative Richtung der Glaubensinterpretation handelt, entwickelte sich im ausgehenden neunzehnten Jahrhundert eine progressive Antwort auf die Orthodoxie, die den Islam liberalisieren wollte. Ziel war es den Islam mit der Moderne der westlichen Welt in Verbindung zu bringen. Die ersten Autoren dieser als Modernismus bezeichneten Denkrichtung überdachten die althergebrachten Methoden der Koranexegese und versuchten, neue Ansätze zu finden, ihre Religion an die Zeit anzupassen. Ziel war es, im Stile der europäischen Aufklärung den Weg frei zu machen, für wissenschaftlichen Rationalismus und moderne Gesellschaftstheorien, da diese Autoren diese für Errungenschaften hielten, die der islamischen Welt nicht verwehrt bleiben sollten.

> „*[These authors] presented Islamic theology in a manner consistent with modern rationalist ideas and deist religion. These theologians were impressed by the achievements of the West, ranging from scientific and technological progress, the Newtonian conception of the universe, Spencer's sociology, and Darwinian evolutionism, to Western style of living. They all argued that Islam as a world religion was thoroughly capable of adapting itself to the changing conditions of every age, the hallmarks of the perfect Muslim community being law and reason.*“ (Moaddel 2002: 2)

Dabei entwickelten diese Autoren neue Konzepte, um Problemen zu begegnen, die Themenbereiche wie die Stellung der Frau im Islam oder Fragen nach Souveränität und politischer Selbstbestimmung einschlossen. Diese theologische Bewegung stellte eine Revolution dar und forderte die klassische Orthodoxie des Islam heraus. So griff der Modernismus westliche Politikkonzepte auf, forderte Demokratie und Rechtsstaatlichkeit ein und ging sogar so weit, de facto eine Trennung von Staat und Religion zu fordern. Auch wurden von den Gründern des Modernismus Konzepte eines islamischen Feminismus entwickelt, die gegen die orthodoxen Ansichten verstießen (Moaddel 2002: 2).

Dabei konnten und wollten die Autoren jedoch Grundsätze des islamischen Glaubens nicht über Bord werfen. Fundamentale Glaubensinhalte wie die Einheit

Allahs, des Koran als Gottes Wort und andere, wollten sie als gläubige Muslime nicht aufgeben. Gleichzeitig hätte eine Aufgabe dieser Glaubensaussagen auch bedeutet, dass sie nicht mehr als Muslime angesehen worden wären, und damit die Möglichkeit verloren hätten, als Muslime zu sprechen und ihre Religion an die Zeit anzupassen und von innen zu reformieren. Historisch gewachsene Konzepte und Methoden konnten sie jedoch überdenken und verändern.

In der heutigen Zeit ist der modernistische Ansatz sich selbst treu geblieben und es ist nach wie vor sein Hauptanliegen Rechtsstaatlichkeit, Bürgerrechte und wissenschaftlichen Rationalismus in Anlehnung an den Westen zu verteidigen und diese aus Koran und *Hadith* abzuleiten.

Der Modernismus ist jedoch nicht die einzige Antwort auf die Orthodoxie, und so stellt der Fundamentalismus eine weitere Möglichkeit dar, eine moderne Antwort auf soziale und politische Veränderungen zu geben, auf welche die islamische Orthodoxie, in Augen der Vertreter der jeweiligen anderen Theorien, keine befriedigenden Antworten gibt. Dabei bilden Modernismus und Fundamentalismus ein bipolares Gegensatzpaar, welches die beiden möglichen Richtungen anzeigt, welche der Islam, ausgehend von der orthodoxen Position, einschlagen kann.

> „*However defined and conceptualized, the movements noted as modernism and fundamentalism point to the existence of two distinct discourses in contemporary Islam. They may be somewhat clearly distinguished by the thinkers' position on a number of historically significant issues. Five of these issues have become particularly important in the intellectual landscape of the Islamic countries:*
>
> *(i) Islamaic jurisprudence, its relationship with the rations sciences, and the notion of differentiation of knowledge;*
> *(ii) The relationship between Islam and politics and the proper form of government;*
> *(iii) The idea of civilization, the nature of Western society, and the relevance of the dar ul-Islam versus dar ul-Harb binary;*
> *(iv) The status of women and gender relation in Islam; and*
> *(v) Forms of representative behavior and lifestyle (style of dress, social mannerisms, customary behaviors in various settings).*“ (Moaddel 2002: 3)

Dem Fundamentalismus wird dabei manchmal vorgeworfen, eine politische Bewegung zu sein, welche die Religion für nichtreligiöse Belange missbraucht und instrumentalisiert (Tibi 2001: 27). Auch wird zuweilen bezweifelt, ob sich der Begriff des Fundamentalismus, der ursprünglich eine christliche Entwicklung des ausgehenden neunzehnten Jahrhunderts bezeichnet, überhaupt auf den Islam anwenden lässt. Zumindest bei oberflächlicher Betrachtung scheint dies jedoch angebracht, wenn man einige der Charakteristika fundamentalistischer christlicher Hermeneutik betrachtet (Oeming 2007: 150-163). So lässt sich schwerlich verleugnen, dass sich die Prinzipien der Verbalinspiration (also das Verständnis, dass die Schrift Wort für Wort von Gott inspiriert wurde), der Irrtumsfreiheit der Schrift (also der Grundsatz, dass die Schrift irrtumsfrei sein muss, da Gott als Autor nicht irren kann), der Geschichtslosigkeit (also die Ansicht, dass es keine geschichtliche Entwicklung der Heiligen Schrift mehr nach dem letzten Offenbarungsakt gibt) und der absoluten Auslegung (also dem Anspruch, dass es sich bei der fundamentalistischen Auslegung um die einzig Richtige handelt, wobei auch die Möglichkeit einer Eisegese ausgeschlossen wird) auch bei islamischen Fundamentalisten finden lassen. Dies spielt jedoch für die hier vorliegende Diskussion bestenfalls eine untergeordnete Rolle, und so wird die Definition von Charles Adams hier genutzt werden, in der als „Radikale" und „Islamisten" solche Personen bezeichnet werden, die nicht nur eine politische Rolle des Islam fordern und dessen Ausdehnung auf alle Lebensbereiche befürworten, sondern darüber hinaus revolutionäre Gewalt predigen (und manchmal auch anwenden), wobei sie den Rahmen, der durch existierende Gesetze und politische Strukturen aufgespannt wird, verlassen und dezidiert ablehnen (Jansen 1986: xiv). Für diese Personen und Gruppierungen kann man pauschal festhalten, dass für sie gilt, dass sie keinen Glauben an den Islam anerkennen, sofern dieser nicht die Anwendung revolutionärer Gewalt zum Sturz bestehender Regierungen einschließt, mit dem Ziel einen islamischen Staat zu schaffen (Jansen 1986: vii).

Die Ablehnung der existierenden Strukturen führte dabei zur Entdeckung des Islam als *mode of governance* (Damir-Geilsdorf 2003: 5), die immer auch zu einer Rückbesinnung auf eigene Traditionen führte, die auch als Reaktion auf die Hegemonie des Westens zu verstehen ist. Die Frage, was „Eigenes" und was „Fremdes" ist, spielt deshalb eine Rolle, weil im Zuge der Geschichtskonstruktionen, die so entstanden, eine Glanzzeit der Muslime propagiert wurde, die im Kontrast zur heutigen Erfahrung der Hilflosigkeit steht. Eine Überlegenheit der arabisch-islamischen Kultur gegenüber der christlich-abendländischen wird zurückgesehnt, und dazu ist es in den Augen der Fundamentalisten nötig, zu der Reinheit der Lehre zurückzukehren, wie sie in der mythologisch verklärten Periode der „rechtgeleiteten Kalifen" bestanden haben soll (Jansen 1986: viii). Die Berufung auf den Frühislam erlaubt dabei einen massenwirksamen und konsensfördernden Rückgriff auf einen Fundus an archetypischen Bildern mit quasi sakraler Autorität (Damir-Geilsdorf 2003: 5). Dabei wird jedoch oft übersehen, dass diese Geschichtskonstruktionen eine Homogenität der Traditionen vorspiegeln, die so nicht besteht und nie bestand. Die Scharia, von den Islamisten gerne als monolithisches Regelwerk dargestellt, ist kein kodifiziertes, positives Recht sondern eine Sammlung interpretierbarer Traditionen und wird auch von den Islamisten selbst zur Unterstützung verschiedenster Formen der Machtausübung und Gewaltrechtfertigung genutzt. Dies ist auch nicht verwunderlich, da, entgegen der Behauptungen vieler Islamisten, weder Koran noch Hadith eine vollständig ausgearbeitete politische Theorie enthalten. Diese wird jedoch als Geschichtskonstruktion, auch im Sinne eines Gründungsmythos, aus einer gegenwärtigen Perspektive von den Islamisten geliefert (Damir-Geilsdorf 2003: 6). Wie genau diese Gründungsmythen aussehen können und zu welcher Art von Gewaltrechtfertigungen diese führen, wird anhand von ausgewählten Autoren hier nachvollzogen werden.

Die folgende Arbeit gliedert sich wie folgt: Zunächst wird gezeigt werden, dass in einer pluralistischen Gesellschaft, wie sie zumindest global existiert, und vermutlich auch in den meisten Nationalstaaten ein Faktum ist, eine theologische Gewaltrechtfertigung, welche sich in ihrer Letztbegründung auf offenbarte Schriften beruft, keine interkonfessionelle und interreligiöse Wirkung entfalten kann, da die dazu nötige moralische Logik nicht geteilt wird. Im Anschluss daran wird ein Kriterium entwickelt werden, welches es erlaubt zu beurteilen, wo die Grenzen des Religiösen im politischen Diskurs zu verorten sind und welche Forderungen an eine Gewaltrechtfertigungsstrategie daraus erwachsen.

Das darauf folgende Kapitel 3 wird den Hintergrund, vor dem Gewaltrechtfertigungen in der westlichen Welt gesehen werden müssen, beleuchten und mit der Theorie vom gerechten Krieg diejenige Gewaltrechtfertigungsstrategie vorstellen, die zumindest in der heutigen Zeit am ehesten auf Zustimmung in der westlichen Welt zählen kann. Um zum Verständnis der Theorie vom gerechten Krieg beizutragen, wird ein Überblick über die mehr als 2000-jährige Geschichte dieser Theorie geboten werden, bevor die eigentliche Gewaltrechtfertigung in Form einer Interpretation der *iusta causa* Bedingung als Rechtetheorie verteidigt wird. Da diese jedoch nicht unangefochten akzeptiert wird, wird daraufhin auch noch die Duplex-Effectus-Lehre des Thomas von Aquin diskutiert, welche die wichtigste Alternative bzw. Ergänzung zur Theorie vom gerechten Krieg darstellt, je nach Interpretation der *iusta causa* Bedingung. Diese wird als problematisch dargestellt werden, wobei jedoch auch auf ihre Stärken hingewiesen werden wird. Den Abschluss des Kapitels wird eine Erörterung der *realpolitischen* und der *pazifistischen* Alternativen zu moralischen Gewaltrechtfertigungsstrategien bieten, die jedoch beide abgelehnt werden.

Im Anschluss wird Kapitel 4 eine Auswahl islamistischer Denker präsentieren, die als Meilensteine in der Entwicklung des radikalen politischen Islam gesehen werden können. Diese beginnt mit dem Ägypter Sayyid Qutb, der als einer der Urväter des modernen antiwestlichen Islam gilt und der in kaum einem Werk zum Thema politischer Islam unerwähnt bleibt. Der Darstellung von Qutbs politischer Theorie wird eine Diskussion des Werkes von Abdul Salam Faraj folgen, der als Vordenker der Gruppe, die für die Ermordung des ägyptischen Präsidenten 1981 verantwortlich zeichnete, ein interessantes Forschungsobjekt darstellt. Der Palästinenser Abdullah Azzam, der für die Islamisierung des Konfliktes der Sowjetunion in Afghanistan verantwortlich gemacht werden kann, wird daraufhin den nächsten Meilenstein bilden, wobei argumentiert werden wird, dass Azzams Jihadverständnis als weitgehend mit westlichen Gewaltrechtsfertigungstheorien im Einklang stehend angesehen werden kann. Den Abschluss des Kapitels wird eine Diskussion der Thesen des neuen Führers der Terrororganisation al-Qaida, Ayman al-Zawahiri, bilden, der Angriffe auf Zivilisten mit einer Strategie verteidigt, die darauf zielt, diese für die Handlungen ihrer Regierungen mitverantwortlich zu machen.

Zu guter Letzt noch eine Anmerkung zu den zitierten Koranstellen, sowie den biblischen Zitaten: Sämtliche Bibelstellen sind nach der Einheitsübersetzung zitiert, sofern sie nicht von einem anderen Autor übernommen und entsprechend gekennzeichnet sind, welche in der Internetversion, erreichbar unter http://www.bible server.com, verwendet wurde. Für die verwendeten Koranzitate wurde die Übersetzung von Rudi Paret (Stuttgart: Kohlhammer, 1979) für ihre philologische Genauigkeit herangezogen, wobei auch hier gilt, dass Koranauszüge, die von anderen Autoren übernommen wurden, entsprechend gekennzeichnet sind.

2. Säkularisierung politischer Theologie

2.1 Die theologische Gewaltrechtfertigung

Der einfachste Grund, der sich finden lässt, wenn man nach einer religiösen Rechtfertigung von Gewaltanwendung sucht, findet sich in dem, was hier die theologische Gewaltrechtfertigung genannt werden soll. Nach den Rechtfertigungsgründen für sein Handeln befragt, kann ein religiöser Gewalttäter reklamieren, dass es sich bei seiner Handlung um den Willen seiner Gottheit gehandelt hat, den er lediglich umgesetzt hat. Die Überzeugung im Auftrag der eigenen Gottheit zu handeln dient dann gleichermaßen als psychologischer Motivator für die Tat als auch als moralischer Rechtfertigungsgrund. Tatsächlich kann man sich fragen, ob es für genuin religiöse Personen einen besseren moralischen Rechtfertigungsgrund geben kann als den, im Auftrag der eigenen Gottheit, und damit im Auftrag derjenigen Entität zu handeln, die von religiösen Personen oft als Quelle der Moral angesehen wird. Die theologische Gewaltrechtfertigung lässt sich folgendermaßen formalisieren:

P1 Es ist der Wille der Gottheit, Ziel X (notfalls) mit Gewalt zu erreichen.[4]
P2 Was immer der Wille der Gottheit ist, kann die Gottheit moralisch legitimieren.
C Es ist moralisch legitim, Ziel X (notfalls) mit Gewalt zu erreichen.

Die theologische Gewaltrechtfertigung hat eine gewisse Eleganz, die in ihrer Simplizität liegt. Es ist jedoch offensichtlich, dass sie massive Mängel in Hinblick auf ihre Überzeugungskraft gegenüber Nicht- und Andersgläubigen aufweist.

Zunächst muss man feststellen, dass als vorgeordnete Prämisse dieser Gewaltrechtfertigungsstrategie die Existenz einer bestimmten Gottheit vorausgesetzt werden muss. In der modernen pluralistischen Welt sollte es offensichtlich sein, dass diese Prämisse keineswegs unangefochten ist. Zwar weisen die drei größten Weltreligionen, Christentum, Islam und Hinduismus, jeweils über einer Milliarde Anhänger auf, auf eine absolute Mehrheit der Weltbevölkerung bringt

4 Sollte es sich bei P1 um die Prämisse handeln, die das Wort „notfalls" enthält, so ist durch den Verfechter der theologischen Gewaltrechtfertigung zusätzlich der Beweis zu erbringen, dass alle anderen Wege erschöpft sind, die es erlaubt hätten, Ziel X mit friedfertigen Mitteln zu erreichen.

es jedoch keine der drei. Selbst wenn man gewillt ist die Gottheit der abrahamitischen Religionen (Judentum, Christentum, Islam) als dieselbe Gottheit anzusehen, reicht dies nicht aus, um eine absolute Mehrheit der Weltbevölkerung einzuschließen. Darüber hinaus existiert eine immer größer werdende Zahl an Atheisten, welche die Existenz jedweder Gottheiten abstreiten (Wolffsohn 2002: 24). Wenn jedoch die Existenz einer bestimmten Gottheit in Frage steht, dann folgt daraus, dass bei Nichtexistenz dieser Gottheit die Möglichkeit der theologischen Gewaltrechtfertigung nicht mehr besteht. Der Grund dafür ist, dass die Existenz einer bestimmten Gottheit ihren Möglichkeiten notwendig logisch vorgeordnet ist. In anderen Worten: Wie sollte eine Gottheit, die nicht existiert, einen Willen haben und in der Lage sein, Handlungen zu legitimieren?

Ein Anhänger der theologischen Gewaltrechtfertigung könnte dem jedoch entgegnen, dass die Frage nach der Existenz oder Nichtexistenz einer bestimmten Gottheit keine Frage der Popularität oder Zahlengröße einer bestimmten Religionsgemeinschaft ist. Im Allgemeinen werden sich Gläubige, auch solche kleinster Religionsgemeinschaften, eher als diejenigen sehen, die entgegen dem Rest der Welt die Wahrheit geschaut haben und zum wahren Wesen der Religion durchgedrungen sind. Man muss ihnen auch zumindest soweit Recht geben, als dass der Glaube oder Unglaube einer Person an eine bestimmte Gottheit uns zunächst etwas über die psychologische Prädisposition des Gläubigen und nicht über die Existenz der Gottheit verrät. Der Schluss von der Zahl der Gläubigen auf die Existenzwahrscheinlichkeit einer bestimmten Gottheit ist in jedem Fall offensichtlich nicht zulässig. Ein Gläubiger einer bestimmten Religionsgemeinschaft kann sich demnach auf den Standpunkt stellen, dass die Mehrheit der Weltbevölkerung schlicht falsch liegt mit ihren Annahmen in Bezug auf die Existenz derjenigen Gottheit, die als Basis für einen konkreten Fall der theologischen Gewaltrechtfertigungsstrategie dient. Damit kreiert er eine Pattsituation, in der keine der beiden Parteien in der Lage sein wird, die andere zu überzeugen, da ein hieb- und stichfester Beweis weder für noch gegen die Existenz von Gottheiten geführt werden kann. Damit kann die theologische Gewaltrechtfertigung internalistisch weiter beibehalten werden, auch wenn sie externalistisch keine Überzeugungskraft entfalten sollte.

Eine weitere Möglichkeit, die theologische Gewaltrechtfertigungsstrategie anzugreifen, liegt darin, P1 zu kritisieren. Während Atheisten und Andersgläubige vermutlich eher dazu neigen werden, die Existenz einer bestimmten Gottheit zu verneinen, steht diese Option Mitgliedern ein und derselben Glaubensgemeinschaft nicht offen. Christen, die sich gegen die Gewalt von Abtreibungsgegnern wie Rev. Paul Jennings Hill wenden wollen, der sich von Gott aufgerufen fühlte, dem „Morden an Babys“ ein Ende zu setzen, indem er in den USA Abtreibungsärzte ermordete, oder Muslime, die sich vom religiös inspirierten Terrorismus al-Qaidas distanzieren wollen, können dies auf Basis dessen tun, dass sie bestreiten, dass es Gottes Wille ist, politische Ziele im allgemeinen oder auch nur im speziellen (notfalls) mit Gewalt zu erreichen. Diese Debatte kann nur von theologischer Natur sein. Sie wird auf Basis von heiligen Schriften, Überlieferungen aus dem Leben von Heiligen und Propheten und anderen religiösen Quellen geführt werden müssen. Als solche wird sie wohl größtenteils innerkonfessionell bleiben.

Eines der Hauptprobleme, das sich bei der Diskussion um den „wahren" Willen einer Gottheit stellt, ist, dass Religionen komplexe, oft widersprüchliche Gebilde sind. Am Beispiel des Islam lässt sich dies gut veranschaulichen. Der Koran enthält sowohl solche Verse, die zu einer friedlichen Koexistenz aufrufen, wie Sure 2:256:

> *„In der Religion gibt es keinen Zwang (d.h. man kann niemand zum (rechten) Glauben zwingen)"*,

als auch solche, die schwerlich anders als kriegerisch zu interpretieren sind, wie Sure 9:5:

> *„Und wenn nun die heiligen Monate abgelaufen sind, dann tötet die Heiden, wo (immer) ihr sie findet, greift sie, umzingelt sie und lauert ihnen überall auf! Wenn sie sich aber bekehren, das Gebet verrichten und die Almosensteuer geben, dann laßt sie ihres Weges ziehen! Gott ist barmherzig und bereit zu vergeben."*

Was bedeutet dies für „den Islam"? Handelt es sich bei „dem Islam" um eine friedliche oder eine kriegerische Religion? Die Datenlage scheint beides zuzulassen. Wer immer aus dem Koran daher Allahs Willen ermitteln möchte, muss notwendigerweise die Schrift interpretieren und zu welchem Schluss eine bestimmte Person auch kommen mag, es wird vermutlich Personen geben, welche die entsprechende Interpretation nicht teilen und zu gegenteiligen Schlüssen kommen. Dies deutet daraufhin, dass es „den Islam" ebenso wenig gibt wie „das Christentum". Wenn es also Lehren gibt, die aus den Religionskriegen der Vergangenheit gezogen werden können, so sicherlich die, dass ein abschließendes Urteil über den definitiven Willen einer bestimmten Gottheit (vorausgesetzt, man akzeptiert die Existenz derselben) unmöglich zu erlangen ist. Dies ist auch einer der Gründe, weshalb Francisco de Vitoria (1492-1546) in seiner Schrift *De Indis* Quaestione 2, Artikel 7 zu dem Schluss kommt, dass auch, wenn die Aussage gilt:

> *„Man sagt nämlich – ich weiß nicht, wer – daß der Herr mit einem besonderen Urteil diese Barbaren wegen ihrer Greuel zum Untergang verdammt und in die Hände der Spanier gegeben habe, so wie er einst die Kanaanäer in die Hände der Juden gab"* (Vitoria 1997: 455),

diese eine unzureichende Rechtfertigung der Gewaltanwendung darstellt. Daher fährt er fort:

> *„Aber darüber will ich mich nicht lange auslassen, weil es gefährlich wäre, jemandem zu glauben, der eine Weissagung behauptet, die dem gemeinsamen Gesetz und den Regeln der*

> *Schrift widerspricht, es sei denn, der Betreffende würde seine Aussagen mit Wundern bestätigen. Wunder werden von solchen Propheten indessen keine vollbracht.*" (Vitoria 1997: 455)

Für Vitoria handelt es sich bei der theologischen Gewaltrechtfertigung schlichtweg um einen gefährlichen Präzedenzfall, der aufgrund eines Mangels an Beweisen nicht zu halten ist.

Auch hier bleibt dem Anhänger der theologischen Gewaltrechtfertigungsstrategie jedoch, zu argumentieren, dass es unmöglich ist, ihm zu beweisen, dass er falsch liegt. Gleich der Frage, ob die Gottheit überhaupt existiert, welche die Grundlage der Gewaltrechtfertigung bietet, ist die Frage nach dem Willen dieser Gottheit eine, die nicht abschließend zu beantworten ist. Der Befürworter einer kriegerischen Interpretation heiliger Schriften kann daher wiederum den Standpunkt einnehmen, dass er richtig liegt und der Rest der Weltbevölkerung inklusive seiner weniger radikalen Glaubensbrüder und -schwestern irrt. Wer sollte ihm das Gegenteil beweisen? Ein abschließendes Urteil scheint unmöglich und daher ist es zumindest eine theoretische Option, dass diejenigen Radikalen Recht haben, die kriegerische Auslegungen des Korans, der Bibel und anderer heiliger Schriften bevorzugen.

Es ist jedoch nicht nur die erste Prämisse des theologischen Gottesarguments, die kritisiert werden kann. In der Tradition von Platons *Euthyphron* lässt sich auch die Prämisse bestreiten, dass Gottheiten als moralisch legitim bestimmen können, was immer sie wollen (z.B. Mackie 1982: 114-115). Wenn man sagt, dass etwas durch den Willen einer Gottheit moralisch legitimiert wird, so bedeutet das, dass der Wille der Gottheit den moralischen Kategorien von richtig und falsch beziehungsweise gut und böse vorgeordnet ist. Der Wille der Gottheit ist es in dieser Sicht der Dinge, der eine Handlung oder Motivation erst richtig oder falsch macht. Man stelle sich nun einmal vor, dass eine Gottheit entscheidet, dass Morde und Vergewaltigungen moralisch gut seien. Würde dies in unseren Augen bedeuten, dass Morde und Vergewaltigungen von nun an als gut oder richtig bezeichnet würden? Vermutlich nicht. Würden wir nicht vielmehr dazu tendieren, Handlungen und Motive aufgrund ihrer negativen Auswirkungen auf das Individuum oder die Gesellschaft für falsch zu halten? Oder vielleicht aufgrund der Tatsache, dass sie Rechte verletzen, die wir für fundamentale Menschenrechte halten? All dies würde durch die Entscheidung der Gottheit nicht geändert. Trotzdem hätten Morde und Vergewaltigungen plötzlich als moralisch richtig oder gut zu gelten. Dies scheint ein höchst unintuitiver Vorgang zu sein.

Normalerweise beurteilen wir Handlungen oder Situationen als moralisch richtig oder falsch, aufgrund inhärenter Eigenschaften dieser Handlungen oder Situationen und nicht aufgrund der Bewertung derselben durch eine Gottheit. Dies stellt Befürworter der theologischen Gewaltrechtfertigung vor eine Wahl.

Entweder müssen sie akzeptieren, dass es möglich ist, dass ihre Gottheit Morde und Vergewaltigungen als moralisch richtig erklären kann, dann müssen sie aber auch die negativen Aspekte dieser Wahl akzeptieren mit all den nachteiligen Auswirkungen auf unsere Gesellschaft und unser Moralverständnis, oder sie müssen erklären, wieso ihre Gottheit in derartigen Fällen nicht in der Lage ist, diese besonderen Handlungen oder Situationen als moralisch richtig zu bestimmen. Im ersten Fall bleibt als beste Erwiderung, dass der Befürworter der theologischen Gewaltrechtfertigung wohl etwas anderes meint als normalerweise gemeint ist, wenn Handlungen oder Situationen moralisch bewertet werden, und dass diese Form der Moralität nur wenig mit dem gewöhnlichen Moralverständnis gemein hat. Im zweiten Fall bleibt dem Befürworter nur festzustellen, dass es Handlungen und Situationen gibt, welche die Gottheit nicht als moralisch richtig bestimmen kann. Dies kann dann entweder dadurch erklärt werden, dass bestimmte Handlungen und Situationen Eigenschaften besitzen, die es unmöglich machen, diese als moralisch richtig zu bestimmen, oder dadurch, dass die Gottheit bestimmte Eigenschaften besitzt, die diese Wahl unmöglich machen.

In ersterem Fall wäre die Frage nach der Moralität der Gottheit vorgeordnet und nicht umgekehrt. Es wäre dann der Fall, dass moralische Legitimität nicht von der Gottheit ausgeht, und P2 wäre schlicht falsch. Im zweiten Fall, wäre zu erklären, welche Eigenschaft der Gottheit diese Wahl verhindert. Zum einen scheint dies mehr eine *ad hoc* Lösung, als eine schlüssige Argumentation zu sein, und zum anderen stellt sich dann die Frage, ob die Legitimation kriegerischer Mittel zum Erreichen des Ziels X zu der Kategorie von Handlungen und Situationen gehört, die dennoch von der Gottheit legitimiert werden können. Auch diese Lösung wird dann notwendigerweise auf theologische Debatten herauslaufen, auf die wohl keine abschließende Lösung gefunden werden kann, ähnlich der Debatte um die korrekte Auslegung des vermutlichen Willens der Gottheit.

Zusammenfassend kann an dieser Stelle festgestellt werden, dass es unmöglich ist, die Falschheit der theologischen Gewaltrechtfertigung zu beweisen. Dem Anhänger dieser Gewaltrechtfertigung bleibt notfalls immer die Möglichkeit, sich als die einzige Person zu begreifen, die den Willen einer bestimmten Gottheit korrekt interpretiert. Dies erklärt auch die Stärke, die diese Gewaltrechtfertigungsstrategie besitzt. Sie ist eingebunden in ein Glaubenssystem, dass sich nicht rational widerlegen lässt und damit zumindest intern, in den Augen des Anhängers dieser Strategie, überaus stabil ist.

Neben der rein internen Bewertung ergibt sich jedoch ein völlig anderes Bild in der externen Wirkung dieser Gewaltrechtfertigungsstrategie. Sowohl die Tatsache, dass mit der Frage nach der Existenz bestimmter Gottheiten auch die Voraussetzung der Gewaltrechtfertigung hinterfragt werden kann, als auch die Tatsache, dass die beiden Prämissen, welche die Basis für das gesamte Argument bilden, in ihrer Außenwirkung nicht überzeugen werden und heftiger Kritik ausgesetzt sind, sorgen dafür, dass diese Strategie extern, in den Augen Anders- oder Ungläubiger, wenig Überzeugungskraft entfalten wird. Der Grund hierfür reicht dabei über den speziellen Fall der theologischen Gewaltrechtfertigung hinaus. Das Problem der internen Überzeugungskraft bei gleichzeitiger externer Überzeugungsschwäche ist struktureller Natur und tritt immer dann auf, wenn religiöse Motive im Bereich des Politischen eine Rolle spielen. Diese politischen Theologien werfen eine Reihe von Problemen auf, die im Folgenden näher betrachtet werden. Ein Verständnis dieser strukturellen Probleme wird auch ein Licht darauf werfen, warum die theologische Gewaltrechtfertigung im Speziellen problematisch ist, und können einen Hinweis darauf geben, wo die Grenzen des Religiösen im politischen Diskurs angesiedelt sein sollten.

2.2 Was ist politische Theologie?

Nach der Definition des Philosophen und Politikwissenschaftlers Leo Strauss ist eine politische Theologie eine solche politische Theorie, die auf göttliche Offenbarung als letztgültige Rechtfertigung setzt. Diese setzt er in Gegensatz zu politischen Philosophien, die auch ohne göttliche Offenbarung, allein mit Kraft des reinen Verstandes, nachvollzogen werden können (Strauss 1959: 13).[5] In der

5 Im deutschen Sprachraum wird der Begriff der *politischen Theologie* zumeist mit dem Namen Carl Schmitts verbunden, was nach Heinrich Meier berechtigt ist, auch wenn Schmitt selbst den Begriff von Bakunin übernommen haben soll (Meier 2009: 22). Leo Strauss, durch den sich Schmitt „*besser verstanden und stärker herausgefordert sah als durch irgendeine Auseinandersetzung mit dem eigenen Denken*“ (Meier 2009: 114), übernahm den Begriff schließlich von Schmitt. Da Schmitts Verwendung des Begriffs der politischen Theologie verschieden interpretiert werden kann und auch im Werk Schmitts heterogene Sachverhalte bezeichnet, wird hier die Definition von Strauss bevorzugt, der zuerst den klaren Gegensatz von „Jerusalem“ und „Athen“, also von „politischer Theologie“ und „politischer Philosophie“, herausgearbeitet hat. So benennt Matthias Kaufmann (in Anlehnung an Böckenförde) drei verschiedene Lesarten des Begriffs der politischen Theologie in der Tradition Carl Schmitts (Kaufmann 1988: 27-31). Zum einen die *juristische* politische Theologie, die lediglich „*den Vorgang der Übertragung theologischer Begriffe auf den staatlich-juristischen Bereich*“ bezeichnet und sich auf die ersten Sätze in Schmitts Aufsatz *Politische Theologie* zurück führen lässt (siehe Schmitt 2009: 43). Zum anderen die *institutionelle* politische Theologie, die den Inhalt von bestimmten Glaubensaussagen zum Thema Politik und auch theologische Rechtfertigungen „*bestimmter Formen politischer Herrschaft, bzw. die Diskussion darüber, inwieweit sie möglich und erlaubt [sind]*“ umfasst (Kaufmann 1988: 30). Dies ist die Verwendung des Begriffs der politischen Theologie, die der in dieser Arbeit verwendeten am nächsten kommt, auch wenn sie noch nicht mit ihrer Antithese der politischen Philosophie gepaart ist. Zu guter Letzt benennt Kaufmann noch die *appellative* politische Theologie, in der es um die Veränderung der politischen und sozialen Ordnung durch eine bestimmte christliche Bewegung geht.

praktischen Umsetzung bedeutet dies, dass jede politische Theologie zu ihrer Rechtfertigung in einem gewissen Grad von den jeweiligen heiligen Texten oder anderen Quellen göttlicher Offenbarung abhängig ist, denen eine religiöse Gruppe Wahrheitsgehalt zuschreibt. Das leicht erkennbare Problem bei diesem Konzept ist, dass dieses Mitgliedern anderer Religionen und Atheisten nicht zugänglich ist, in dem Sinne, dass der Wahrheitsgehalt der jeweiligen Offenbarung von diesen fundamental anders eingeschätzt werden wird. Im Gegensatz zu politischen Theorien, deren Inhalt allein mit der Kraft des reinen Verstandes nachvollzogen werden kann, werden politische Theologien gegenstandslos, wenn Personen den Offenbarungen, auf die sie aufbauen, keinen Wahrheitsgehalt zuschreiben, weil sie als glaubensbasierte Weltanschauungen von diesen abhängen. Dies soll am Beispiel von Waffenkontrollgesetzen erläutert werden.

Wenn Anhänger strengerer Kontrollgesetze mit Anhängern einer weitreichenden Freigabe von Schusswaffen über diese Kontrollgesetze diskutieren, dann werden die beiden Gruppen zwangsweise in Konflikt kommen, wobei jede Gruppe gute Argumente für ihre jeweilige Position vorlegen kann. Dabei wird jedoch nur eine gewisse Klasse von Argumenten als gültig akzeptiert werden können, da verschiedene Gruppen eine gewisse moralische Logik teilen müssen, um einen Dialog möglich zu machen. So könnte es zum Beispiel der Fall sein, dass die Anhänger strengerer Kontrollen zwar zugestehen, dass jeder ein Recht auf Selbstverteidigung besitzt, gleichzeitig aber argumentieren, dass ein individuelles Recht auf Schusswaffenbesitz mehr Schaden anrichtet, als es persönliche Sicherheit gewährt. Auf der Gegenseite könnte so argumentiert werden, dass Gewalttäter es immer irgendwie schaffen werden, sich Schusswaffen zu besorgen, so dass der effektivste Schutz vor bewaffneten Übergriffen darin besteht, rechtschaffenen Bürgern den Zugang zu Schusswaffen zur Selbstverteidigung zu ermöglichen. Die beiden Gruppen werden dabei vermutlich nicht zu einer Einigung in Hinblick auf die Frage kommen, ob die Gesetze nun mehr oder weniger restriktiv gestaltet werden sollten. Es ist jedoch der Fall, dass beide Seiten die Position der jeweils anderen Seite nachvollziehen können und zugeben müssen, dass es sich um ein zumindest prinzipiell gültiges Argument handelt, auch wenn sie mit diesem nicht übereinstimmen. Im Gegensatz dazu könnte jemand argumentieren, dass es sein gottgegebenes Recht sei, Waffen zu tragen. In diesem Fall gibt es kein mögliches Gegenargument und jede Möglichkeit einer politischen Debatte ist unterbunden.

Bei den ersten beiden Argumenten handelt es sich um politische Philosophien, deren Wert mit der praktischen Vernunft bemessen werden kann, während es sich bei dem dritten Argument um eine politische Theologie handelt, deren Wert davon abhängt, ob man der Meinung ist, dass eine bestimmte Gottheit ein derartiges Recht einräumt. Dies wird letztlich eine Frage sein, die dadurch entschieden wird, ob eine Person einer Offenbarung Wahrheitsgehalt zumisst, aus der ein entsprechendes Recht abgeleitet werden kann.

2.3 Das Prinzip weltanschaulicher Neutralität

Einer der Grundsteine moderner westlicher Gesellschaften ist das Prinzip weltanschaulicher und damit auch religiöser Neutralität. Ziel dieses Prinzips ist es, in pluralistischen Gesellschaften ein friedliches Nebeneinander und die Möglichkeit einer gewaltfreien politischen Auseinandersetzung zu gewährleisten. Dies soll dadurch geschehen, dass die Vorherrschaft einer speziellen Religion oder „umfassenden" Weltanschauung (*comprehensive doctrine*)[6] in einem Gemeinwesen verhindert wird. Eine Weltanschauung soll dabei „umfassend" genannt werden, wenn sie eine Konzeption des Guten enthält, die über den Bereich des politischen hinausreicht und nicht zwischen den Sphären des öffentlichen und privaten unterscheidet. Ein Gebot, dass dieses Prinzip der Neutralität an den modernen Staat richtet, ist, dass er politische Debatten nicht ausschließlich aus Sicht der Lehren einer bestimmten Religion oder Weltanschauung führt. Dies soll sicherstellen, dass selbst wenn ein Staat ursprünglich auf der Basis einer bestimmten Religion oder Weltanschauung gegründet wurde jeder Bürger, also auch solche, die diese Religion oder Weltanschauung nicht teilen, nachvollziehen kann, was der Staat von ihm fordert und warum.

Jürgen Habermas erinnert uns jedoch daran, dass dieses Neutralitätsgebot nur für den Staat und seine Bediensteten in offizieller Funktion gilt, nicht jedoch für jeden einzelnen Staatsbürger. In einer Rede zur Verleihung des Friedenspreises des deutschen Buchhandels argumentiert er, dass Beiträge zum politischen Dialog, die in religiöser Sprache verfasst sind, zu diesem zugelassen werden sollten, selbst wenn dies streng genommen gegen das Gebot zu weltanschaulicher Neutralität verstößt (Habermas 2006: 108-111). Zur Begründung führt er an, dass, obwohl der Staat und seine Bediensteten ihre Beiträge zum politischen Diskurs auf eine Art und Weise zu formulieren haben, die von allen Bürgern verstanden und, zumindest im Prinzip, geteilt werden können, dies eine einseitige Beschränkung für seine religiösen Bürger darstellen würde. Schließlich, so argumentiert er, ist Religiosität ein integraler Bestandteil der Persönlichkeit und Selbstwahrnehmung religiöser Personen, für die es nicht ohne weiteres möglich sein muss

6 Das Prinzip der „umfassenden Weltanschauung" (*comprehensive doctrine*) soll hier verwendet werden wie es in John Rawls politischen Schriften verwendet wird. Eine Definition und Diskussion des Begriffs der *comprehensive doctrine* findet sich in (Rawls 2005: 13). Der Einfachheit halber wird im Weiteren der Begriff „umfassend" fallengelassen.

religiöse Motive für bestimmte politische Positionen aufzugeben, ohne damit gleichzeitig einen Teil ihrer eigenen Identität aufzugeben. Religiöse Motive werden sich oft in einer religiösen Sprache wiederspiegeln und es kann sein, dass es den religiösen Bürgern nicht ohne weiteres möglich ist, diese in eine universelle, allgemein verständliche Sprache zu übersetzen. Sollte gleichzeitig die Verwendung dieser universellen, allgemein verständlichen Sprache eine Voraussetzung zur Teilnahme am politischen Diskurs darstellen, dann verlangt der liberale Staat von denjenigen seiner Bürger, die starke religiöse Überzeugungen besitzen, ihre Persönlichkeit gewissermaßen in zwei Teile zu spalten. Einen öffentlichen, säkularen Teil, der am politischen Diskurs teilnehmen darf und einen persönlichen, religiösen Teil, der vom politischen Diskurs ausgeschlossen bleibt. Diese Aufspaltung der Persönlichkeit betrifft lediglich die religiösen Bürger und nicht die säkularen Teile der Bevölkerung, für die keine Notwendigkeit einer Persönlichkeitsspaltung besteht. Die Kosten der Partizipation sind also ungleichmäßig auf die religiöse und säkulare Bevölkerung verteilt. Darüber hinaus sind nicht nur die Kosten sondern auch die Erfolgschancen ungleichmäßig verteilt. Schließlich haben nur solche Argumente in einer Arena bestand, die ausschließlich vom zwanglosen Zwang des besseren Arguments beherrscht wird, die, zumindest *idealiter*, von allen Beteiligten verstanden und akzeptiert werden können.

Hier sei noch einmal besonders darauf hingewiesen, dass, unabhängig von den Motiven für bestimmte politische Ansichten, säkulare und religiöse Bürger gemeinsame politische Ziele verfolgen können. Der Hauptunterschied besteht nicht in den Zielen, sondern in der Argumentation, die zur Untermauerung dieser Ziele dient, und es bleibt festzuhalten, dass in der politischen Arena in der am Ende das bessere Argument zählt, nur solche Argumente bestand haben werden, deren Basis von allen geteilt werden kann. Als Beispiel sei hier die Todesstrafe genannt, deren Ablehnung von Teilen der säkularen und der religiösen Bevölkerung geteilt wird. Interessant ist dabei die Frage, ob es Übereinstimmungen gibt, die über Gemeinsamkeiten bei den Zielen politischen Handelns hinausgehen. So kann man zum Beispiel fragen, ob die „Heiligkeit des Lebens" und ein „unveräußerliches Recht auf Leben" nicht Ausdruck ein und derselben Überzeugung darstellen könnten? Ist es möglich, dass es sich um dasselbe Konzept handelt, nur dass es einmal in religiöser Sprache und einmal in säkularen Termini ausgedrückt wurde? Sollte dies der Fall sein, so wäre eine Übertragung zumindest im Prinzip möglich. Und sollte eine Übersetzung zumindest im Prinzip möglich und darüber hinaus politische Motive unabdingbar an die Weltanschauung und damit auch an die Religiosität ihrer Träger gebunden sein, wieso sollte es dann unakzeptabel sein, derartige Überzeugungen auch in religiöser Sprache Ausdruck zu verleihen, selbst im politischen Diskurs in dem allein die Kraft des besseren Arguments regieren sollte?

An dieser Stelle sei deshalb vorgeschlagen, dass die Übersetzbarkeit politischer Theologien in säkulare Sprache als Maß dienen kann, wie viel politische Philosophie in einer politischen Theologie enthalten ist. Dies wiederum kann als Kriterium dafür dienen, inwieweit eine glaubensbasierte politische Ansicht für diejenigen Akzeptabel sein kann, die den Glauben, auf dem sie basiert, nicht teilen.

Im Folgenden soll gezeigt werden, dass dieser Ansatz nicht nur gerechtfertigt ist, sondern darüber hinaus auch für alle Beteiligten lohnenswert sein kann.

2.4 Zur Übersetzbarkeit politischer Theologien

Religiöse Überzeugungen kommen nicht ohne ein Mindestmaß an offenbarten Gewissheiten aus. Als Beispiele seien nur der Status von Jesus als Sohn Gottes oder die Offenbarung des Korans als das wahre Wort Gottes genannt, die grundlegend für das Christentum beziehungsweise den Islam sind. Diese offenbarten Gewissheiten bilden einen der Grundsteine des Glaubens und damit der Selbstwahrnehmung religiöser Menschen. Aus diesem Grund wird ein Teil der politischen Motive religiöser Menschen immer auch auf offenbarten Gewissheiten beruhen. Wie bereits erwähnt ist die interessante Frage nun die, ob es in konkreten Fällen möglich ist, Motive, die zumindest Teilweise auf offenbarten Gewissheiten beruhen und in religiöser Sprache formuliert sind, in säkulare Sprache zu übersetzen. Ist es möglich in konkreten Fällen eine Neuformulierung von Beiträgen zu finden, die in religiöser Sprache gehalten sind, so dass sie in säkularer Sprache wiedergegeben werden können, die für alle Bürger zugänglich ist, auch für solche, die an eine andere oder auch an keine Religion glauben? Sollte dies möglich sein, so wäre es eine rationale Entscheidung diese Beiträge zum politischen Diskurs zuzulassen. Um es mit den Worten von Leo Strauss zu sagen: Die Frage ist, ob jede politische Theologie einen Kern politischer Philosophie enthält, der nur freigelegt werden muss? Und sollten nicht alle politischen Theologien diesen Kern enthalten, so stellt sich doch noch die Frage, ob dies nicht wenigstens für die meisten oder zumindest einige der Fall ist?

Auf den ersten Blick scheint es absurd, Beiträge in der politischen Arena zuzulassen, wo der der „zwanglose Zwang" des besten Arguments regieren sollte, wenn diese Beiträge auf Offenbarungen gestützt sind und sich daher explizit einem Test ihrer Gültigkeit durch rein rationales Denken entziehen. Schließlich ist der Grund eine politische Debatte überhaupt zu führen der, verschiedene Optionen zu diskutieren und deren relativen Wert rational zu beurteilen. Dabei sollten idealerweise auch alle Gruppen einer Gesellschaft beteiligt sein, damit die Interessen Aller fair repräsentiert werden. Folgt daraus nicht, dass alle Positionen, die in solch einer Arena vorgetragen werden rational in dem Sinne sein müssen, dass sie durch Argumente und Überlegungen verteidigt werden können, die ohne Glaubenssätze einer bestimmten Religion auskommen? Sollten daher nicht solche Beiträge, die auf Offenbarungsakte als Stütze für die dargestellte Position bauen, schlicht als irrational und daher ungeeignet gelten? Schließlich besitzen derartige Positionen keinerlei Glaubwürdigkeit in den Augen Anders- oder Ungläubiger.

Sollten Beiträge zum politischen Prozess, die auf Offenbarungen basieren, wirklich rein irrational sein, so gäbe es sicherlich keinen Grund, sie in den politischen Entscheidungsfindungsprozess zu integrieren. Was jedoch, wenn sie nicht rein irrational sind? Wenn es möglich wäre zu zeigen, dass es neben der Dimension des Offenbarten und somit rational nicht Zugänglichen eine weitere Dimension des Rationalen gäbe, dann würde der Ausschluss von Beiträgen in religiöser Sprache diese Dimension des rationalen ebenso vom politischen Diskurs ausschließen, obwohl diese von den Voraussetzungen des politischen Diskurses her eigentlich eingeschlossen sein sollte. Habermas hat dies erkannt, wenn er schreibt, dass

> „*die Erwartung einer fortdauernden Nicht-Übereinstimmung von Glauben und Wissen nämlich nur dann das Prädikat „vernünftig“ [verdient], wenn religiösen Überzeugungen auch aus der Sicht des säkularen Wissens ein epistemischer Status zugestanden wird, der nicht schlechthin irrational ist.*“ (Schuller 2005: 35)

Eine Möglichkeit religiösen Überzeugungen einen epistemischen Status zuzuschreiben, der über das schlechthin irrationale hinausgeht, ist durch eine „Übersetzung“ religiöser Motive in säkulare Sprache, welche die Dimension des Rationalen in der offenbarten Überzeugung frei legt.

Man könnte nun argumentieren, dass der rationale Anteil, dem keine Offenbarung zugrunde liegt, ja durchaus im politischen Diskurs willkommen ist, dass es aber die Aufgabe der gläubigen Mitbürger ist, diesen von den irrationalen, auf Offenbarungen aufbauenden Überzeugungen zu befreien. Schließlich ist der Versuch einer „Übersetzung“ in nicht-theologische Sprache genau das: der Versuch einer Trennung der beiden Anteile, oder zumindest der Versuch, die jeweiligen Anteile zu identifizieren. Bedenkt man jedoch die Asymmetrie in Bezug auf den Aufwand und die Chancen im politischen Diskurs gehört zu werden, dann könnte man sagen, dass es den religiösen Bürgern gegenüber unfair wäre, wenn nur diese die „Kosten“ zu tragen hätten. Erlaubte man hingegen Beiträge auch in religiöser Sprache, so hätten sich auch Anders- und Ungläubige an der Last der Übersetzung zu beteiligen. In einer Welt, in der die faktische Existenz verschiedener Religionen und Weltanschauungen außer Frage steht, kann dies nur im besten Interesse der gesamten Gesellschaft, und damit im Besonderen auch im Interesse der säkularen Anteile der Gesellschaft sein, solche Beiträge nicht auszuschließen, die in religiöser Sprache verfasst sind. Die Nichtreligiösen unter den Bürgern würden sich sonst der Möglichkeit berauben, über Entwicklungen und Trends informiert zu bleiben, die von religiösen Gruppen ausgehen und würden damit die Möglichkeit verlieren, zwischen solchen religiösen Gruppierungen zu unterscheiden, mit denen innerhalb des Referenzrahmens, der von pluralistischen Gesellschaften aufgespannt wird, verhandelt und diskutiert werden kann und solchen, bei denen dies unmöglich ist. Würde man davon ausgehen, dass jede Form religiöser Überzeugung schlechthin irrational ist, so gäbe es schließlich keinen Grund mit irgendeiner religiösen Gruppe im Gespräch zu bleiben, geschweige denn bestimmte Gruppen anderen vorzuziehen.

Zu guter Letzt läuft es schließlich darauf hinaus, dass für jede politische Theologie gilt, dass es nur zwei Optionen gibt. Entweder ist es möglich, die Motive in säkularer Sprache wiederzugeben, dann aber wird die Übersetzung dieser Motive einfach ein Teil des politischen Diskurses und hat sich als solche dem zwanglosen Zwang des besseren Arguments zu stellen, oder es stellt sich als unmöglich heraus eine Übersetzung zu finden, die allen Bürgern zumindest prinzipiell zugänglich ist, obwohl jeder zumutbare Aufwand betrieben wurde eine solche zu finden. Sollte letzteres der Fall sein, so gibt es einen guten Grund diese bestimmte Position vom politischen Diskurs auszuschließen, da alle Beiträge zu diesem allen Bürgern intellektuell zugänglich sein sollten, unabhängig von deren Religion oder Weltanschauung.

In Anbetracht der Tatsache, dass *a priori* nicht feststeht, um welchen Fall es sich bei einem bestimmten religiös motivierten Beitrag handelt, so kann daraus doch sicherlich folgen, dass alle Anstrengungen unternommen werden sollten, herauszufinden, um welche Art von Beitrag es sich handelt. Darüber hinaus scheint es nur fair, diese Anstrengungen in einer kooperativen Art und Weise von religiösen und nichtreligiösen Bürgern unternehmen zu lassen.

Auch sollten religiöse Gruppen ein Interesse daran haben säkulare Übersetzungen für ihre ursprünglich religiös motivierten Ansichten zu finden. Schließlich können sie nur so zeigen, dass sie Relevanz für die gesamte Gesellschaft besitzen und nicht nur Partikularinteressen vertreten. Nur wenn sie auf eine Art und Weise mit der Gesellschaft kommunizieren, die von der gesamten Gesellschaft verstanden werden können, können sie darauf hoffen, dass ihre Argumente in der öffentlichen Sphäre Gehör finden und damit Einfluss auf die Gesellschaft in ihrer Gesamtheit entwickeln. Um zu zeigen, dass dies von religiösen Entscheidern durchaus auch so gesehen wird, sollen hier zwei eher unerwartete Kronzeugen für diese These präsentiert werden. Zum einen wird gezeigt werden, dass ein derartiges Vorgehen von Joseph Kardinal Ratzinger, dem gegenwärtigen Papst Benedikt XVI., gut geheißen werden kann und zum anderen wird Sayyid Qutb, einer der Väter des modernen, anti-westlichen politischen Islam zitiert werden, dessen Ansichten ebenfalls mit dieser These übereinstimmen.

Joseph Ratzinger schreibt in einem Artikel über die vorpolitischen moralischen Grundlagen eines freiheitlichen Staates, dass

> „*das Naturrecht – besonders in der katholischen Kirche – die Argumentationsfigur geblieben [ist], mit der sie in den Gesprächen mit der säkularen Gesellschaft und mit anderen Glaubensgemeinschaften an die gemeinsame Vernunft appelliert und die Grundlagen für eine Verständigung über die ethischen Prinzipien des Rechts in einer säkularen pluralistischen Gesellschaft sucht.*“ (Schuller 2005: 50)

Dieses Zitat zeigt, dass selbst der Papst, als Advokat einer fortschreitenden Säkularisierung eher unverdächtig, der Meinung ist, dass eine Übersetzung religiöser Motive die einzige Möglichkeit für verschiedene religiöse Gruppen, ebenso wie die säkulare Gesellschaft, darstellt, ein Mindestmaß an gegenseitigem Verständnis zu ermöglichen. Dabei erkennt der Papst auch an, dass es im ureigenen Interesse der Kirche als Teil einer pluralistischen Gesellschaft sein muss, zu kommunizieren, welche Grundsätze die Kirche im politischen Diskurs unterstützt und darüber hinaus muss dies auf eine Art und Weise geschehen, die für andere Teile der Gesellschaft nachvollziehbar ist. Mitglieder einer bestimmten Glaubensgemeinschaft sind immer auch Bürger eines Gemeinwesens, das über die Gemeinde hinausreicht und als solche müssen sie ein Interesse daran haben, den politischen Prozess an dem auch Anders- und Ungläubige beteiligt sind, mit zu beeinflussen. Für Papst Benedikt XVI. besteht die beste Möglichkeit dies zu tun darin an die „gemeinsame Vernunft“ zu appellieren. Erinnert man sich nun daran, dass das Weltbild der katholischen Kirche auf Offenbarungstatsachen aufbaut, so bleibt eigentlich nichts anderes übrig als die Worte Ratzingers so zu verstehen, dass eine Übersetzung politischer Theologien in politische Philosophien möglich sein muss. Wenn er das Konzept des „Naturrechts“ bemüht, welches nicht spezifisch religiösen Ursprungs ist, wählt Ratzinger ein nichtreligiöses Konzept, das er in der Lage wähnt spezifisch religiöse Standpunkte zu vertreten, wie es die Lehren der katholischen Kirche sicherlich sind.

Ein weiterer, eher unerwarteter Zeuge für die These, dass religiöse Gruppierungen den politischen Entscheidungsfindungsprozess beeinflussen sollten indem sie auf eine Art und Weise, die von jedermann verstanden werden kann, am politischen Diskurs teilnehmen, ist Sayyid Qutb, einer der Gründerväter des modernen antiwestlichen politischen Islam (dazu auch Steinvorth 2006: 36-91). Qutb entwickelte einen neuen, durch und durch modernen Zugang zur Interpretation des Koran, der sowohl von Modernisten als auch von traditionellen Islamgelehrten als falsch gebrandmarkt und abgelehnt wurde. Dadurch sah sich Qutb einem zweifachen Druck ausgesetzt, den Wert seiner Koranexegese zu beweisen ohne sich dabei auf die – jedenfalls im Verständnis gläubiger Muslime – Unfehlbarkeit seiner Quellen berufen zu können, da seine Gegner sich eben dieser genauso bedienten. Qutbs Ziel war es, den Islam zur alleinigen Leitlinie des politischen und privaten Lebens eines jeden Muslimen zu machen. Dies ist der Grund dafür, dass er alle Muslime dazu aufruft „*to return to our stored-up resources, to become familiar with their ideas, and to test their validity and permanent worth.*“ (Qutb 2000: 35) Was hat dies nun mit der Frage nach der Übersetzbarkeit religiöser Motive in säkulare Sprache zu tun? Nun ja, wenn Qutb sich nicht auf die Unfehlbarkeit seiner Quellen berufen kann, da seine Gegner sich auf dieselben Quellen berufen, dann muss er zeigen, dass seine Interpretation im Lichte eines rationalen Zuganges den heiligen Texten besser gerecht wird als andere Interpretationen desselben Textes. Darüber hinaus bedeutet dies aber auch, dass es möglich sein muss, seine politischen Ansichten auf eine Art und Weise auszudrücken, die der Kraft der reinen Vernunft zugänglich sind. Qutb kann also gar nicht anders, als seine Weltsicht der reinen Vernunft für zugänglich zu halten. Diese Ansicht wird durch das Kriterium bestätigt, dass er selbst wählt, um die Gültigkeit seiner Position zu bewerten. Er schreibt, dass eine Theorie dann ihre Gültigkeit beweist, wenn sie „*coherent and comprehensive*“ ist (Qutb 2000: 37). Durch die Wahl des Kriteriums der Kohärenz macht Qutb jedoch von dem Hauptkriterium für Richtigkeit gebrauch, wie es in der analytischen Philosophie verwendet wird und macht seine Position dadurch kritisierbar. In der Philosophie kann jedoch immer nur das als kritisierbar gelten, das durch rational zugängliche Sprache ausgedrückt werden kann und dies wiederum bedeutet, dass Qutb gar nicht anders kann, als davon auszugehen, dass seine glaubensbasierte Weltanschauung, die ursprünglich in religiöser Sprache verfasst wurde, in säkulare Sprache übersetzbar sein muss. Interessanterweise ist dies unabhängig davon der Fall, inwiefern Qutb darüber nachgedacht hat, ob sich seine Weltsicht der Prüfung durch die analytische Philosophie stellen muss, oder nicht. Durch die bewusste Wahl des Kriteriums der Kohärenz macht er seine politische Theologie der reinen Vernunft zugänglich und damit durch sie kritisierbar.

2.5 Demagogie und „protestantischer“ Rückzug

An dieser Stelle ist es angebracht, den zuvor angesprochenen Punkt noch weiter zu vertiefen. Speziell im Falle Qutbs lässt sich gegen die Behauptung, dass die Verwendung des Begriffes der *Kohärenz* und der Rückzug auf die Heilige Schrift dazu führen müssen, dass an Einsichten appelliert wird, welche nicht nur unabhängig von vorherrschenden Traditionen anerkannt werden können, sondern darüber hinaus auch noch rational im zuvor verwendeten Sinne sind, auf zwei Arten Widerspruch einlegen. Zum einen lässt sich einwenden, dass sein Text an vielen Stellen Appellcharakter hat und voller Rhetorik steckt, zum anderen lässt sich der Einwand erheben, dass es sich bei Qutbs Vorgehensweise gewissermaßen um einen „protestantischen“ Rückzug auf den heiligen Text handelt, der keineswegs politisch zu interpretieren ist. Beide sollen im Folgenden diskutiert werden. Zunächst jedoch zu dem Einwand, dass es sich um einen appellarischen Text handelt, der sich mit seiner Rhetorik an populistische Instinkte richtet und keineswegs einen rationalen Anspruch erhebt.

Bereits Steinvorth hat sich in seiner Untersuchung von Qutbs *Social Justice in Islam* mit diesem Vorwurf beschäftigt. Er schreibt:

> *„Wenn ich Qutb ein Kriterium der Richtigkeit eines Weltzugangs zuschreibe [...], unterstelle ich ihm da nicht zu viel Rationalität? [...] Erweist er sich da nicht einfach als ein Demagoge, der auf die primitive Neigung baut, die eigne Tradition für die Beste zu halten, weil sie die eigne ist? Bedient er sich westlicher Argumentationsformen nicht nur, um die Aufmerksamkeit eines an westlichen Begriffen interessierten Publikums zu gewinnen? Verdient er überhaupt ein philosophisches Interesse?*“ (Steinvorth 2006: 42)

Steinvorth will die ersten Fragen verneint wissen und ist selbstverständlich der Meinung, dass Qutb unser philosophisches Interesse verdient. Dies leitet er aus einem Argument ab, das ähnlich strukturiert ist, wie die im vorangegangenen Abschnitt bereits vorgestellte Diskussion. Steinvorth sieht Qutb unter dem Zwang, die Überlegenheit des Islam gegenüber dem Westen aber auch gegenüber alternativer Zugänge zum Islam zu beweisen. Ersteres kann nur gelingen, wenn er Richtigkeitskriterien akzeptiert, die auch Angehörigen der westlichen Kultur einleuchten, letzteres nur, wenn er an Einsichten appelliert, die unabhängig von der herrschenden Lehrmeinung anerkennbar sind. Für Steinvorth ist damit klar, dass es *„ein Vorurteil [wäre], Qutb zu unterstellen, er könne nicht zwischen Propaganda und Argument unterscheiden.*“ (Steinvorth 2006: 43) Auf dieses Argument Steinvorths soll hier jedoch nicht weiter eingegangen werden, da es sich strukturell kaum von dem in Abschnitt 2.4 bereits vorgetragenen Argument unterscheidet.

Interessanter ist es, darauf hinzuweisen, dass eine Betrachtungsweise, die ausschließlich von Qutbs vermuteten Intentionen ausgeht, nicht ausreichend ist. Worauf ebenso zu achten ist, ist die Rezeption seiner Schriften. Verkehrt man nämlich den Blickwinkel des Vorwurfs der Demagogie, so ergibt sich daraus auch direkt, dass für den Anhänger von Qutbs Positionen die Einsicht in diese nur dann gegeben sein wird, wenn der Rezipient Richtigkeitskriterien anlegt, die ihm selbst einleuchten. Dies gilt selbstverständlich unabhängig davon, ob es sich um einen Leser aus der westlichen oder der islamischen Welt handelt. Es handelt sich hierbei um einen Mechanismus, der für alle Demagogen gilt. Wer ein populistisches Argument gebraucht, der muss nicht notwendigerweise von der Richtigkeit dieses Arguments überzeugt sein. Der Nutzer kann ein Argument wider besseren Wissens aufgrund der Wirkung, die er bei seinem Publikum vermutet, vorbringen. Für sein Publikum gilt das nicht. Wer ein populistisches Argument akzeptiert, der muss von der Richtigkeit dieses Arguments überzeugt sein. Schließlich impliziert der Begriff der *Überzeugung* auch die Überzeugung von der Richtigkeit der Aussage, von der jemand überzeugt ist. Damit stellt sich die Situation aber so dar, dass man Qutbs Argumente ernst nehmen und entsprechend ernsthaft diskutieren sollte und zwar unabhängig davon, ob sie demagogisch verwendet werden oder nicht. Auch wenn der Autor sich der Meinung Steinvorths bezüglich Qutb anschließt, so bleibt es dem Leser überlassen, dies nicht zu tun. Die von Qutb vorgetragenen Argumente sollte er deshalb jedoch keineswegs als schlicht demagogisch und deshalb nicht von philosophischem Interesse abtun.

Der zweite Einwand, dass sich bei Qutbs Vorgehensweise gewissermaßen um einen „protestantischen" Rückzug auf die Heilige Schrift handelt, der keineswegs rational sein muss und auch eher theologisch als politisch verstanden werden sollte, lässt sich wahrscheinlich am besten unter Bezugnahme auf die von Qutb propagierte „Gewissensfreiheit" diskutieren, wie sie in Abschnitt 4.1.3 als politische Freiheit ausführlicher untersucht wird. Ausgangspunkt hierfür kann die Situation Martin Luthers (1483-1546) sein, der in seiner Schrift *Von der Freiheit eines Christenmenschen* (1520) Gewissensfreiheit forderte, wobei ihm eine aufklärerische Konzeption individueller Autonomie ebenso fremd war wie eine negative Laissez-faire Einstellung. Was Luther tatsächlich forderte war eine Gewissensfreiheit in Glaubensfragen (und als solche rein theologisch zu verstehen), was jedoch die Aufständischen der Bauernkriege von 1523 bis 1526 nicht daran hinderte, Luthers Gewissensfreiheit als politische Freiheit zu interpretieren. Luther selbst war dies so ein Gräuel, dass er sich in einer eigenen Schrift *Wider die stürmenden Bauern* (1525) dagegen verwehrte, dass sein theologischer Freiheitsbegriff politisch zu lesen sei. Er ging dabei soweit, die Fürsten dazu aufzurufen, Gewalt gegen die Aufständischen anzuwenden. Wörtlich heißt es in dem Text, sie seien zu

> *„schmeyssen / würgen und stechen / heymlich oder offenlich / wer da kann / und gedencken / das nichts gyfftigers / schedlichers / teufflischers seynn kann / denn eynn auffrürischer mensch / gleych alls wen man eynen tollen hunde todtschlahen muß.*" (Luther 1979: 2)

Auch wenn man bei Luther an dieser Stelle eindeutig belegen kann, dass er sich gegen eine politische Lesart seiner Gewissensfreiheit verwehrte, was bei Qutb zumindest fraglich sein muss, der in *Social Justice in Islam* schließlich ein dezidiert politisches Programm vorlegte, so bleibt doch auch hier festzuhalten, dass Luther (ebenso wie Qutb) politisch gelesen werden kann und faktisch auch gelesen wurde. Somit ist auch an dieser Stelle das vorgetragene Argument vom Rezipienten her zu denken und auf seine Validität zu prüfen und dies unabhängig von der Intention des Autors. Dies wiederum bedeutet jedoch, dass eine Übersetzung des Theologischen in das Politische und damit Säkulare ein interessantes und lohnendes Unterfangen darstellt.

An dieser Stelle kann es vielleicht erhellend sein, die Diskussion von der Frage nach dem Gegensatz zwischen Theologie und Politik loszulösen und noch ein letztes Beispiel aus dem Bereich des ausschließlich Politischen zu betrachten. Zu diesem Zweck soll hier der Fall von Thomas Jefferson betrachtet werden, der als der maßgebliche Autor der amerikanischen Unabhängigkeitserklärung historische Bedeutung erlangte und als einer der Urväter der modernen Menschenrechte gelten darf. Auf Jefferson geht der Absatz der Unabhängigkeitserklärung zurück, dass

> „*all Men are created equal, that they are endowed by their Creator with certain unalienable Rights, that among these are Life, Liberty, and the Pursuit of Happiness.*" (Shuffelton 2009: 12)

Damit werden eindeutig allen Menschen (oder zumindest allen Männern) gleiche Rechte zugestanden und im Besonderen wird das Recht auf Freiheit erwähnt. Gleichzeitig ist jedoch von Jefferson bekannt, dass er Sklavenhalter war. Wie lässt sich dies in Einklang bringen?

Klar ist, dass schon den Zeitgenossen Jeffersons die Spannung zwischen dem Land der Freiheit und der weiten Verbreitung der Sklaverei bewusst war. Die Abolitionisten empfanden es dabei als Heuchelei, dass der zuvor zitierte Abschnitt, der jedermann die gleiche Freiheit garantiert, von einem Sklavenhalter geschrieben wurde, während die Apologeten der Sklaverei sich dadurch in ihrer Einstellung bestätigt sahen, dass Menschen mit afrikanischen Wurzeln eben keine vollwertigen Menschen waren und nicht zu den *Men* zu zählen waren, denen politische Freiheitsrechte zukommen (Shuffleton 2009: 13).

Von Jefferson selbst ist bekannt, dass er regelmäßig und eindrücklich die Sklaverei verdammte (unter anderem in seinen *Notes on the State of Virginia*) und als vorbildlicher aufklärerischer Denker unter seinen Zeitgenossen galt. Im Gegenzug entließ er jedoch nur diejenigen seiner Sklaven jemals in Freiheit, mit denen er Blutsverwandt war[7] (Shuffleton 2009: 73). Nicht nur sein (zumindest rhetorisches) Engagement lässt dabei darauf schließen, dass Jefferson selbst sich nicht der Meinung derjenigen Apologeten anschloss, die in dunkelhäutigen Sklaven keine vollwertigen Menschen sahen. Im Jahr 1770 vertrat er Samuel Howell vor Gericht, und argumentierte, dass nach dem Naturrecht alle Menschen frei geboren sind, weswegen sein Mandant aus seinem Abhängigkeitsverhältnis zu entlassen

7 Es ist bekannt, dass Jefferson nach dem Tod seiner Frau eine Beziehung mit seiner Sklavin Sally Hemings führte, aus der drei Kinder entstanden. Gerüchte über diese Beziehung wurden bereits 1802, also noch zu Lebzeiten Jeffersons, verbreitet, der Gegenstand dieser Gerüchte jedoch 1996 durch DNA-Analysen, welche in der Zeitschrift *Nature* veröffentlicht wurden, bestätigt. Seine Kinder sind die einzigen drei Sklaven, die Jefferson jemals in Freiheit entließ.

sei. Samuel Howell war jedoch weder Sklave noch besonders dunkelhäutig, sondern der uneheliche Sohn einer Beziehung zwischen einer weißen Frau und einem dunkelhäutigen Sklaven, welche nach damals gültigem Recht in die Obhut der Kirche zu übergeben waren. Man kann dies als Hinweis darauf werten, dass Jefferson die Meinung der Apologeten nicht teilte, man kann sich jedoch auch fragen, ob Jefferson einen ähnlichen Fall auch für einen dunkelhäutigen Sklaven angenommen hätte (Shuffleton 2009: 74).

Wie dem auch sei, hier soll auf den eigentlichen Punkt der Diskussion zurückgekommen werden. Nach all den Fakten, die über Jefferson bekannt sind, wie sollte man nun die Person Jeffersons bewerten? War er ein Aufklärer, der sich für die Befreiung der Sklaven einsetzte, oder ein Sklavenhalter, der von der Ungerechtigkeit der Institution der Sklaverei finanziell profitierte? Schließen sich diese beiden Kategorien überhaupt gegenseitig aus? All diese Fragen sollen hier nicht beantwortet werden. Vielmehr sollen sie als Fingerzeig dafür dienen, dass die Person Jeffersons unabhängig ist von der Wirkung seiner Schriften, die unbestritten einen wichtigen Meilenstein auf dem Weg zu mehr Freiheit und Demokratie bildeten, auch für die schwarze Bevölkerung der Vereinigten Staaten (selbst, wenn für diese der Weg ein längerer und steinigerer war). Gleichfalls bedeutet dies jedoch auch, dass die Argumente, die Jefferson vorbrachte, nicht durch Verweis auf seine Person diskreditiert werden können, da diese Argumente unabhängig davon, wer sie vorgetragen hat, ihren Wert beweisen müssen. Der Angriff auf ein Argument unter Verweis auf die Person des Autors ist in der Rhetorik unter dem Begriff des *argumentum ad hominem* bekannt und gilt gemeinhin als unzulässige Argumentationsform.

Was bleibt also von dieser Diskussion? Ist Qutb lediglich ein Demagoge? Oder handelt es sich bei seiner Methode um einen „protestantischen" Rückzug auf die Heilige Schrift, die theologisch und nicht politisch zu verstehen ist? Im letzten Kapitel wurde argumentiert, wieso dies nicht so gesehen werden sollte. Zur Untermauerung wurde angeführt, dass Qutb in *Social Justice in Islam* ein dezidiert politisches Programm verfolgt und unter dem doppelten Argumentationsdruck, unter dem er steht, auf ein rationales Moment setzen muss. Sollte dies nicht ausreichen, einen Leser zu überzeugen, so steht selbigem dies selbstverständlich frei. In diesem Fall sei jedoch bedacht, dass Argumente nicht ausschließlich von ihrem Autor her zu denken sind, sondern dass auch der Rezipient eine wichtige Rolle spielt. Wer die Einschätzung des Autors in Bezug auf die Intention Qutbs hier also nicht teilt, der möge sich zumindest auf die Methode einlassen, die Argumente in der im Folgenden präsentierten Form ernst zu nehmen, nicht nur, weil diese politisch verstanden werden können, sondern auch, weil diese faktisch politisch verstanden wurden.

2.6 Zusammenfassung

Wenn eine Übersetzung religiöser Sprache stattfindet, handelt es sich um eine Situation in der die gesamte Gesellschaft einen Vorteil davon trägt. Alle Bürger, religiös wie säkular, profitieren von einem derartigen Vorgehen. Der säkulare oder auch nur andersgläubige Teil, wird in die Lage versetzt, Debatten innerhalb einer Glaubensgemeinschaft verfolgen zu können, die von ihrem Wirkungsbereich über diese Glaubensgemeinschaft hinausreichen. Der Bürger, der nicht Teil der jeweiligen Glaubensgemeinschaft ist, kann sich somit ein wohl fundiertes Urteil über die Legitimität der Weltsicht dieser Glaubensgemeinschaft und deren politischen Absichten bilden. Man denke nur, an die strikte Ablehnung gleichgeschlechtlicher Heirat durch die katholische Kirche. Wenn die katholische Kirche die Gesellschaft davon überzeugen möchte, dass ihre Politik in Hinsicht auf gleichgeschlechtliche Partnerschaften universelle Gültigkeit besitzt und nicht nur auf Katholiken beschränkt ist, dann muss es ihr möglich sein, diese Politik, die gleichgeschlechtliche Heirat ablehnt, in einer Sprache zu vertreten, die nicht religiös ist und sich nicht auf die Bibel als Letztbegründung beruft, da diese Grundlage einer politischen Weltsicht in den Augen der nicht christlichen Bevölkerung nicht die notwendige Legitimation besitzt, das Recht auf Gleichbehandlung beschneiden zu dürfen. Nur, wenn dies der katholischen Kirche gelänge, wäre es nicht katholischen Teilen der Gesellschaft möglich deren Politik wirklich zu verstehen und daraufhin auf ihren Wert zu überprüfen. Die Übersetzung religiöser Beiträge zum politischen Diskurs kann also als Filterungsprozess verstanden werden, der solche Beiträge, auf die sich zumindest *idealiter* alle Beteiligten verständigen können, von solchen trennt, bei denen dies nicht der Fall ist. Zusätzlich dazu erlaubt es dem Staat, genauso wie jedem einzelnen Bürger, diejenigen Gruppen zu identifizieren, die er unterstützen möchte und von denen zu trennen, deren Politik er bekämpfen möchte. Als Beispiel denke man nur an die Jihadtheorie im Islam. Der Westen sollte sicherlich solche Intellektuelle unterstützen, die Jihad als im Einklang mit westlichen Moralvorstellungen und internationalen Gesetzen verstehen. Um jedoch die Gruppe der Modernisten unterstützen zu können, die einen aufgeklärten Islam im Sinne westlicher Moralvorstellungen wünscht, ist es absolut notwendig diese Gruppe zunächst identifizieren zu können und sie von denjenigen zu trennen, für die Jihad ein Mittel zu einer islamischen Weltordnung ist. Die Übersetzung theologischer Debatten in säkulare Sprache ist ein effektiver Weg dies zu tun.

Man sollte nun aber nicht auf den Gedanken kommen, dass es lediglich der säkulare Teil der Gesellschaft ist, der von einer derartigen Übersetzung profitiert. Auch religiöse Gruppierungen profitieren, indem sie Zugang zu politischen Debatten in der weiteren Gesellschaft erhalten, wenn sie ihre Weltsicht auf eine Art und Weise darstellen, die von allen nachvollzogen werden kann. Sie erhalten dadurch eine Verankerung in der Gesellschaft und die Möglichkeit die Politik in eine Richtung zu beeinflussen, die in Einklang mit ihren religiösen Überzeugungen steht. Dies wäre ihnen nicht möglich, wenn sie ihre Weltsicht in rein religiöser Weise vertreten würden. Auch ist nicht garantiert, dass sich die religiös motivierte Politik durchsetzt, aber sie erhält zumindest eine Chance sich durchzusetzen. Speziell wenn man bedenkt, dass es religiösen Gruppierungen nicht immer leicht fällt ihre eigenen Ansichten in säkularisierter Form wiederzugeben. Der Versuch dies von außen zu tun hilft also auch der Religionsgemeinschaft. Insbesondere, da die Religionsgemeinschaft ja jederzeit ihre Unzufriedenheit ausdrücken kann, sollte sie eine Übersetzung für nicht gelungen halten.

3. Die Theorie vom gerechten Krieg

Nach den Ereignissen im Kosovo und in Ruanda, den amerikanischen Kriegen gegen Afghanistan und den Irak, sowie den öffentlichen Debatten darüber, hat die Frage, ob es einen gerechten Krieg geben kann, wieder verstärkt Interesse erregt. Die Frage muss dabei so verstanden werden, ob sich Bedingungen finden lassen, unter denen es gerechtfertigt sein kann, militärische Gewalt anzuwenden. Eine Tradition, die in diesem Zuge wiederbelebt wurde, ist die Theorie vom gerechten Krieg, die in ihrer Tradition mindestens bis zum Kirchenvater Augustinus, vermutlich aber noch weiter zurück reicht (dazu Bellamy 2006; Orend 2006: 9-30). Obwohl diese Theorie über lange Jahre mit der katholischen Kirche in Verbindung gebracht wurde, hat sie sich im Laufe ihrer Geschichte säkularisiert und kann als die Grundlage des internationalen Rechts gelten, welches seit dem Briand-Kellog-Pakt (1928) keinen legitimen Grund für einen Angriffskrieg mehr kennt und für lange Zeit die Diskussion der Theorie vom gerechten Krieg obsolet gemacht hat. Dies führte dazu, dass die Theorie außer bei wenigen Theologen und Historikern fast in Vergessenheit geriet, bevor Michael Walzer und andere diese in den 1970er Jahren, lange vor den Ereignissen, die sie wieder ins Bewusstsein der politischen Klasse und in die akademische Diskussion bringen würden, ausführlich diskutierten und damit wiederbelebten (Walzer 2004: 3-22).

Im Folgenden soll ein kurzer historischer Abriss über die Entwicklung der Theorie vom gerechten Krieg gegeben werden, um Meilensteine des Nachdenkens über Fragen der moralischen Kriegsführung in der westlichen Welt nachzuvollziehen. Dieser kann und will jedoch keinen Anspruch auf Vollständigkeit erheben. Seine Aufgabe ist es lediglich, den Hintergrund zu beleuchten, vor dem die heutigen Debatten um den „Krieg gegen den Terror" und islamistische Gewalt zumindest im Westen zu sehen sind. Nach einem kurzen Überblick wird anschließend die *iusta causa* Bedingung der Theorie vom gerechten Krieg ausführlich diskutiert werden, da diese Bedingung, die einen ausreichenden Kriegsgrund fordert und versucht zu definieren, was als ein solcher gelten kann, die eigentliche Gewaltrechtfertigung darstellt und deshalb im Rahmen dieser Arbeit von besonderem Interesse ist. Die weiteren Kriterien, die innerhalb der Theorie vom gerechten Krieg – und hier im speziellen innerhalb des *ius ad bellum*, also des Rechts zum Krieg – entwickelt wurden, stellen in den Augen des Autors lediglich Randbedingungen dar, die zwar nicht unwichtig sind, hinter der Bedeutung der *iusta causa* Bedingung jedoch zurück treten, wenn es um die eigentliche Gewaltrechtfertigung geht. Die *iusta causa* Bedingung wird dabei hier als eine Theorie präsentiert werden, die sich auf die Verteidigung grundlegender Rechte stützt. Als solche ist sie eine säkulare Theorie, die ausdrücklich Wert auf interkonfessionelle und interreligiöse, universelle Gültigkeit im Sinne der Diskussion von Kapitel 2 legt. Dies stellt jedoch nicht die einzige Möglichkeit der Gewaltrechtfertigung dar und deshalb wird in Abschnitt 3.3 die von Thomas von Aquin eingeführte Duplex-Effectus Lehre ausführlich diskutiert werden, da diese, je nach Ausführung, die wichtigste Alternative oder zumindest Ergänzung der *iusta causa* Bedingung als Rechtetheorie darstellt. Zum Abschluss des Kapitels werden dann die *realpolitische* und die *pazifistische* Alternative, also Positionen, die behaupten, dass die Moral im Krieg keinen Platz hat, beziehungsweise, dass Krieg niemals gerechtfertigt sein kann, kurz diskutiert werden, da diese nach wie vor viele Anhänger und somit einigen Einfluss in der Politik und der öffentlichen Debatte besitzen.

3.1 Ein (viel zu kurzer) historischer Überblick

Versucht man heute eine Rechtfertigungsstrategie für politische Gewalt zu finden, von der zu erwarten ist, dass sie in der westlichen Welt am ehesten Zustimmung finden wird, so kommt man nicht an der *Theorie vom gerechten Krieg* vorbei. Wie bei allen Theorien ist natürlich nicht zu erwarten, dass die Thesen der Theorie vom gerechten Krieg von allen geteilt werden, so sich denn überhaupt einheitliche Thesen finden lassen, die von allen Vertretern dieser Denkschule geteilt werden. Dies gilt umso mehr, als es sich bei Fragen der Gewaltrechtfertigung um ein heikles Thema handelt, bei dem nicht einmal Einigkeit darüber besteht, ob ein derartiges Unterfangen überhaupt möglich ist, beziehungsweise ob Krieg nicht einen Bereich des menschlichen Handelns darstellt, für den fundamental andere moralische Prinzipien gelten als gewöhnlich oder auf den moralische Prinzipien grundsätzlich nicht angewandt werden können. Die Position, dass politische Gewalt, und hier im Speziellen militärische Gewalt, niemals zu rechtfertigen ist, wird dabei für gewöhnlich als die *pazifistische* Alternative bezeichnet, während die Position, dass Krieg einen Bereich des Handelns darstellt, auf den moralische Prinzipien nicht angewendet werden können, für gewöhnlich als die *realpolitische* Alternative bezeichnet wird. Beide Alternativen zu einer Theorie, die versucht normative Bedingungen anzugeben, wann ein Einsatz politischer Gewalt zulässig sein kann, werden aufgrund der Tatsache, dass sie jeweils eine nicht zu vernachlässigende Zahl von Anhängern besitzen, im Anschluss an einen Überblick über die Theorie vom gerechten Krieg ebenfalls kurz diskutiert werden müssen.

Ungeachtet dieser Probleme handelt es sich bei der Theorie vom gerechten Krieg, um eine Schule, die eine sehr lange Tradition von über 2000 Jahren aufweisen kann und deren Denkmuster sich in vielen Texten des modernen internationalen Kriegs(völker)rechts wiederfinden, so dass davon ausgegangen werden kann, dass es sich um diejenige Denkschule zum Thema der Rechtfertigung politischer Gewalt handelt, die heutzutage am ehesten Zustimmung für sich beanspruchen kann, auch wenn keine hundertprozentige Zustimmung zu ihren Thesen zu erwarten ist. Dank ihrer langen Tradition besitzt die Theorie vom gerechten Krieg einen Reichtum an Argumenten, der aus der kritischen Auseinandersetzung mit ihren Thesen erwachsen ist, der wohl so von keiner anderen Theorie zur Rechtfertigung politischer Gewalt geteilt wird. Die Tradition der Theorie vom gerechten Krieg lässt sich dabei mindestens bis zum Kirchenvater Augustinus, wenn nicht sogar bis Cicero, Aristoteles oder Plato zurückverfolgen.

Im Folgenden soll ein (notwendigerweise viel zu) kurzer Überblick geboten werden, der die Entwicklung dieser Tradition in Umrissen nachzeichnet, wobei hier weder auf Vollständigkeit noch auf Detailtreue Anspruch erhoben werden kann, da dies den Rahmen dieses Projekts sprengen würde. Ziel des hier gebotenen Überblicks ist es lediglich, den Leser mit den Denkmustern und Entwicklungen der Theorie vom gerechten Krieg vertraut zu machen, um diese anschließend in einem modernen Kontext diskutieren zu können. Auch soll an dieser Stelle darauf hingewiesen werden, dass es sich bei der Theorie vom gerechten Krieg weniger um eine vollständige, kohärente Theorie handelt, als vielmehr um eine Tradition, in der verschiedene Ansätze schon immer um Anerkennung gerungen haben und in der die Vertreter dieser Tradition zu verschiedenen Zeiten auch durchaus zu verschiedenen Ansichten gekommen sind, etwa bezüglich der Bedeutung natürlichen Rechts im Vergleich zu positivem Recht oder in der Beurteilung dessen, was als rechtfertigender Grund für einen Krieg akzeptabel ist. In dieser Hinsicht ist es sicherlich von Vorteil, die Theorie vom gerechten Krieg weniger als einheitliche Theorie, denn mehr als eine Tradition oder Denkschule zu verstehen, da dies erlaubt, Autoren mit teils sehr unterschiedlichen Ansätzen dennoch als eine Einheit zu sehen, die das Verständnis von legitimer Gewaltanwendung in der westlichen Welt geprägt haben und ihre Positionen oft auch im Kontrast zu ihren Vorgängern entwickelten. Diese Tradition ist denn auch eher als Konversation zu verstehen, die bis heute anhält und es Militärs, Politikern und der interessierten Öffentlichkeit ermöglicht, auf eine konstruktive und bedeutungsvolle Weise über die Legitimität politischer Gewaltanwendung zu streiten.[8]

---

8 Zu diesem speziellen Punkt auch (Bellamy 2006: 2-5). Im Allgemeinen bietet Alex J. Bellamys historische Untersuchung *Just Wars: From Cicero to Iraq*, auf der dieser Abriss unter anderem basiert, einen guten Ausgangspunkt für den geneigten Leser weitere Details der historischen Entwicklung der Theorie vom gerechten Krieg zu finden.

3.1.1 Die Antike

Der Begriff des *gerechten Krieges* wird oft auf Aristoteles (384-322 v. Chr.) zurückgeführt (Orend 2006: 10), auch wenn die Einhegung von Kriegsfolgen durch Gebräuche und Verträge zwischen den griechischen Stadtstaaten bereits um 700 v. Chr. nachgewiesen werden kann (Bellamy 2006: 15). Auch finden sich bereits bei Aristoteles' Lehrer Plato (ca. 428-348 v. Chr.) Überlegungen dazu, wie Kriege geführt werden sollten. In § 471 seines *Staates* nennt Plato einige Beschränkungen der Kriegsführung, so zum Beispiel, dass Wohnstätten nicht niedergebrannt werden sollten und dass nur Kämpfer des besiegten Staates getötet werden dürfen und nicht alle Männer, Frauen und Kinder des gegnerischen Volkes. Es war jedoch Aristoteles, durch den erstmalig systematisch Schritte zur Säkularisierung der Frage nach der Legitimität organisierter Gewaltanwendung unternommen wurden, die im Kontrast zum älteren Konzept des *Heiligen Krieges* zu sehen sind. Während das Konzept des *Heiligen Krieges* Krieg als von einer Gottheit angeordnet und legitimiert sieht, deren Wille aus Prophezeiungen, religiösen Texten und ähnlichen Quellen abgeleitet wird, ist die Theorie vom *gerechten Krieg* von ihrer Grundanlage her säkular. Diese säkulare Grundanlage, die versucht die Frage nach der Moralität von Kriegshandlungen unabhängig von Gottheiten und deren heiligen Texten zu beantworten, mag denn auch eine der Grundlagen ihres späteren Erfolges als Basis für das internationale Kriegs(völker)recht sein, da erst diese säkulare Grundanlage eine Verständigung über Religions- und Konfessionsgrenzen ermöglicht, wobei zu beachten ist, dass eine säkulare Grundausrichtung nicht bedeutet, dass die Theorie vom gerechten Krieg sich in einem notwendigen Widerspruch zu religiösen Sichtweisen befinden muss. Dies wird wahrscheinlich am besten dadurch verdeutlicht, dass die Theorie vom gerechten Krieg speziell im Mittelalter mit dem Christentum katholischer Prägung verbunden wird und dass einige derjenigen Autoren, die maßgeblich an der Entwicklung dieser Theorie beteiligt waren, zu den katholischen Kirchenvätern zählen.

Aristoteles, der in einer Gesellschaft lebte, in der die griechischen Stadtstaaten sowohl untereinander regelmäßig Kriege führten als auch häufige Auseinandersetzungen mit nicht griechischen Akteuren, von den Griechen als Barbaren betrachtet, erlebten, reflektierte die Moralität dieser Auseinandersetzungen und kam zu dem Schluss, dass es unter anderem dann legitim ist Krieg zu führen, wenn die eigene Gemeinschaft angegriffen wird. Diese Legitimation kriegerischer Handlungen als Selbstverteidigung ist wohl, und darin würden die meisten heutigen Autoren Aristoteles wahrscheinlich zustimmen, die offensichtlichste und auch am wenigsten umstrittene Möglichkeit politische Gewaltanwendung moralisch zu rechtfertigen. Im Allgemeinen werden wohl nur strenge Pazifisten diese Art der Legitimation ablehnen. Darüber hinaus verteidigte Aristoteles jedoch auch die Gewaltanwendung mit dem Ziel ein Reich zu errichten, vorausgesetzt dieses gereicht den Eroberten ebenso wie den Eroberern zum Vorteil und wird nicht selbst durch seine Größe und seinen Reichtum zum Gegenstand von Begehrlichkeiten und somit selbst zum Anlass weiterer Kriegshandlungen. Kriegsführung diente nach Aristoteles in dieser Hinsicht der Friedenssicherung durch die Schaffung eines einheitlichen Hoheitsraumes, der die Lebensqualität aller Subjekte innerhalb dieses Hoheitsraumes verbessert. Dieser Standpunkt dürfte von den meisten heutigen Autoren deutlich kritischer bewertet werden, als er von Aristoteles selbst gesehen wurde, er ist jedoch im Laufe der Geschichte keineswegs einzigartig. Man bedenke nur das Diktum Franz Emanuel August Geibels, dass am deutschen Wesen die Welt genesen solle, mit dem später der deutsche Imperialismus moralisch unterfüttert werden sollte (wenn auch nicht durch den Urheber dieser Zeilen). Am bekanntesten und gleichzeitig am umstrittensten dürfte jedoch Aristoteles Standpunkt sein, dass ein Krieg auch dann gerechtfertigt ist, wenn er dazu diente, Sklaven zu gewinnen, vorausgesetzt, dass es sich bei den Versklavten um ein Volk handelt, dass von der Natur dazu ausersehen ist, als Sklaven zu dienen. Mit dieser Ansicht würde Aristoteles heute wohl unter Anhängern der Theorie vom gerechten Krieg wenig Unterstützung erfahren. Man kann jedoch darüber streiten, ob sich ein ähnlicher Gedanke nicht in der islamischen Idee von *Dhimmies* (Schutzbefohlenen) finden lässt (Orend 2006: 11).

Zunächst lässt sich jedoch festhalten, dass Aristoteles damit eine Verbindung zwischen der Legitimität einer Kriegshandlung und dem Vorliegen eines ausreichenden Grundes zur Kriegsführung eingeführt hat, die später als *iusta causa* Bedingung aus der Theorie vom Gerechten Krieg nicht mehr wegzudenken ist, auch wenn der Inhalt dessen, was als ausreichender Grund gelten darf, sich bei Aristoteles deutlich vom heutigen Konsens unterscheiden dürfte. Die Bedeutung dieser Bedingung zur Legitimation eines Krieges ist dabei jedoch nicht zu unterschätzen. Aufgrund dieser Bedingung ist erstmals klar herausgestellt worden, dass Frieden als der Normalzustand zu gelten hat und dass es der Krieg ist, welcher als Ausnahmesituation einer Begründung bedarf.

Nach den griechischen Philosophen entwickelten römische Autoren die moralischen Grundlagen des Krieges weiter und unter diesen ist besonders Cicero (106-43 v. Chr.) als Weiterentwickler des moralischen Denkens über den Krieg hervorzuheben. Cicero stimmte mit Aristoteles überein, dass Krieg nur dann moralisch gerechtfertigt werden kann, wenn ein legitimer Kriegsgrund vorliegt und auch darin, dass Selbstverteidigung einen validen Grund darstellt, weswegen Krieg geführt werden kann. Er sah jedoch nicht nur eine Verteidigung der Sicherheit Roms als legitime Selbstverteidigung an, sondern auch die Verteidigung von Roms Ehre, womit es nach Cicero ebenfalls möglich war, Kriege, die Rom dazu dienten sein Reich zu erweitern, als Verteidigungskriege darzustellen, was nicht möglich gewesen wäre, wenn es sich bei Ciceros „Verteidigung“ um eine reine Verteidigung gegen körperliche Angriffe gehandelt hätte. In unseren post-heroischen Gesellschaften ist eine Zustimmung zu dieser Sicht allgemein nicht mehr zu erwarten. Die „Blut und Ehre“-Rhetorik der Nazis und anderer nationalistischer Gruppen zeigt jedoch, dass ein derartiges Denken uns vielleicht näher ist, als uns lieb sein dürfte. Cicero jedenfalls sah die Verteidigung von Roms Ehre als gewichtig genug an, um ihretwillen Menschenleben zu riskieren. Im Gegensatz zu Aristoteles lehnte Cicero den Gewinn von Sklaven als Kriegsgrund jedoch ab. Eine wichtige Neuerung, die Cicero in die Tradition vom gerechten Krieg einführte, wenn man denn bereits von einer Tradition sprechen kann, schließlich müssen sich Traditionen über einen bestimmten Zeitraum herausbilden, war die Forderung, dass ein Krieg moralisch nur dann gerecht sein kann, wenn eine korrekte Prozedur eingehalten wird. Für Cicero war es nötig, dass ein Krieg öffentlich erklärt und auch von einer ausreichenden Autorität angeordnet werden muss. Letztere Bedingung ist der Theorie vom gerechten Krieg in Form der *auctoritas* Bedingung bis heute erhalten geblieben. Durch die Forderung nach der korrekten Autorität wollte er verhindern, dass jeder beliebige Feldherr in der Lage war, Krieg zu erklären, ein Recht, welches Cicero ausschließlich im römischen Senat verortete. Durch sein bestehen auf einer korrekten Prozedur kann man auch darüber streiten, ob Cicero nicht durch die Hintertür ein Prinzip eingeführt hat, dass Krieg nur als letztes Mittel zur Anwendung kommen darf, wenn alle politischen Prozesse als gescheitert angesehen werden müssen (Orend 2006: 11). Ob man dies Cicero so zuschreiben sollte, soll hier dahingestellt bleiben, die *ultima ratio* Bedingung ist jedoch zumindest heute fester Bestandteil der Theorie vom gerechten Krieg. Ebenso kann darüber gestritten werden, ob Ciceros bestehen auf korrekten Prozeduren womöglich auf seine Ausbildung als Jurist zurückzuführen ist, oder ob er davon beeinflusst war, dass die Römer sich schon lange vor Cicero feste prozedurale Regeln zur Kriegsführung auferlegt haben. Diese Regeln, die dem römischen *ius fetiale* entwachsen sind, sahen folgende Prozedur zwingend vor: Zunächst wurden vom römischen Senat Boten gesandt, welche die Forderungen Roms übermittelten und dreiunddreißig Tage auf eine Antwort warteten. Die Boten würden die Antwort dann nach Rom übermitteln. War die Antwort aus Sicht der Römer nicht zufrieden stellend oder sollten sie überhaupt keine Antwort erhalten haben, so würde eine weitere Gesandtschaft Krieg androhen und auf eine sofortige zufriedenstellende Antwort warten. Sollten sie diese erneut nicht erhalten, so würden die Gesandten durch das symbolische Werfen eines Speeres sofort den Krieg erklären. Diese Prozedur sollte jedoch keineswegs als fairer Verhandlungsprozess aufgefasst werden, weil die Forderungen der Römer oft unverhältnismäßig und für die Gegenseite unakzeptabel waren. Dies zeigt sich schon daran, dass nur von einem einzigen historischen Fall berichtet wird, bei dem Roms Gegenpartei tatsächlich die Konditionen annahm. Man kann davon ausgehen, dass es Rom also weniger um einen fairen Prozess ging, sondern vielmehr darum, sich durch das Einhalten einer als göttergefällig angesehenen Prozedur das Wohlwollen ihrer Götter zu sichern (Bellamy 2006: 19).

Mit einer steigenden Anzahl von Christen, die in der römischen Armee dienten, und letztlich dem Aufstieg des Christentums zur römischen Staatsreligion trugen auch immer mehr frühchristliche Autoren zur Theorie vom gerechten Krieg bei. Bereits um 173 n. Chr. lassen sich Christen in der römischen Armee nachweisen (Bellamy 2006: 21), was schließlich dazu führte, dass eine verbindliche christliche Position zur Anwendung von Gewalt gefunden werden musste. Diese Position fiel jedoch bei weitem nicht von vornherein so pazifistisch aus, wie es heute oft angenommen wird. Zwar lässt sich die Bergpredigt schwerlich anders als pazifistisch interpretieren, so z.B. Matthäus 5:38-42:

> *5:38 Ihr habt gehört, dass gesagt worden ist: Auge für Auge und Zahn für Zahn. 5:39 Ich aber sage euch: Leistet dem, der euch etwas Böses antut, keinen Widerstand, sondern wenn dich einer auf die rechte Wange schlägt, dann halt ihm auch die andere hin. 5:40 Und wenn dich einer vor Gericht bringen will, um dir das Hemd wegzunehmen, dann lass ihm auch den Mantel. 5:41 Und wenn dich einer zwingen will, eine Meile mit ihm zu gehen, dann geh zwei mit ihm. 5:42 Wer dich bittet, dem gib, und wer von dir borgen will, den weise nicht ab.*

und auch weist Jesus den Petrus im Garten Gethsemane zurecht, weil er sein Schwert zieht, andererseits ist das Neue Testament an anderen Stellen dem Militärdienst gegenüber unkritisch, so etwa in Lukas 3:14 wo ein Zenturio zu Johannes dem Täufer kommt und ebenso bei dem Zenturio von Kapernaum in Matthäus 8:5-13. Auch spricht Jesus nach Matthäus 10:34: „*Ihr sollt nicht wähnen, daß ich gekommen sei, Frieden zu senden auf die Erde. Ich bin nicht gekommen, Frieden zu senden, sondern das Schwert.*" Nimmt man dazu Passagen aus dem Alten Testament, bei denen Gott als ein strafender Gott dargestellt wird, wie z.B. in 4. Moses 21: „*Da gelobte Israel dem HERRN ein Gelübde und sprach: Wenn du dies Volk unter Meine Hand gibst, so will ich ihre Städte verbannen,*" so ergibt sich ein viel weniger eindeutiges Bild im Hinblick auf den christlichen Pazifismus. Wie man die Bibel aber auch immer auslegen mag, in jedem Fall äußerten sich christliche Autoren seit Tertullian (160-230 n. Chr.) regelmäßig zu Fragen der Moralität der Kriegsführung und es ist schließlich der Kirchenvater Augustinus von Hippo (354-430 n. Chr.), der oft als Erfinder der Theorie vom gerechten Krieg genannt wird, was, wie Brian Orend spekuliert, unter anderem daran gelegen haben könnte, dass man später die Grundlagen der Theorie vom gerechten Krieg lieber bei einem Christen verorten wollte als bei griechischen und römischen Heiden wie Aristoteles oder Cicero (Orend 2006: 12). Interessanterweise stellt sich die Sachlage jedoch so dar, dass entgegen Augustinus Ruf als alleinigem Erfinder der Theorie vom gerechten Krieg, die Moralität der Kriegsführung in

Augustinus Werken eine eher unbedeutende Rolle spielt, die von einem systematischen Ansatz weit entfernt ist (Bellamy 2006: 25). Erst Augustinus Kommentatoren formten aus dessen losen Gedanken zur Moralität der Kriegsführung ein einheitliches Bild. Dies ist jedoch nicht komplett verwunderlich, da es oft der Fall ist, dass der bekannteste Vertreter einer Schule erst durch seine Schüler seine Stellung erreicht und eine Breitenwirkung entfaltet. Ab Augustinus lässt sich jedoch unbestreitbar von einer Tradition sprechen, die immer wieder untereinander Bezug nimmt und bis heute besteht. An Neuerungen brachte Augustinus in die Theorie vom gerechten Krieg ein, dass das von Cicero nur grob umrissene *ius in bello* mit Inhalt gefüllt wurde. Unter anderem fügte er der Tradition hinzu, dass Soldaten die klassischen Werte von Mut, Klugheit, Gerechtigkeit und Maß befolgen sollten. In anderer Hinsicht jedoch stellte Augustinus auch einen Schritt zurück dar, da er in seine Liste von gerechten Kriegen auch diejenigen aufnahm, die von Gott angeordnet waren, wodurch die Unterscheidung zwischen *gerechten Kriegen* und *heiligen Kriegen* erneut verwässert wurde. Als Konsequenz konnten sich die Päpste der Kreuzzugsperiode von etwa 1000 bis 1300 n. Chr. auch auf Augustinus Autorität berufen, wenn sie gegen den Islam zum Kampf aufriefen.

Interessant ist, dass Augustinus zwar Krieg zum Zwecke der Selbstverteidigung eines Volkes als moralisch gerechtfertigt ansah, nicht jedoch ein Gewaltanwendung zur persönlichen Selbstverteidigung (Augustine 1995: 44). Aus Augustinus Sicht ist nämlich zwischen der inneren Einstellung und der äußeren Handlung zu unterscheiden, wobei nicht die Art oder die Folgen der Handlung den Ausschlag für ihren moralischen Status geben, sondern die innere Einstellung des Handelnden. Im Falle persönlicher Selbstverteidigung ist diese dabei nach Augustinus eine Liebe des Körpers und allgemein des Weltlichen, die einem Christen nicht ansteht, da dieser nicht an weltlichen Dingen hängen sollte. Die wahre Erfüllung liegt nach Augustinus bei Gott und daher kann ein Angreifer seinem Opfer das, was wirklich entscheidend ist, nämlich die Seele, sowieso nicht nehmen. Augustinus schreibt, dass „*as for the life of the soul, it is at least doubtful whether it can be taken away by killing the body*“ (Augustine 1995: 46). Der Akt des Tötens war bei der Selbstverteidigung also für Augustinus nicht das Problem, sondern die falsche innere Einstellung dazu.

Wenn Augustinus es aus diesem Grund aber ablehnt, individuelle Selbstverteidigung als moralisch gerechtfertigt anzusehen, ganz im Gegensatz zum heutigen Konsens, worin liegt dann der Grund, dass er Krieg als kollektiver Selbstverteidigung den Status des moralisch erlaubten zugesteht? In einem Brief an Faustus findet Augustinus dazu deutliche Worte:

> „*What is the evil in war? Is it the death of some who will soon die in any case, that others may live in peaceful subjection? This is merely cowardly dislike, not any religious feeling. The real evils in war are love of violence, revengeful cruelty, fierce and implacable enmity,*

> *wild resistance, and the lust of power, and such like; and it is generally to punish these things, when force is required to inflict the punishment, that, in obedience to God or some lawful authority, good men undertake wars.*" (Augustinus zitiert nach Bellamy 2006: 26)

Für Augustinus ist es also nicht das Töten derer, die früher oder später sowieso sterben würden, das Krieg zu einem Übel macht, sondern die Gefühle von Hass, Grausamkeit, Habgier und so weiter, die der Krieg auslöst. Es ist jedoch nach Augustinus möglich, auch ohne diese zu töten, nämlich dann, wenn dies zu dem Zwecke geschieht, andere zu schützen, die öffentliche Ordnung aufrecht zu erhalten oder dem Allgemeinwohl zu dienen. Augustinus besteht damit darauf, dass die richtige Intention ein entscheidendes Kriterium dafür darstellt, ob ein Krieg gerecht ist, und führt damit die *intentio recta* Bedingung in die Tradition ein. Auch wird Augustinus Charakterethik später auf Thomas von Aquin einwirken und dessen Position, wenn auch in Abgrenzung zu Augustinus, beeinflussen. Nicht verwunderlich ist dabei, dass Augustinus demnach nur folgerichtig auch keinen Wert auf eine Unterscheidung von Kombattanten und Nichtkombattanten legte und sich nicht groß um das Wohlergehen unschuldiger im Krieg scherte (Bellamy 2006: 29).

3.1.2 Das Mittelalter

Zur Zeit des Thomas von Aquin (1225-1274) beschäftigten sich bereits zahlreiche Denker mit moralischen Fragen der Kriegsführung und benutzten dazu ähnliche Methoden. Die Liste der Namen ist zu lang, um sie hier aufzuführen, aber es finden sich so einflussreiche Personen darunter wie Gratianus de Clusio, dessen *Decretum Gratiani* (ca. 1140) als einflussreichstes Werk des Kirchenrechts des Hochmittelalters (ca. 1000-1300) gilt. Nichtsdestotrotz fiel es Thomas von Aquin zu, einen weiteren wichtigen Schritt in der Entwicklung der Theorie vom gerechten Krieg zu gehen, indem er eine Proportionalitätsbedingung einführte, die bis heute als wichtiger Bestandteil der Theorie vom gerechten Krieg gesehen wird. Thomas von Aquins Idee war es, dass es wichtig ist, auch darauf zu achten, dass die Folgen einer möglichen Kriegshandlung, wenn sie gegen den Schaden aufgewogen werden, der als Rechtfertigungsgrund zur Anwendung dieser Gewalt herangezogen werden soll, diesen nicht überwiegen. Ebenso ist das Maß der Gewaltanwendung auf dem Schlachtfeld der Notwendigkeit anzupassen, so dass das Ausmaß der Gewalt so weit wie möglich limitiert wird.

Neben der Einführung einer Proportionalitätsbedingung ist es jedoch seine Duplex-Effectus-Lehre, durch die Thomas von Aquin einen festen Platz in den Annalen der Theorie vom gerechten Krieg findet. Diese Lehre, ursprünglich im Zusammenhang mit individueller Notwehr in Thomas von Aquins *Summe der*

Theologie diskutiert, hat dabei weitreichende Implikationen für das Verhalten im Krieg und ist bis heute Gegenstand der philosophischen Debatten (z.B. McIntyre 2001). Dabei reicht ihr Wirken über Fragen der erlaubten Gewaltanwendung hinaus und findet Anwendung in vielen Gebieten der praktischen Philosophie, wie z.B. der Medizinethik oder der Abtreibungsdebatte. Aufgrund ihrer Bedeutung wird die Duplex-Effectus-Lehre in Abschnitt 3.3 ausführlich diskutiert werden. In aller Kürze ist die Idee der Duplex-Effectus-Lehre die Folgende: Thomas von Aquin schreibt, dass es durchaus sinnvoll ist, einer Handlung zwei Folgen zuzuschreiben, von denen die eine beabsichtigt ist, die andere jedoch nicht. Laut Thomas von Aquin ist jedoch nur das, was beabsichtigt ist, für die moralische Beurteilung von Bedeutung. In heutigen Fassungen wird dies meist so interpretiert, dass es auch dann gilt, wenn es sich bei der nicht beabsichtigten Wirkung um eine solche handelt, die durchaus vorhergesehen und nicht nur lediglich vorhersehbar war. Dazu jedoch in Kapitel 3.3 mehr.

Thomas von Aquin ist sicherlich einer der bedeutendsten scholastischen Theologen und für die Theorie vom gerechten Krieg, lieferte er neben der Proportionalitätsbestimmung und der Doppeleffektlehre noch zwei weitere wichtige Impulse. Erstens lehnte er *heilige Kriege*, die nach Augustinus wieder als legitim erschienen, entschieden ab. Zwar war es seiner Ansicht nach erlaubt, Christen vor der Verfolgung durch Nichtchristen auch mit Hilfe von Gewalt zu schützen, offensive Kriege, die zur Bekehrung von Heiden oder dem Gewinn von Ländereien für christliche Herrscher dienen sollten, hielt er jedoch für moralisch falsch. Er argumentierte dabei, dass Jesus schließlich auch nicht dadurch Jünger gewonnen hätte, dass er ihnen drohte, ihnen sonst die Schädel einzuschlagen (Orend 2006: 15). Thomas von Aquins Ablehnung von religiös motivierten Kriegen ist dabei nur der Anfang einer Tradition, die sich wieder mehr säkularisierte und im Weiteren mit Francisco de Vitoria (1483-1546) und Hugo Grotius (1583-1645) dem Konzept eines moralisch akzeptablen *Heiligen Krieges* (zumindest innerhalb der Tradition der Theorie vom gerechten Krieg) endgültig den Garaus machte. Zweitens musste sich Thomas von Aquin erneut mit der Frage beschäftigen, wer als korrekte Autorität angesehen werden kann, die einen gerechten Krieg erklären kann. Zu Zeiten der griechischen Stadtstaaten war dies einfach zu beantworten, wenn man die jeweiligen Herrscher der Stadtstaaten als die korrekte, politisch legitimierte Autorität betrachtete, und zu Zeiten Roms lag diese beim römischen Senat. Zu Zeiten Thomas von Aquins wurde die Lage jedoch unübersichtlich. Neben der Kirche buhlten regionale Herrscher wie das Haus der Habsburger darum, als die korrekte Autorität angesehen zu werden. Dazu gab es Warlords, die sich Privatarmeen leisteten, eine Zahl von Stadtstaaten nicht nur in Norditalien und mächtige Handelsverbünde, wie z.B. die Hanse, die sogar erfolgreich gegen Königreiche Krieg führten, um ihre Interessen durchzusetzen. In einer Situation, die sich derart verwirrend darstellte, war es daher von höchstem Interesse, die Frage nach der korrekten Autorität erneut zu stellen. Interessant ist, dass sich Thomas von Aquin dabei jedoch nicht, wie vielleicht von einem Dominikanermönch zu erwarten gewesen wäre, auf die Seite der Kirche schlug. Auch verdammte er private Milizen und bewaffnete Handelsverbünde. Sein Kriterium, wer als korrekte Autorität zu gelten hatte, war, dass es sich um genuin politische Entitäten zu handeln habe. Um zu prüfen, wer als solche gelten darf, legte Thomas fest, dass eine politische Entität dazu in der Lage sein muss, eine Gesellschaft zu ordnen, und die Intention zeigen muss, zum Wohle der gesamten Bevölkerung zu handeln. Die Kirche hielt Thomas von Aquin nicht für eine derartige Entität, er riet jedoch den weltlichen Herrschern, den Rat der Kirch ernst zu nehmen (Orend 2006: 16).

3.1.3 Die frühe Neuzeit

Die Entdeckung Amerikas 1492 und die damit einhergehenden moralischen Fragen zum Umgang mit den amerikanischen Ureinwohnern führten anschließend in der frühen Neuzeit dazu, dass Fragen der Gewaltlegitimation hitzig debattiert wurden. Autoren wie Bartolome de las Casas (1474-1566), Sepulveda (1490-1574), Francisco de Vitoria (1492-1546), Francisco Suarez (1548-1617) und Alberto Gentili (1552-1608) trugen zu dieser Debatte bei. Zu diesem Zeitpunkt war es, dass die Theorie vom gerechten Krieg, die schon immer auch dazu diente, Kriege zu legitimieren, eindeutig dazu genutzt wurden, Kriege auch zu kritisieren. Während Sepulveda und Gentili noch versuchten, die Conquista der Spanier zu verteidigen, wobei Sepulveda sogar auf Aristoteles Argument natürlicher Sklaven zurückgriff, verurteilten de las Casas und Vitoria die Conquista ganz klar als das Unrecht, als das sie sich heute darstellt. Der europäische Kolonialismus war also auch schon zu dieser Zeit in Europa keineswegs unwidersprochen akzeptiert. In der Tat verurteilte die Theologische Fakultät der Universität von Salamanca 1520 geschlossen die Handlungen der spanischen Krone als Unrecht (Orend 2006: 16).

Insbesondere Vitoria wird heute als einer der Väter des internationalen Rechts gesehen. Er entwickelte in seinen Schriften *De Indis* und *De Iure Belli* die Idee eines Völkerrechts (*ius gentium*), an das alle Völker gebunden waren, zu einer Zeit, als die europäischen Herrscher zumeist nicht gewillt waren, eine Instanz über sich zu akzeptieren. Im Rahmen dieses Völkerrechtes gestand er allen Völkern und damit auch den amerikanischen Ureinwohnern sämtliche *ius ad bellum* Rechte zu. Insbesondere gilt dies auch für ein generelles Recht, nicht ohne ausreichenden Grund angegriffen zu werden. In *De Indis* untersuchte er verschiedene Gründe, die genannt wurden, um die Conquista zu rechtfertigen, auf ihre Plausibilität. Dabei verwarf er einen päpstlichen Anspruch auf eine universelle

Herrschaft über den gesamten Globus ebenso wie die Aussage, dass „die Barbaren", als welche die Ureinwohner manchmal eingestuft wurden, nicht in der Lage seien, sich selbst zu regieren. Er verwarf ein Recht auf die Länder dank ihrer Entdeckung durch die Europäer ebenso wie ein Recht, die Ureinwohner notfalls mit Gewalt zum Christentum zu bekehren. Andere Gründe, die er diskutierte, hielt Vitoria zwar für potentiell geeignet, Kampfhandlungen zu legitimieren, praktisch aber für nicht ausreichend, die Conquista zu legitimieren, da die Spanier ihren Teil der Abhandlung nicht einhielten. So war Vitoria etwa der Meinung, dass die Spanier zwar ein theoretisches Recht hätten, in der neuen Welt zu siedeln und Handel zu treiben, durch ihr Verhalten den Ureinwohnern gegenüber dieses jedoch verwirkt hätten. Darüber hinaus sei es den Ureinwohnern sogar erlaubt, sich gegen die Spanier zur Wehr zu setzen, da es sich dabei um Notwehr handle (Bellamy 2006: 50-51). Vitoria war außerdem ein klarer Verfechter der Säkularität der Theorie vom gerechten Krieg. Wie bereits in Abschnitt 2.1 diskutiert, lehnte er religiöse Begründungen zur Legitimation von Gewaltanwendung ab, da diese generell nicht überprüfbar seien. Überhaupt war Vitoria sehr an der Quantität ebenso wie der Qualität der Beweise interessiert, die zur Legitimation von Gewaltakten genutzt werden sollten. Er befand dabei, dass die ultimative Entscheidung auf Basis objektiver Urteile von mehreren Personen und damit im Besonderen nicht auf alleinige Entscheidung eines Königs getroffen werden sollte. Auch sollte dieser Rat, der Fragen nach Krieg und Frieden zu entscheiden hatte, nicht mit Ja-Sagern besetzt sein, sondern eine kritische Versammlung darstellen (Orend 2006: 17).

Auch bei Hugo Grotius (1583-1645) war es die Reaktion auf tatsächlich stattfindende Kriege, die ihn motivierte, über Fragen der Moralität und Legalität der Kriegsführung nachzudenken. Seine Werke *Mare Liberum* (1609) und *De Iure Belli et Pacis* (1625) bilden die nächsten Meilensteine der Theorie vom gerechten Krieg. Das Erstarken der Niederlande als Seemacht und die Reformationskriege die Europa plagten, bilden den historischen Hintergrund dieser Schriften. Hugo Grotius führte dabei weniger bahnbrechende Neuerungen ein, als dass er vielmehr eine ausführliche Gesamtschau der Theorie vom gerechten Krieg bot. Grotius war dabei überzeugt, dass es Aufgabe der Gesetze war, der Moralität zur Durchsetzung zu verhelfen und ganz besonders im Kriegsfall, den Grotius generell weder für richtig noch für falsch hielt, den Rahmen des Erlaubten abzustecken. Grotius war ein überzeugter Anhänger einer säkularen Auslegung der Theorie vom gerechten Krieg, der im Vorwort zu *De Iure Belli et Pacis* schreibt, dass sich an der folgenden Diskussion auch dann nichts ändern würde, wenn es keinen Gott gäbe oder dieser sich nicht um die Geschicke der Menschen kümmern würde (Grotius 1925: 13). Für Grotius, für den das Völkerrecht, ähnlich wie bei Vitoria, ein Recht zwischen Völkern und nicht Individuen war, war Religion etwas, das wenn nicht jeder für sich, so doch zumindest jede Nation für sich selbst zu entscheiden hatte. Für Grotius lag ein gerechter Grund im Sinne einer *iusta causa* nur dann vor, wenn ein Krieg zur Selbstverteidigung oder der Verteidigung anderer geführt wurde. Er ging dabei jedoch über Vitorias Verständnis hinaus, indem Grotius nicht nur Notwehr gegen solche Akte für zulässig hielt, die sich im Moment abspielen, sondern auch solche, deren Schaden noch nicht wieder gut gemacht wurde und bei denen auch keine andere Chance auf Wiedergutmachung besteht. Die einzige wirkliche Neuerung, die Grotius der Theorie vom gerechten Krieg hinzufügte, war, dass er argumentierte, dass Krieg nur dann zu führen sei, wenn auch eine Chance besteht, diesen zu gewinnen (Orend 2006: 18). Mit Grotius findet sich also die Tradition abgeschlossen, in einer ähnlichen Form, wie sie heute noch vertreten wird. Die sechs üblicherweise genannten Bedingungen sind vorhanden und lauten, dass erstens ein gerechter Grund für einen Krieg vorzuliegen habe (*iusta causa*), dass zweitens Krieg nur von der richtigen Autorität erklärt werden dürfe (*auctoritas*), dass drittens Krieg nur mit der richtigen Absicht zu führen ist (*intentio recta*), dass viertens Krieg nur das letzte Mittel sein könne (*ultima ratio*), dass fünftens eine Aussicht auf Erfolg zu bestehen hat und dass sechstens die Verhältnismäßigkeit zu wahren ist.

Orend argumentiert, dass damit alle wesentlichen Merkmale der Theorie vom gerechten Krieg vorliegen und sich nach der Frühen Neuzeit wenige wirkliche Fortschritte finden (Orend 2006: 18). Dies bedeutet natürlich nicht, dass es keine Veränderungen im Laufe der Zeit gegeben hätte, so haben sich die Einstellungen zu humanistischen Interventionen von Grotius bis heute mehrfach gewandelt, ebenso wie die Frage nach der Legitimation präventiver Gewaltanwendung immer wieder unterschiedlich beurteilt wurde. Auch sieht Orend einen wichtigen Schritt in Kants *ius post bellum*, also der Gerechtigkeit nach dem Kriege, die im Zuge der Theorie vom gerechten Krieg häufig vergessen wird. Die Kodifizierung und Umsetzung in geltendes Recht scheint jedoch nach Grotius zumeist wichtiger als die moralischen Fragestellungen und so konnten diese auch erblühen und zu zahlreichen Verträgen führen, in denen das heutige Kriegs(völker)recht kodifiziert ist.

3.1.4 Das Ius Publicum Europaeum

Im Jahr 1648 veränderte sich durch den *Westfälischen Frieden*, der als der erste wahrhaft moderne internationale Vertrag angesehen werden kann (Orend 2006: 18), die politische Lage in Europa grundlegend. Lediglich drei Jahre nach dem Tode Grotius sicherten sich die beteiligten Parteien des *Dreißigjährigen Krieges* darin gegenseitige religiöse Toleranz zu und verpflichteten sich, auf gewaltsame Konvertierungsversuche in Zukunft zu verzichten. Ebenso erkannten sich die

Staaten gegenseitig als souveräne Entitäten an und etablierten ein Gebot der Nichteinmischung in die innerstaatlichen Angelegenheiten der jeweils anderen souveränen Staaten. Dieses Prinzip, das eine Intervention von außen verbietet, sollte sich bis in die 1990er Jahre halten, in denen die Frage nach humanitären Interventionen erneut ins öffentliche Interesse geriet.

Mit dem *Westfälischen Frieden* begann ein System aus zwischenstaatlichen Verträgen und Regelungen, das auch als *Westfälisches System* bezeichnet wird. Dieses System, das hauptsächlich durch den nach außen wie innen souveränen Nationalstaat gekennzeichnet ist, kann seinerseits als der Ausgangspunkt eines europäischen Völkerrechts, des *ius publicum Europaeum*, gelten, das mit seiner Nationalstaatlichkeit die räumlichen Ordnungsstrukturen des sakralen Reichs ebenso wie die des Kaisertums des Mittelalters ablöste (Schmitt 1950: 97) und sich erst in der Zeit zwischen 1890 und 1918 aufzulösen begann (Schmitt 1950: 200).

Interessanterweise kann man diese Phase der Geschichte auf zweierlei Art interpretieren: einerseits kann man sie mit Brian Orend so verstehen, dass die Grundlagen der Theorie vom gerechten Krieg nun vollständig vorliegen und der Fokus fortan darauf gelegt wurde, Staaten dazu zu bringen, sich diesen Regeln in formaler, schriftlich fixierter Form zu unterwerfen (Orend 2006: 18). Eine alternative (und vermutlich weiter verbreitete) Sichtweise hingegen sieht in der Hinwendung zum Nationalstaat und dem zwischenstaatlichen Recht eine bewusste (zumindest Teilweise) Abkehr von der Theorie vom gerechten Krieg.

Für Orends Sichtweise spricht, dass sich zumindest das Recht im Krieg von dieser Periode an immer weiter entwickelte und in zwischenstaatlichen Verträgen festgehalten wurde. Diese orientieren sich dabei an bereits zuvor entwickelten *ius in bello* Prinzipien der Theorie vom gerechten Krieg, wie etwa der Unterscheidung zwischen Kombattanten und Nichtkombattanten. Diese wurde zuerst 1863 im Field Army Manual der Unionstruppen im nordamerikanischen Bürgerkrieg, einem nach seinem Autor als *Lieber Code* bekannt gewordenen Regelwerk, schriftlich fixiert und damit zum ersten Mal für eine Armee verbindlich eingeführt.[9] Für die europäischen Mächte entstand schließlich auf Initiative des russischen Zaren Alexander II. fünf Jahre später im Jahr 1868 mit der *Petersburger Konvention*, in welcher sich die Unterzeichnernationen zu einer Nichtanwendung von Sprenggeschossen im Krieg verpflichteten, das erste Regelwerk, dass verbindliche Regeln zur Kriegsführung vorsieht (Originaltext in: Schindler 1988: 102).

9 Der englische Originaltext, wie er von Abraham Lincoln am 24. April 1863 unterzeichnet wurde, findet sich in (Schindler 1988: 3-23). Für eine Diskussion des *ius in bello*, welches in dieser Arbeit weitgehend vernachlässigt wurde, da es sich bei den Regeln der Kriegsführung in den Augen des Autors nicht im eigentlichen Sinne um Gewaltrechtfertigung handelt, siehe etwa (Orend 2006: 105-159), (Schmücker 2000) und (Schmücker 2005).

Den Höhepunkt der Schritte zur Kodifizierung zu Ende des 19. und Beginn des 20. Jahrhunderts bildeten sicherlich die Haager Abkommen, die in einer Serie von Konferenzen zwischen 1899 und 1907 verabschiedet wurden und sowohl *ius ad bellum* als auch *ius in bello* Regeln beinhalten. Insbesondere die Haager Landkriegsordnung beschreibt dabei in minutiösem Detail, wie eine völkerrechtlich korrekte Kriegsführung auszusehen hat und bildet damit eine wichtige Grundlage des Kriegsvölkerrechts bis heute. Für Orend hat sich damit Grotius Traum von einer Kodifizierung der Theorie vom gerechten Krieg erfüllt (Orend 2006: 21).

Gegen Orends These von der Periode des *ius publicum Europaeum* als Phase der Umsetzung der Theorie vom gerechten Krieg in geltendes positives Recht hingegen spricht, dass die Entwicklungen im Bereich des Kriegsvölkerrechts erst zu einer Zeit begannen, als das *ius publicum Europaeum* bereits kurz vor seinem Ende stand. So vergingen zwischen der Veröffentlichung des Lieber Codes und der nach Carl Schmitts Einschätzung beginnenden Zersetzung des *ius publicum Europaeum* lediglich 27 Jahre (im Vergleich zu den 215 Jahren zwischen dem *Westfälischen Frieden* und der Ratifizierung des Lieber Codes). Ebenso spricht gegen Orends Sichtweise, dass in der Periode des *ius publicum Europaeum* allgemein davon ausgegangen wurde, dass souveränen Staaten ein Recht zur Kriegsführung natürlicherweise zukommt und zwar unabhängig von sämtlichen *ius ad bellum* Überlegungen der Theorie vom gerechten Krieg (Bellamy 2006: 76). Als Beleg dafür kann gelten, dass folgerichtig auch erst mit dem Briand-Kellog Pakt von 1928 Angriffskriege völkerrechtlich geächtet wurden (Schmücker 2000: 320). Das Recht zur Kriegsführung, wie es den souveränen Staaten zu dieser Zeit zugesprochen wird, ist dabei explizit nicht an das Vorliegen einer *iusta causa* im Sinne der Theorie vom gerechten Krieg gebunden, sondern besteht lediglich in der Form der Gebilde, die diesen Krieg als Gleichwertige führen.

> *„Auf keinen Fall kann [die Frage, was ein gerechter Krieg sein kann,] völkerrechtlich als ein moraltheologisches Schuldproblem betrachtet werden. Sie impliziert juristisch überhaupt keine Schuldfrage mehr, kein inhaltlich-moralisches und vor allem auch kein im normativistischen Sinne juristisches Problem einer justa causa. Selbstverständlich sind nur gerechte Kriege völkerrechtlich zulässig. Aber die Gerechtigkeit des Krieges liegt jetzt nicht mehr in der Übereinstimmung mit bestimmten Inhalten theologischer, moralischer oder juristischer Normen, sondern in der institutionellen und strukturellen Qualität der politischen Gebilde, die den Krieg auf ein und derselben Ebene miteinander führen […]“* (Schmitt 1950: 114-115)

Das Recht als souveräner Staat Krieg zu führen, wird dabei im Zusammenhang mit zwischenstaatlicher Konfliktregelung gesehen. Staaten, die sich gewissermaßen in einem Hobbesschen Naturzustand befinden, haben dabei ein Recht zur Konfliktlösung auch auf Gewalt zurückzugreifen, schon deshalb, weil keine suprastaatliche Instanz existiert, die auf eine andere Art und Weise zuverlässig für eine unabhängige Konfliktlösung garantieren könnte (dazu auch Schmitt 1950: 115).

Bevor man nun versucht ist, dies als notwendigen Rückschritt hinter die Theorie vom gerechten Krieg zu sehen, da eine moralische Kontrolle der Kriegsgründe nicht stattfindet (aber auch nicht vorgesehen ist), sollte man sich jedoch die Argumentation der Verteidiger des *ius publicum Europaeum* als Fortschritt gegenüber der Theorie vom gerechten Krieg vor Augen führen. Carl Schmitt etwa ist dieser Denkschule zuzuordnen, wenn er argumentiert, dass erst der Status eines Krieges als *gerechter Krieg* im Sinne der Theorie vom gerechten Krieg, diesen zu etwas Absolutem macht, und dass es gerade das Abweichen von moralischen Prinzipien und deren Ersetzung durch formal-juristische Prinzipien ist, die den totalen Krieg verhindert.

> *„Im Vergleich zur Brutalität von Religions- und Parteikriegen, die ihrer Natur nach Vernichtungskriege sind und in denen die Feinde sich gegenseitig als Verbrecher und Piraten diskriminieren, [...] bedeutet das eine Rationalisierung und Humanisierung von stärkster Wirkung. Beiden kriegführenden Teilen kommt der gleiche staatliche Charakter zu gleichem Recht zu. Beide Teile erkennen sich als Staaten an. Dadurch ist es ermöglicht, den Feind vom Verbrecher zu unterscheiden. Der Begriff des Feindes wird einer rechtlichen Formung fähig. Der Feind hört auf, etwas zu sein, „das vernichtet werden muss". [...] So ist dem europäischen Völkerrecht die Hegung des Krieges mit Hilfe des Staatsbegriffs gelungen.*" (Schmitt 1950: 114)

Die Anhänger des *ius publicum Europaeum* als Fortschritt gegenüber der Theorie vom gerechten Krieg, sehen es, wie man dem Schmitt Zitat entnehmen kann, also so, dass die Theorie vom gerechten Krieg durch ihre Kategorisierung von Kriegsgründen in gerechte und ungerechte Kriegsgründe erst die Grundlage dafür schafft, dass der Krieg völlig enthemmt geführt wird. Dies ist in ihren Augen so, da eine Kriegspartei, die sich selbst als gerecht ansieht, den Gegner folglich als ungerecht und somit als *„Verbrecher und Piraten*" wahrnehmen wird (wenn nicht wahrnehmen muss), als etwas *„das vernichtet werden muss*". In ihren Augen wird durch die derartige Kategorisierung von Kriegsgründen Krieg zu einem Kampf von gerecht gegen ungerecht bzw. gut gegen böse, der zu einer Dehumanisierung des Gegners führt. Sollte dieser Zusammenhang tatsächlich so bestehen, so scheint es aber so, als ob dies nicht nur für die Theorie vom gerechten Krieg gilt, sondern grundsätzlich für jede Form der moralischen Gewaltrechtfertigung, da eine moralische Gewaltrechtfertigung, fast notwendigerweise zu einer Einordnung des Gegners als unmoralisch führen wird, mit den zuvor beschriebenen Auswirkungen. Schmitt spricht in diesem Zusammenhang von *„mörderischer Gerechtigkeit*" (Schmitt 1950: 114) und davon, dass bei einer Berufung auf die moralische Gerechtigkeit der eigenen Sache der Streit zwischen den Parteien eher vergrößert als verkleinert werden wird (Schmitt 1950: 128).[10]

10 Eine ähnliche Einschätzung zur Position Carl Schmitts findet sich in (Kaufmann 2008).

Folgt man dieser Argumentation, so kann die Einhegung des Krieges nur dann gelingen, wenn sich Kriegsparteien von den Kategorien des gerechten Krieges und allgemeiner von moralischen Kategorien der Gewaltrechtfertigung lösen. Dann kann es sich aber auch bei der Frage, was ein gerechter Krieg überhaupt sein kann, nicht mehr um eine inhaltliche Frage handeln, sondern lediglich um eine organisatorische.

> „*Gerecht im Sinne des europäischen Völkerrechts der zwischenstaatlichen Epoche ist deshalb jeder von militärisch organisierten Armeen anerkannter Staaten des europäischen Völkerrechts auf europäischem Boden nach den Regeln des europäischen Kriegsrechts geführte, zwischenstaatliche Krieg.*“ (Schmitt 1950: 115)

Damit erkennen sich die kriegsführenden Parteien, laut Schmitt, grundsätzlich als „*gleichberechtigte Souveräne*“ und damit gegenseitig als „*justi hostes*“ (Schmitt 1950: 113) (lat. gerechte Feinde) an, die nichts sind, das es zu vernichten gilt, wodurch das Ausmaß der Gewalt des Kriegs eingehegt wird. Kriegsführung wird nach dieser Sichtweise etwas, das nun begrenzt geführt werden kann. Gewissermaßen ein Duell unter gleichen, die sich gegenseitig gewisse Rechte zugestehen können. Laut Schmitt ist ein Duell schließlich nicht deshalb gerecht, weil immer die gerechte Sache obsiegen würde, sondern weil alleine in der Wahrung der Form schon gewisse Garantien liegen. Eine Aufforderung zum Duell ist nach Schmitt schließlich kein Angriff oder Verbrechen, da der Fordernde in der Sache nicht der Angreifer zu sein braucht und es sich bei einem Duell unter satisfaktionsfähigen Ehrenmänner nicht um eine moralische Schuldfrage handelt. Ähnlich sieht Schmitt eine Kriegserklärung unter dem *ius publicum Europaeum*, zumindest in seiner idealisierten Form (Schmitt 1950: 115).

Die Grundlagen des *ius publium Europaeum* erkennt Schmitt bereits bei Balthazar Ayala (1548-1584), einem Rechtsberater des Führers der spanischen Armee in den aufständischen Niederlanden. Besonders hebt er aus dessen Werk hervor, dass

> „*der Begriff des gerechten Krieges durch den des gerechten Feindes formalisiert [wird]; der Feindbegriff wiederum wird im Begriff des justus hostis ganz an der Qualität des staatlichen Souveräns orientiert; dadurch wird, ohne Rücksicht auf justa oder injusta causa, die Parität und Gleichheit der kriegführenden Mächte hergestellt und ein nicht-diskriminierender Kriegsbegriff gewonnen, weil auch der ohne justa causa kriegführende souveräne Staat trotzdem als Staat ein justus hostis bleibt.*“ (Schmitt 1950: 125)

Auch Schmitt betont, dass die Entscheidung darüber, ob ein Krieg gerecht ist, dabei ausschließlich Sache des jeweiligen staatlichen Souveräns ist (Schmitt 1950: 125), wobei gerecht nicht im Sinne der *iusta causa* der Theorie vom gerechten Krieg verstanden werden sollte. Auch sieht Schmitt erst durch die „*aequalitas der rechten Feinde*“ die Möglichkeit für Dritte geschaffen, sich neutral zu verhalten, da „*wer neutral ist, [...] sich der Entscheidung über Recht oder Unrecht der Kriegführenden [enthält]*“ (Schmitt 1950: 128).

Die zuvor vorgestellte Denkfigur sieht Schmitt sich durch die Werke Gentilis (1552-1608), Pufendorfs (1632-1694) und Vattels (1714-1767) ziehen, besonders hebt er jedoch die Rolle Hobbes (1588-1679) hervor, der als erster dieses neue Gebilde *Staat* in seinem *Leviathan* beschreibt, das zur bestimmenden Form der Raumordnung werden sollte.

Die Auflösung des *ius publicum Europaeum* zwischen 1890 und 1918 schließlich sieht Schmitt in einer Internationalisierung der zwischenstaatlichen Beziehungen begründet, deren Fokus nicht länger eurozentriert sein konnte. Dies lag unter anderem am Erstarken außereuropäischer Mächte, wie etwa der Vereinigten Staaten von Amerika und dem damit einhergehenden Druck, sich von einem spezifisch europäischen Völkerrecht auf ein unterschiedslos universales Weltrecht umzustellen (Schmitt 1950: 200).

Vermutlich ist es passender, die Epoche des *Westfälischen Systems* eher als Gegenbewegung zur Theorie vom gerechten Krieg zu interpretieren, als im Sinne Orends. So stellt sich auch der *politische Realismus*, der sich als Alternative zur Theorie vom gerechten Krieg sieht, gezielt in die Tradition des *ius publicum Europaeum*, speziell auch wegen dessen Skepsis gegenüber moralischer Kategorien im Zusammenhang mit Gewaltrechtfertigung. Anzumerken ist, dass der Zusammenhang zwischen notwendiger Dehumanisierung des Gegners und moralischen Gewaltrechtfertigungen im Allgemeinen und der Theorie vom gerechten Krieg im Speziellen keineswegs so zwingend ist, wie es die Verteidiger des *ius publicum Europaeum* als Mittel zur Kriegseinhegung ansehen. Dieser Themenkomplex wird aber in Kapitel 3.4.1, wenn es um die realpolitische Alternative zur Theorie vom gerechten Krieg geht, erneut aufgegriffen und ausführlicher diskutiert werden.

3.2 Die *iusta causa* Bedingung

Wer die Frage nach Rechtfertigungsgründen für den Einsatz militärischer Gewalt stellt, der muss sich auf heftigen Widerspruch einstellen. Nichtsdestotrotz hat sich aber innerhalb der Theorie des gerechten Krieges ein Konsens eingestellt, der unterstellt, dass es eine Ansammlung von Bedingungen gibt, die, jede für sich genommen, notwendig und zusammen hinreichend sind, um den Einsatz von militärischer Gewalt zu legitimieren (z.B. Schmücker 2000; Steinvorth 2005: 44).

Die erste und, wie es scheint, wichtigste Grundlage für eine mögliche Legitimation von militärischer Gewalt ist die Frage nach einem berechtigtem Grund oder auch einer *iusta causa* Bedingung. Diese stellt die eigentliche Gewaltrechtfertigung dar und alle weiteren Bedingungen des *ius ad bellum* können lediglich als, wenn auch nicht unwichtige, Nebenbedingungen gelten. Interessant ist, dass diese Bedingung jedoch auch festlegt, dass ein Krieg dann aufhört legitim zu sein, wenn er zwar mit einem berechtigenden Grund begonnen wurde, das Vorliegen dieses Grundes jedoch im Verlauf des Krieges nicht mehr gewährleistet ist.

Die zweite Bedingung, die genannt wird, legt fest, dass lediglich eine geeignete Autorität bestimmen kann, wann ein Staat in einen Krieg eintreten darf. Sie wird auch als *auctoritas* Bedingung bezeichnet.

Eine weitere Bedingung legt fest, dass ein Krieg nicht aus unlauterer Absicht geführt werden darf. Durch sie soll sichergestellt werden, dass nicht nur ein berechtigender Grund zur Anwendung militärischer Gewalt vorliegt, sondern dass dieser auch tatsächlich den ausschlaggebenden Grund für den Eintritt in einen Krieg darstellt. Damit soll sichergestellt werden, dass ein Staat oder eine substaatliche Gruppe, die darauf aus ist, sich durch Gewaltanwendung einen Vorteil zu verschaffen, nicht jeden sich bietenden Grund nutzen kann, um legitim in einen Krieg einzutreten. Diese Bedingung wird auch als *intentio recta* Bedingung bezeichnet.

Als vierte Bedingung wird die Aussicht auf Erfolg angesehen. Sie soll verhindern, dass ein ansonsten gerechtfertigter Krieg begonnen wird, wenn keine Aussicht auf Erfolg besteht und es daher lediglich zu unnötigem Blutvergießen kommen würde, ohne etwas am Endresultat zu ändern.

Die fünfte Bedingung, die genannt wird, ist die *ultima ratio* Bedingung, die besagt, dass das Übel, welches ein Krieg unweigerlich über alle Beteiligten und insbesondere auch die unschuldige Zivilbevölkerung bringt, nur dann gerechtfertigt sein kann, wenn alle weiteren Möglichkeiten ausgeschöpft sind. Walzer hat dazu angemerkt, dass diese Bedingung in einem strikten Sinne niemals erfüllt sein kann, da es immer möglich ist, eine weitere Runde an Verhandlungen oder anderen nicht kriegerischen Maßnahmen zu starten (Walzer 1977: 84). Man kann jedoch in einem weiter gefassten Sinn davon ausgehen, dass es einen Punkt gibt, an dem sich alle weiteren Maßnahmen in einem praktischen Sinne erschöpft haben.

Als sechste und letzte Bedingung wird oft die Proportionalitätsbedingung genannt, die besagt, dass die Anwendung militärischer Gewalt in Verhältnismäßigkeit zu dem ursprünglichen Unrecht und den zu erwarteten Folgen stehen muss.

Neben diesen sechs Bedingungen, die nach der Theorie vom gerechten Krieg zum legitimen Eintritt in einen Krieg berechtigen können und daher auch lateinisch als *ius ad bellum*, also Gründe *zum* Krieg, bezeichnet werden, gibt es im Rahmen der Theorie vom gerechten Krieg noch weitere Regeln zu beachten, die sich auf die gerechte Führung eines Krieges beziehen, wenn dieser erst einmal begonnen ist. Zu diesen *ius in bello* genannten Bedingungen gehört unter anderem die Unterscheidung zwischen Zivilisten und Kämpfern bei der Anwendung militärischer Gewalt. Außerdem wird, speziell seit Kant, auch immer mehr Wert auf korrektes Verhalten nach dem Ende der Kriegshandlungen gelegt, was als *ius post bellum* Eingang in die Literatur gefunden hat.

Im Folgenden soll die *iusta causa* Bedingung einer näheren Untersuchung unterzogen werden, da diese die eigentliche Gewaltrechtfertigung darstellt, und deshalb soll die Annahme gelten, dass (1) die genannten sechs Bedingungen zusammen tatsächlich eine hinreichende Rechtfertigung für die Anwendung militärischer Gewalt darstellen, wobei angenommen wird, dass die Bedingungen zwei bis fünf tatsächlich erfüllt sind, und (2) auch alle Erfordernisse des *ius in bello* und *ius post bellum* erfüllt sein sollen.[11]

Es soll hier jedoch nicht verschwiegen werden, dass man jede der genannten Bedingungen kritisch hinterfragen kann, ja sogar muss. So schreibt etwa Ulrich Steinvorth, dass eine große Stärke der Theorie vom gerechten Krieg darin liegt, *„überhaupt Legitimitätskriterien für Kriege anzugeben. Wir dürfen unser Urteil über gerecht und ungerecht in Kriegen nicht von den zufälligen Entscheidungen von Institutionen abhängig machen, auch nicht von der UNO; wir brauchen vielmehr universal verbindliche Maßstäbe.*“ (Steinvorth 2005: 45) Anschließend kritisiert er jedoch zu Recht, dass jede der genannten Kriterien Schwächen aufweist. So fragt er, was die Werte sind, die einen gerechten Grund darstellen, da darüber keine Einigkeit herrscht. Dies führt schließlich dazu, dass manche Autoren lediglich die Menschenrechte als gewaltsam verteidigenswert betrachten, während andere Autoren auch das Vaterland und die eigene Nation zu solchen Werten zählen. Auch fragt er, warum eigentlich eine Aussicht auf Erfolg bestehen muss. Schließlich, so Steinvorth, hätten die Polen der Deutschen Wehrmacht wenig entgegenzusetzen gehabt, aber deshalb war ihr kurzzeitiger Widerstand noch nicht illegitim (Steinvorth 2005: 46-47). Dies sollte im Gedächtnis behalten werden. Für die eigentliche Frage der Gewaltrechtfertigung zumindest, wird im Folgenden eine Antwort gegeben werden.

Die *iusta causa* Bedingung fragt danach, ob es legitimierende Gründe für die Anwendung militärischer Gewalt geben kann, und an möglichen Kandidaten besteht wahrlich kein Mangel. Unter den Gründen, die in diesem Zusammenhang genannt werden können, finden sich dabei Motive wie Egoismus, das Ablenken von innenpolitischen Schwierigkeiten, das Streben nach einer Ausweitung des eigenen Herrschaftsbereichs, oder das Verschaffen ökonomischer Vorteile. All diese vorgenannten Gründe kommen jedoch nicht wirklich in Betracht, da wir gemeinhin nicht mehr bereit sind, für derartige Dinge den Verlust von Menschenleben in Kauf zu nehmen. Was also kann den Einsatz militärischer Gewalt rechtfertigen?

11 Ausführliche Verteidigungen dieser Ansicht finden sich bei (Orend 2006) und (Schmücker 2000).

3.2.1 Individuelle Gewaltanwendung

An dieser Stelle kann es erhellend sein, einen Vergleich zu individuellen Situationen zu ziehen, in denen legitim Gewalt angewendet werden darf, notfalls auch tödliche Gewalt. Die Begründung für die Legitimität solcher Gewaltanwendung auf individueller Ebene kann dann einen Hinweis auf mögliche Gründe für die legitime Anwendung militärischer Gewalt geben. Ein Fall, in dem es moralisch erlaubt ist, Gewalt anzuwenden, ist sicherlich die Verteidigung des eigenen Lebens gegen einen böswilligen Angreifer. Man stelle sich folgende Situation vor:

> *Böswilliger Angreifer.* Ein Angreifer A bedroht Person B mit einer Schusswaffe, mit der Absicht B umzubringen. Der Grund für As Entscheidung liegt einzig in der Tatsache, dass A sich durch eine Bemerkung Bs in seiner Ehre gekränkt fühlt. Es gibt für B keine andere Möglichkeit sein Leben zu retten, als A zuvorzukommen und zu erschießen.

In dieser Situation werden wohl die meisten Menschen zugestehen, dass B moralisch in keiner Weise verwerflich handelt, wenn er gegen A Gewalt anwendet. Man mag nun einwenden, dass B den A ja nicht erschießen müsste, ein gezielter Schuss in Arm oder Bein würde es schließlich auch tun. Dieser Einwand ist auch berechtigt, ändert aber zunächst nichts an der Tatsache, dass der Einsatz physischer Gewalt in diesem Fall zunächst moralisch legitim ist. Darüber hinaus werden wohl die meisten Menschen in diesem Fall auch die Anwendung von tödlicher Gewalt als moralisch gerechtfertigt ansehen, wenn es für B keine andere Möglichkeit gibt, sein Leben zu retten, z.B. weil es sich bei B um einen eigentlich friedliebenden Menschen handelt, der als solcher ein schlechter Schütze ist und lediglich eine Chance hat, den Torso zu treffen, der die größte Trefferfläche bietet. Ebenso werden die meisten Menschen der Ansicht sein, dass in dem Fall, in dem B sich nicht selbst zu retten vermag, eine dritte Person D, welche die Möglichkeit hat, A zuvorzukommen, moralisch berechtigt ist, gegen A Gewalt zu gebrauchen. Die Gesetzeslage trägt dieser moralischen Auffassung Rechnung, indem sie unter Wahrung der Verhältnismäßigkeit der Mittel Notwehr und Nothilfe erlaubt.

Man könnte nun versucht sein, den moralisch entscheidenden Punkt in der Tatsache zu sehen, dass es sich um einen *böswilligen* Angriff auf Leib und Leben handelt, und dass A deshalb ungestraft angegriffen werden kann, weil er Schuld auf sich lädt. Dass dem nicht so ist kann jedoch folgendes Beispiel nahe legen:

> *Hypnotisierter Angreifer.* Ein Angreifer A bedroht Person B mit einer Schusswaffe, mit der Absicht B umzubringen. Der Grund für As Entscheidung liegt einzig in der Tatsache, dass A hypnotisiert wurde, mit dem Auftrag B zu töten. Es gibt für B keine andere Möglichkeit sein Leben zu retten, als A zuvorzukommen und zu erschießen.

Auch in diesem Fall scheint es legitim, A mit Gewalt zu stoppen, notfalls auch mit tödlicher Gewalt, so es kein moderateres Mittel gibt, ihn an der Erfüllung seines Auftrags zu hindern. Jedoch ist es hier unangebracht, davon zu sprechen, dass A in diesem Fall Schuld auf sich lädt. A ist hypnotisiert, kann deshalb für sein Verhalten nicht verantwortlich gemacht werden und hat vermutlich nicht hypnotisiert auch überhaupt kein Interesse daran, dem B zu schaden. In diesem Sinne ist A unschuldig. Wieso ist es also dennoch zulässig, ihm Gewalt anzutun? Der Grund kann darin gesehen werden, dass A in beiden Fällen eine Bedrohung für Leib und Leben Bs darstellt. Es ist die Abwehr dieser Bedrohung durch A, die es erlaubt, legitim Gewalt anzuwenden, selbst wenn A dabei zu Tode kommen sollte und obwohl er im zuvor definierten Sinn unschuldig ist. Judith J. Thomson ist in einem Artikel, in dem sie die moralischen Grundlagen des Tötens in Notwehrsituationen untersucht, zu dem Ergebnis gekommen, dass es genauer gesagt die Tatsache ist, dass in solchen Fällen der Angreifer dabei ist, ein schwerwiegendes Recht des Opfers zu verletzen, was die Anwendung auch tödlicher Gewalt legitimiert. Durch sein Handeln, so Thomson, verwirkt der Angreifer sein Recht auf Leben und körperliche Unversehrtheit, während der Angriff läuft, und er kann deshalb ohne eine Rechtsverletzung seitens des Opfers angegriffen werden, um die Rechtsverletzung zu verhindern (Thomson 1991).

Diese Deutung der moralischen Situation ist jedoch keineswegs unumstritten. Gerade in der Medizinethik, aber nicht nur dort, gibt es Autoren, die eine rechtsbasierte Legitimierung von Selbstverteidigung ablehnen. Die allermeisten Autoren werden jedoch, auch wenn sie Thomsons Urteil in Bezug auf die Grundlage der Tötungserlaubnis bei Notwehr nicht teilen, den Akt der Notwehr selbst, auch mit Todesfolge für den Angreifer, für legitim halten. In diesem Fall kann die Duplex-Effectus-Lehre zum Einsatz kommen, die eine Unterscheidung zwischen intendierten Folgen einer Handlung und solchen Folgen, die zwar vorausgesehen werden, vom Akteur jedoch nicht beabsichtigt sind, sieht, wenn es um die moralische Beurteilung von Handlungen geht. In diesem Falle wäre ein möglicher Argumentationsweg, dass das Beenden des Angriffs als die beabsichtigte Folge erlaubt ist, und die Handlung trotz der vorhergesehenen, nicht jedoch beabsichtigten Tötung erlaubt bleibt. Die Duplex-Effectus-Lehre ist jedoch nicht unproblematisch, wie in Abschnitt 3.3 gezeigt werden wird, weshalb hier die Thomsonsche Analyse dieser vorgezogen wird.

Folgt man dem Prinzip von Thomson, so wäre eine Gewaltanwendung aber auch dann noch legitim, wenn die Bedrohung, die von einer Person ausgeht, weniger direkt ist als in den zuvor erwähnten Beispielen. Dort handelte es sich in beiden Fällen um direkte physische Bedrohungen durch eine Waffe, welche die bedrohende Person gegen ihr potentielles Opfer richtete. Was jedoch, wenn die Bedrohung nicht direkter physischer Natur ist? Oder wenn die Bedrohung als Teil eines komplexeren Szenarios entsteht? Auch in diesen Fällen scheint es angebracht, an dem Prinzip festzuhalten. Man betrachte folgenden Fall:

Höhle. Ein Höhlenforscher H und sein unglaublich dicker Partner D erforschen ein Höhlensystem. H geht voraus und steigt durch eine besonders enge Passage. Nachdem H diese passiert hat, versucht D ihm zu folgen, und bleibt stecken. Zu seinem Entsetzen muss H feststellen, dass dieser Höhlenabschnitt, der keinen weiteren Ausgang besitzt, voll Wasser läuft und ihm nicht genug Zeit bleibt, auf Hilfe von außen zu warten. Trotz allem Schieben und Drücken gelingt es nicht, D zu befreien, so dass H unweigerlich ertrinkt, wenn er D nicht in Stücke hackt, um den Eingang frei zu bekommen.[12]

Sollte der Grund für die Legitimität der Gewaltanwendung durch H wirklich darin liegen, dass von der Person, gegen die in Notwehr Gewalt angewendet wird (also D), eine Bedrohung für Leib und Leben des Gewaltanwenders (H) ausgeht, so dass durch diese Bedrohung eine Rechtsverletzung entsteht, die wiederum bei dem Rechtsverletzer (D) dazu führt, dass er fundamentale Rechte zeitweilig verwirkt, so muss es auch in diesem Fall legitim sein, wenn H zu seiner grausigen Tat schreitet, um sich selbst zu retten. D ist zwar im bereits zuvor erwähnten Sinne unschuldig, weil er keinerlei böse Absichten gegen H hegt und außer einer Verkettung unglücklicher Umstände keinerlei Schuld auf sich geladen hat, er stellt jedoch unter den gegebenen Umständen eine Bedrohung für Leib und Leben Hs dar. Würde D nicht in seiner misslichen Lage stecken, so könnte H schlicht den Rückweg antreten und müsste nicht fürchten, zu ertrinken. D ist also Teil eines komplexen Bedrohungsszenarios, in dem H sich befindet, und dass obwohl D eigentlich nichts tut, um H direkt zu schaden. Schließlich ist Ds einzige Tat die, dass er in einer engen Passage feststeckt. D stellt also eine Bedrohung dar, ohne in irgendeiner Weise physische Gewalt gegen H anzuwenden. Wem das Höhlenbeispiel zu brutal und herzlos erscheint, der möge sich stattdessen den Fall eines Entführers vorstellen, der ein Opfer in einen dunklen Raum lockt und diesen dann verschließt, so dass das Opfer gefangen ist. Zusätzlich sei angenommen, es handelt sich bei dem Entführer um einen sadistisch veranlagten Täter, der sein Opfer langsam verhungern lassen will und ihm deshalb nur Wasser bringt, nicht aber Nahrung. Würde das Opfer sich nun gewaltsam zu befreien versuchen, so würden die meisten Menschen dies sicherlich für gerechtfertigt halten, auch wenn der Entführer an keiner Stelle physische Gewalt angewendet hat. Man erinnere sich daran, dass das Beispiel absichtlich so konstruiert war, dass das Opfer durch einen Trick in die Falle gelockt wurde, und der körperliche Schaden durch Entzug einer lebenswichtigen Ressource zustande kommt und nicht durch direkte physische Gewalteinwirkung. Sollte nun jemand darauf bestehen, dass es die moralische Schuldhaftigkeit ist, die den Entführer zum legitimen Ziel einer Ge-

12 Dieses Beispiel gleicht mit einer kleinen Änderung einer Situation, wie sie von Philippa Foot in *The Problem of Abortion and the Doctrine of the Double Effect* (Foot 2003: 20-21) beschrieben wird. In der hier präsentierten Argumentation soll es dabei keine Rolle spielen, ob sich der Kopf Ds innerhalb oder außerhalb des gefluteten Bereichs befindet.

walthandlung werden lässt, dann lässt sich das Beispiel leicht so abwandeln, dass es einen Entführer im Hintergrund gibt, der alle Handlungen von einer hypnotisierten Handlangerperson ausführen lässt. Diese hypnotisierte Person wäre schuldunfähig, aber wäre es nicht dennoch legitim, wenn das Opfer gegen diese Person Gewalt anwendete, um sich zu befreien? Der Grund wäre wiederum der, dass es nicht um eine moralische Schuldfähigkeit geht, sondern darum, dass auch die hypnotisierte Person an einer schwerwiegenden Rechtsverletzung beteiligt ist, wenn auch unverschuldet. Was aber die Schuldfähigkeit angeht, so besteht kein Unterschied zwischen dem Dicken D und der hypnotisierten Person im hypothetischen Entführungsfall. Wieso sollte also ein Unterschied in Hinsicht darauf bestehen, ob beide in akuter Notwehrsituation legitimerweise angegriffen werden können? Thomson zumindest ist der Meinung, dass in solchen Situation gerechtfertigter Weise Gewalt angewendet werden darf. Das Beispiel, das sie benutzt, ist das eines Mannes, der fällt und auf eine Person zu stürzen droht, wodurch diese getötet werden würde, der Fallende jedoch sein Leben retten könnte. Thomsons Einschätzung nach begeht der Stürzende eine Rechtsverletzung, die es erlaubt seinen Fall umzulenken, auch wenn dies bedeutet, dass der Fallende nun zu Tode kommen würde. Auch in diesem Szenario handelt der Fallende sicherlich nicht schuldhaft, da er fällt und auf seinen Fall keinen Einfluss hat. Dennoch begeht er laut Thomson eine Rechtsverletzung, da die Bedrohungssituation für denjenigen, auf den er zu fallen droht, nicht bestehen würde, wenn man den Fallenden aus dem Szenario streicht. Zwar handelt es sich in diesem Beispiel um eine physische Bedrohung, nämlich die Gefahr des Zerquetschtwerdens, dies spielt jedoch in Thomsons Analyse keine Rolle. Stattdessen fokussiert sie ihr Argument auf die stattfindende Rechtsverletzung, weshalb davon ausgegangen werden kann, dass Thomson auch in Beispielen wie den zuvor angeführten, in denen die Bedrohung nicht physischer Natur ist, Gewaltanwendung für gerechtfertigt halten würde.

An dieser Stelle kann also festgehalten werden, dass der Grund für legitime Gewaltanwendung in Notwehr darin gesehen werden kann, dass die Person, gegen die erlaubterweise Gewalt angewendet wird, eine Bedrohung für Leib und Leben einer anderen Person darstellt, wobei die Bedrohung, für die es selbst keine legitimierende Grundlage gibt, durch kein anderes Mittel abgewendet werden kann, als selbst Gewalt anzuwenden. Dabei spielt es keine Rolle, ob die Bedrohung in böser Absicht zustande kommt oder nicht. Ebenso wenig spielt es eine Rolle, ob es sich um direkte physische Gewalt oder eine indirekte Bedrohungssituation, z.B. durch die Blockade eines Fluchtwegs oder das Abschneiden von lebensnotwendigen Ressourcen handelt. Was bedeutet dies jedoch für kollektive Gewaltanwendung?

3.2.2 Kollektive Gewaltanwendung

Überträgt man diese individuellen Beispiele auf organisierte Gewaltanwendung, so gelangt man zu dem einen legitimen Rechtfertigungsgrund für die Anwendung militärischer Gewalt, der von allen Theoretikern des gerechten Krieges geteilt zu werden scheint: der Verteidigung gegen einen Angriff.[13] Als Begründung dafür wird angeführt, dass die individuellen Mitglieder eines Staates ihre Regierung damit beauftragen, deren kollektive Sicherheit gegen Angriffe von außen zu gewährleisten. Sie übertragen damit ihr Recht auf individuelle Notwehr auf den Staat, der dieses dann in koordinierter Weise für sie verteidigt. Folgt man dieser Sicht der Dinge, so kann man nachvollziehen, wie die Verteidigung gegen einen Angriff einen Rechtfertigungsgrund zu einem militärischen Einsatz liefert, vorausgesetzt dieser militärische Einsatz verletzt nicht selbst die Rechte anderer. In Anbetracht der Tatsache, dass kriegerische Auseinandersetzungen jedoch fast unweigerlich unbeteiligte Zivilisten in Gefahr bringen, so stellt sich die Frage, wie diese Einschränkung jemals gewährleistet sein kann. An dieser Stelle sei zunächst lediglich darauf verwiesen, dass die Befürworter der Theorie des gerechten Krieges bei Beachtung aller Regeln des *ius ad bellum* und insbesondere auch des *ius in bello* die Rechte der Zivilbevölkerung als ausreichend berücksichtigt ansehen. Eine Diskussion dieser Frage wird jedoch in Abschnitt 3.5 bei der Behandlung des Pazifismus vorgenommen werden. Die Duplex-Effectus-Lehre ist dabei nur eine der Möglichkeiten, die sich den Anhängern der Theorie vom gerechten Krieg bietet.

Es stellt sich jedoch auch noch die Frage, wann es sich bei einer Handlung eines anderen Staates um einen Fall von Aggression handelt, auf den mit Waffengewalt reagiert werden darf, bzw. wann Verteidigung als Notwehr angesehen werden kann. Völkerrechtlich ist die Frage relativ eindeutig zu klären: Im Völkerrecht ist Aggression definiert als ein bewaffneter Angriff auf ein anderes Land, das Mitglied der Vereinten Nationen ist (Orend 2006: 32). Ähnlich sieht auch Brian Orend die Grundlage zur Notwehr, wenn er schreibt: „*Aggression is the focus in just cause, and aggression in the first instance is an armed attack which violates a state's rights and, in the most critical instance, is an armed attack which violates the human rights of people to live in security and freedom.*" (Orend 2006: 37) Zwar lässt Orend hier Raum für eine weniger eng gefasste Definition von Aggression, indem er einen bewaffneten Angriff als „erste In-

13 An dieser Stelle muss darauf hingewiesen werden, dass ein Recht auf Selbstverteidigung einem Staat nicht in jedem Fall zukommt. Laut Rawls besitzen lediglich geordnete Gesellschaften ein Recht auf Selbstverteidigung, während Walzer und Orend betonen, dass es sich um eine „minimal gerechte" Gesellschaft handeln muss, wenn dieser ein solches Recht zukommen soll (siehe z.B. Orend 2006: 35-37).

stanz" bezeichnet, an anderer Stelle schreibt er jedoch: „*So for an international act to count as aggression, it must not merely be objectionable or even damaging to a country's interests. It must, at the same time, involve the infliction of serious, direct physical force.*" (Orend 2006: 32-33) Er selbst verwendet folgendes Beispiel (Orend 2006: 32):

> *Forstwirtschaft.* Ein kleines Land L ist in seiner Wirtschaftsleistung hauptsächlich von seiner Forstwirtschaft abhängig. Ls großer Nachbar N, der zuvor ein Großteil der forstwirtschaftlichen Produktion Ls abgenommen hatte, beschließt nun, seine eigene Forstwirtschaft zu stützen, und schließt deshalb seine Grenze für alle forstwirtschaftlichen Produkte aus L. Dies hat zur Folge, dass Ls Wirtschaft in eine Rezession verfällt mit allen menschlichen Folgen, die eine Rezession mit sich bringt, wie Massenarbeitslosigkeit und einem Absinken des Lebensstandards im gesamten Land.

Orends Bewertung des Vorgangs ist, dass der zuvor beschriebene Vorgang zwar hart gegenüber L ist, jedoch keinen ausreichenden Grund für eine gerechtfertigte militärische Auseinandersetzung zwischen L und N liefert, da die Verluste lediglich ökonomischer Natur sind. Erst wenn die Handlung Ns mit der Anwendung „direkter körperlicher Gewalt" verbunden wäre, wäre es zulässig, ebenfalls körperliche Gewalt anzuwenden.

Orends Einschätzung, dass der beschriebene Vorgang keinen Grund liefert, um eine Gewaltanwendung Ls gegen N zu rechtfertigen, ist zuzustimmen, seine Erklärung kann jedoch nicht als vollständig gelten. In den Fällen individueller Notwehr war argumentiert worden, dass dort der legitimierende Grund zur Anwendung von Gegengewalt nicht die Anwendung physischer Gewalt durch den Aggressor (im weiteren Sinne verstanden, so dass der Dicke aus *Höhle* mit in diese Kategorie fällt) war, sondern dass die Bedrohung durch den Aggressor oder die Beteiligung des Aggressors an der Bedrohungssituation das ausschlaggebende Kriterium darstellte, unabhängig davon, ob diese direkter physischer Natur war oder nicht. Wieso sollte also der Faktor der direkten körperlichen Gewaltanwendung im Falle kollektiver Verteidigung eine Rolle spielen? Zwar ist verständlich, dass mögliche Kriegsgründe so weit wie möglich eingehegt werden sollen, wenn das ausschlaggebende Kriterium jedoch in den Rechten liegt, die von den Individuen auf den Staat übertragen werden, dann werden diese ohne die Anforderung der physischen Bedrohung übertragen. Man bedenke folgende Abwandlung von Orends Beispiel:

> *Wasser.* Ein Land L liegt stromabwärts eines mächtigen Flusses und sein Nachbar N stromaufwärts. L ist für seine Landwirtschaft komplett auf das Flusswasser angewiesen. Ohne das Flusswasser würden die Früchte auf den Feldern vertrocknen und alles Vieh würde auf den dann vertrocknenden Weiden verdursten. Käme es dazu, würde die agrarische Gesellschaft in L von einer Hungersnot heimgesucht werden, der ein nicht unbedeutender Prozentsatz der Bevölkerung zum Opfer fallen würde. N beschließt nun, um politischen Forderungen gegenüber L Nachdruck zu verleihen, dass Flusswasser umzuleiten.

Dürfte L in *Wasser* zu den Waffen greifen, um seine Bevölkerung vor dem Hungertod zu bewahren? Folgt man der zuvor entwickelten Argumentation, dann schon.[14] Das Vorgehen Ns stellt einen klaren Fall von aggressivem Handeln seitens N dar, schließlich würden wohl wenige zögern, Ns verhalten Erpressung zu nennen, auch wenn N nicht zu den Waffen greift, sondern Wasser als Waffe einsetzt. Das Beispiel ist ja bewusst so angelegt, dass es Ns Intention ist, seinen politischen Forderungen Nachdruck zu verleihen. Es handelt sich hier um einen Fall, in dem es nicht zur Anwendung direkter physischer Gewalt kommt, in dem die Folgen von Ns Handlung jedoch keine geringere Auswirkung auf die Bevölkerung Ls haben, als wenn N zu den Waffen gegriffen hätte. In diesem Fall schafft N eine Bedrohungssituation für Leib und Leben der Bevölkerung Ls, gegen die sich diese, notfalls unter Anwendung militärischer Gewalt, zur Wehr setzen dürfen. Dieses befindet sich im Kontrast zu Orends ursprünglichem Beispiel *Forstwirtschaft*, in welchem der Schaden, der anfiel, das Recht auf Leben und körperliche Unversehrtheit der Bewohner Ls nicht berührte.

Geht man in dem vorangegangenen Beispiel davon aus, dass ein Einsatz militärischer Gewalt gerechtfertigt wäre, dann drängt sich jedoch ein nächstes, ähnliches Beispiel auf.

> *Gas.* Diesmal sind L und N Nachbarn und L lässt sich von N mit Gas beliefern, da es keine eigenen Gas- oder Ölvorkommen besitzt. Über lange Jahre waren die Beziehungen zwischen L und N freundschaftlich, so dass niemand in L es für nötig erachtete, neben der bestehenden Pipeline nach N eine weitere zu bauen, so dass N ein faktisches Monopol auf Gaslieferungen nach L besitzt. Die Beziehungen zwischen L und N haben sich jedoch in den letzten Jahren verschlechtert und während eines besonders harten Winters mit Temperaturen weit unter dem Gefrierpunkt, beschließt N als politisches Druckmittel die Gaslieferungen an L einzustellen.[15]

Auch in diesem Fall scheint es nach der zuvor entwickelten Argumentation gerechtfertigt, sollte L zu den Waffen greifen, vorausgesetzt, dass alle diplomatischen Mittel erschöpft sind, und die Einstellung der Gaslieferungen einen nicht unbeträchtlichen Teil der Bevölkerung Ls mit dem Tod durch Erfrieren bedroht.

Wo aber liegt die Grenze derartiger militärischer Gewaltanwendung? Zum einen sicherlich darin, dass mit einem Einlenken Ns in beiden Fällen der Rechtfertigungsgrund verschwindet, und somit auch bereits begonnene Kriegshandlungen zu beenden sind, da keine Legitimation für eine Fortsetzung der Kriegshandlungen

---

14 Es sei an dieser Stelle noch einmal daran erinnert, dass alle weiteren Bedingungen des *ius ad bellum* und damit insbesondere auch die *ultima ratio* Bedingung erfüllt sein sollen. Es wird also davon ausgegangen, dass L alle diplomatischen Möglichkeiten ausgeschöpft hat, bevor es sich entschließt, zu den Waffen zu greifen.

15 Das Beispiel ist bewusst an den Lieferboykott Russlands gegenüber der Ukraine 2009 angelehnt, soll jedoch als hypothetischer Fall behandelt werden, um den Verwicklungen des realen Lebens aus dem Weg zu gehen.

mehr vorliegt. Sollte L also zu den Waffen gegriffen und dadurch N zum Einlenken gebracht haben, so sind alle weiteren Kriegshandlungen einzustellen und der *Status quo Ante* ist wieder herzustellen, was den vollständigen Rückzug von Ls Truppen aus N einschließt. Darüber hinaus hat L N in letzterem Fall für die Gaslieferungen zu bezahlen, da die Situation keinen Diebstahl rechtfertigt,[16] und sich um eine gesicherte Gasversorgung für die Zukunft zu kümmern, da Ns Absichten L nun bestens bekannt sind. Für die Zukunft kann die *ultima ratio* also nicht Krieg heißen, wenn die Möglichkeit besteht, andere Versorgungswege zu finden.

Ein letzter Fall soll noch betrachtet werden. Im Vorfeld des zweiten Irakkrieges wurden immer wieder Spekulationen laut, dass es sich um einen Krieg handelte, der den amerikanischen Zugang zu billigem Öl sichern sollte. Ohne beurteilen zu wollen, ob Öl in den Überlegungen der amerikanischen Regierung tatsächlich eine Rolle gespielt hat, lohnt es sich zu überprüfen, ob die Sicherung des Rohstoffes Öl in der Lage gewesen wäre, diesen Krieg zu rechtfertigen.

Öl ist sicherlich der Rohstoff, der moderne Gesellschaften antreibt. Öl wird genutzt, um Güter zu transportieren, Häuser zu heizen, Energie zu erzeugen und dient außerdem als Grundlage für Kunststoffe aller Art und findet vermutlich darüber hinaus noch weitere Anwendungen. Wenn die unterbrochenen Gaslieferungen in *Gas* einen Rechtfertigungsgrund für einen Waffengang lieferten, kann man dann den unterstellten Versuch, sich Zugang zu den irakischen Ölreserven zu verschaffen, ebenfalls zur Legitimierung militärischer Handlungen heranziehen? Dies erscheint zumindest unwahrscheinlich, wofür im Folgenden zwei entscheidende Unterschiede zwischen dem Fall des Irak Krieges und den hypothetischen Fällen aufgezeigt werden sollen.

Zum einen ist Öl zwar ein wichtiger Rohstoff für die Wirtschaft eines Landes, das Beispiel *Forstwirtschaft* hat jedoch gezeigt, dass wirtschaftlicher Schaden allein nicht ausreicht, um Gewaltmaßnahmen zu rechtfertigen. Ein Engpass in der Ölversorgung wird jedoch nicht zu der zur Rechtfertigung einer kriegerischen Handlung notwendigen Bedrohung für Leib und Leben eines nicht unbeträchtlichen Teils der amerikanischen Bevölkerung führen, da diese zunächst Maßnahmen zu ergreifen hätten, die den Verbrauch von Öl drosseln, so dass die eigenen Ölvorkommen und das Öl, dass anderweitig eingekauft werden kann, ausreichen werden, um alle lebensnotwendigen Dienste und Vorgänge am Laufen zu halten. Damit kann aber die *ultima ratio* Bedingung nicht erfüllt werden, so dass nicht alle Bedingungen des *ius ad bellum* erfüllt sind, die zur Rechtfertigung eines Krieges nötig wären.

---

16 Wem es seltsam anmutet, dass das Beispiel zwar Krieg und damit eine Gefährdung von Menschenleben zu rechtfertigen in der Lage sein soll, nicht aber einen simplen Diebstahl, der sei noch einmal daran erinnert, dass der Rechtfertigungsgrund war, dass das Recht auf Leben der Menschen in L bedroht war. Legitimierte man den Gasdiebstahl, so könnte dies L eher noch dazu ermutigen, dies zu provozieren, anstatt eine Bedrohung von Menschenleben unwahrscheinlicher zu machen.

Zum anderen kann in *Gas* und *Wasser* die Bedrohungssituation eindeutig auf N zurückgeführt werden. In *Wasser* fließt der Fluss durch N, so dass N alleine die Möglichkeit besitzt, L den Zugang zu der notwendigen Wassermenge zu versperren. Sollte es nun einen Nachbarn von N geben, der noch weiter am Oberlauf des Flusses angesiedelt ist, der anstelle von N das Wasser umleitet, so würde dieser die Verantwortung tragen und L wäre nicht mehr berechtigt, gegen N in den Krieg zu ziehen, da N nicht an der Rechtsverletzung beteiligt wäre, und es somit auch keinen Grund gibt, davon auszugehen, dass N in irgendeiner Form eigene Rechte einbüßt. In *Gas* stellte sich die Situation so dar, dass es nur die eine Pipeline gab, welche die Versorgung von L gewährleistete, bis N entschied, die Gaslieferungen einzustellen, die kein weiteres Land in der Zeit, die nötig gewesen wäre, um Ls Bevölkerung zu schützen, hätte ersetzen können. Im Fall des zweiten Golfkrieges gab es jedoch keinen Grund anzunehmen, dass der Irak Teil einer Bedrohungssituation gewesen wäre, die eine Gefährdung für Leib und Leben amerikanischer Bürger dargestellt hätte, da Öl aus allen möglichen Staaten von den USA eingekauft wird und werden konnte. Die Lieferungen durch den Irak erreichten dabei niemals die nötige Exklusivität, die in den konstruierten Beispielen vorgefunden wird. Der Versuch an billiges Öl zu kommen, sollte er tatsächlich eine Rolle gespielt haben, ist also nicht ausreichend, um den Golfkrieg zu legitimieren.

Ein letzter Gedanke zum Abschluss. Wie im Beispiel *Höhle* dargestellt, ist es möglich Situationen zu konstruieren, in denen ein Individuum zum Bestandteil einer Bedrohungssituation wird, ohne dies zu beabsichtigen und ohne wirklich etwas zu tun. Man erinnere sich an den armen Dicken, der einfach nur in seiner Engstelle feststeckte und seinem Kollegen weder Böses wollte, noch wirklich etwas tat oder unterließ, um diesem zu schaden. Ist es nun möglich, sich eine Situation vorzustellen, in der ein Land der Aggression bezichtigt werden kann, ohne dass es dies intendiert und ohne dass es wirklich etwas tut, um einem anderen zu schaden, so dass es zum legitimen Ziel militärischer Gewalt werden könnte? Leider lässt sich dies nicht ausschließen, jedoch ist darauf hinzuweisen, dass einiges dagegen spricht. In der modernen Welt ist der Vernetzungsgrad so hoch, dass es unwahrscheinlich erscheint, dass ein Land etwas tut, das einem anderen Land in dem nötigen Ausmaß Schaden zufügt, ohne dass es die Möglichkeit gäbe, durch weniger drastische Maßnahmen als der Anwendung militärischer Mittel zu einer Einigung zu kommen. So könnte man sich vorstellen, dass *Wasser* so modifiziert wird, dass N das Wasser nicht umleitet, um L zu erpressen, sondern um seine eigene Landwirtschaft damit zu betreiben. Sollte dabei so viel Wasser aus dem Fluss abgezweigt werden, dass dies zu den in *Wasser* beschriebenen Folgen für L führt, so wäre der richtige Schritt, zu einer Einigung über die Wassernutzungsrechte zu kommen, die sowohl N als auch L genügend Wasser ließe, um eine große Hungersnot in beiden Ländern abzuwenden.

3.2.3 Aktuelle Anwendungen

Im Folgenden sollen noch zwei Situationen diskutiert werden, die im letzten Jahr Medieninteresse erregten, und es soll untersucht werden, ob das zuvor entwickelte Prinzip den moralischen Status dieser Entwicklungen erhellen kann. Das erste Szenario, das dabei untersucht werden soll, ist das eines friedlichen Marsches der Palästinenser nach Israel (Bota 2006) und das zweite ist die Frage, ob ein Angriff aus dem Internet, wie von den USA behauptet (The White House 2011), einen ausreichenden Grund für einen konventionellen Gegenschlag darstellt.

Die erste hypothetische Situation ist die eines friedlichen Marsches der Palästinenser nach Israel (Bota 2006). Man stelle sich folgendes Szenario vor: Hunderttausende von Palästinensern, darunter Kinder, Alte und Frauen, packen ihre Koffer und machen sich auf einen Marsch in das Land, das sie als ihre alte Heimat empfinden. Der Marsch ist wohlorganisiert und friedlich. Die Menschenmasse erreicht schließlich die israelische Grenze, wo bereits Soldaten aufgezogen sind, da die israelische Armeeführung selbstverständlich über diesen lange geplanten Marsch informiert war. Dürfte die Armeeführung nun einen Schießbefehl erteilen, um die Palästinenser am Übertritt der Grenze zu hindern?

Nach den zuvor ausgearbeiteten Kriterien wäre es für eine gerechtfertigte Gewaltanwendung nötig, dass die Rechte der Gewaltanwender durch diejenigen, gegen die Gewalt angewendet werden soll, verletzt würden. Außerdem muss die Rechtsverletzung elementare Grundrechte wie das Recht auf Leben oder das Recht auf körperliche Unversehrtheit betreffen, damit bei der Gewaltanwendung die Verhältnismäßigkeit gewahrt bleibt. Es ist also zu prüfen, ob die Palästinenser die Rechte der Israelis durch ihr Vorgehen verletzen, und falls dies der Fall ist, so muss noch geprüft werden, um welche Rechte es sich dabei handelt und ob diese Rechte ausreichend schwer wiegen, um Gewaltanwendung zuzulassen.

Zunächst einmal ist bei diesem Szenario festzuhalten, dass die Palästinenser sich ohne Frage einer juristischen Rechtsverletzung schuldig machen. Das Übertreten einer Grenze ohne oder sogar gegen die Einwilligung der entsprechenden Autoritäten stellt einen solchen formal in jedem Fall dar. Begehen die Palästinenser jedoch auch aus moralphilosophischer Sicht eine Rechtsverletzung? Diese Frage ist schon deutlich schwerer zu beantworten. Die Beantwortung wird dabei hauptsächlich davon abhängen, wie man Landbesitzrechte philosophisch begründet sieht und wen man als den eigentlichen Besitzer des Bodens, auf dem sich heute der Staat Israel befindet, ansieht.[17] An dieser Stelle sei jedoch gesagt, dass man es durchaus so sehen kann, dass die Palästinenser eine Rechtsverletzung begehen, indem sie eine Landnahme in Israel versuchen. Dann stellt sich

17 Für eine ausführliche Diskussion von Landrechten und deren Begründung sich (Schnelle 2011).

jedoch die Frage, ob eine Landnahme allein eine ausreichende Rechtsverletzung darstellt, um tödliche Gewalt gegen Unbewaffnete anzuwenden? Dies erscheint in diesem Fall jedoch fraglich. Selbst wenn die Palästinenser in Israel siedeln würden, wäre die Lebensgrundlage der Israelis davon wohl kaum berührt. Solange also nach dem Marsch nach Israel nicht noch der Versuch seitens der Palästinenser stattfinden würde, bestimmte Grundstücke *gewaltsam* in Besitz zu nehmen, so scheinen die Lebensgrundlagen der Israelis und damit deren fundamentalste Rechte nicht wesentlich berührt. Sollte jemand hingegen von vorneherein der Meinung gewesen sein, dass die Palästinenser die eigentlichen Rechteinhaber des Landes sein, auf dem sich jetzt der Staat Israel befindet, so läge durch den reinen Grenzübertritt keine Rechtsverletzung seitens der Palästinenser vor. Ganz im Gegenteil, in diesem Falle wären es die Israelis, die sich einer Rechteverletzung schuldig machten, und gegen diese dürften die Palästinenser in jedem Fall zumindest gewaltfreie Mittel einsetzen. Landrechte scheinen also ungeeignet, um eine Gewaltanwendung hier zu rechtfertigen.

Wenn es also nicht die Verteidigung von Landrechten ist, auf die sich möglicherweise ein Schießbefehl stützen könnte, worauf könnte er sich dann stützen? Die einzige Möglichkeit in diesem Zusammenhang scheint in einer Bedrohung des Lebens einer nicht zu vernachlässigenden Zahl israelischer Bürger zu liegen. Würde sich eine solche ergeben, wenn die Palästinenser nicht mit Waffengewalt an ihrem Marsch gestoppt würden? Diese Frage ist unmöglich ohne wahrsagerische Fähigkeiten zu beantworten, hier jedoch ein paar Überlegungen dazu.

Zunächst muss man festhalten, dass es durchaus im Bereich des Möglichen, ja vielleicht sogar des Wahrscheinlichen ist, dass der Konflikt zwischen Palästinensern und Israelis nicht beendet wäre, nur weil nun einige der Palästinenser sich zu einer Landnahme in Israel entschieden haben. Als Resultat könnte es durchaus zu einem Bürgerkrieg kommen, in dessen Verlauf zahlreiche Menschen zu Schaden kommen. Wäre dies absehbar, so wäre auch ein gewaltsames Aufhalten der Marschierenden vermutlich zu rechtfertigen. Diese stellten dann aus dieser Warte nämlich durchaus eine Gefahr für das Leben einer nicht unerheblichen Zahl von Israelis dar. Diese Gefahr könnte jedoch durch Gespräche im Vorfeld zwischen Führern der Bewegung und der israelischen Regierung vermindert werden, wobei glaubhafte Versicherungen eines Gewaltverzichts seitens der Palästinenser unumgänglich wären. Will man diese Sicht jedoch akzeptieren, so wirft dies unmittelbar Fragen zu unserem Verständnis von Kombattanten und Nichtkombattanten auf. Als Kombattanten, die nach dem Kriegs(völker)recht angegriffen werden dürfen, sind die Marschierenden nämlich nicht zu zählen. Als Nichtkombattanten, die normalerweise von direkten intentionalen Angriffen ausgenommen sind, kommen sie dann jedoch auch nicht wirklich in Frage. Des Weiteren muss man sich fragen, was eine Ablehnung dieser Sichtweise mit sich bringt. Man muss sich an dieser Stelle nochmals vergegenwärtigen, dass die Frage hier lautet, ob man das Feuer auf Unbewaffnete eröffnen darf. Zuvor wurde eine Situation beschrieben, in der diese Frage positiv beantwortet wird. Beantwortet man sie jedoch negativ und bestreitet, dass die Marschierenden bereits eine Mitverantwortung an möglichen späteren Rechteverletzungen tragen, so muss man sich auch der Folgen dieser Aussage bewusst sein. Eine Situation wie die zuvor beschriebene, nämlich dass sich Tausende von Menschen auf den Weg machen, ist eine, die an allen Außengrenzen der Wohlstandszonen, also Europa oder Nordamerika, möglich ist. Lehnt man ein gewaltsames Aufhalten der palästinensischen Marschierenden ab, so lässt sich schwerlich begründen, wieso dann Menschen aus Afrika oder Südamerika nicht ebenfalls einfach die Grenzen überqueren können sollten.

Eine weitere aktuelle Frage ist die, ob das sogenannte Cyberwarfare zu einem konventionellen Gegenschlag berechtigen kann, so wie es in der letzten Version der *International Strategy for Cyberspace* der US-amerikanischen Regierung zu lesen war (The White House 2011), wo diese für sich das Recht auf einen Waffengang im Falle eines Angriffs im virtuellen Raum vorbehält. Als Cyberwarfare, einem Kunstwort aus den englischen Wörtern *cyberspace* (virtueller Raum) und *warfare* (Kriegsführung), soll dabei zunächst eine Auseinandersetzung mit Mitteln der Informationstechnologie im und durch den virtuellen Raum (und damit ist heute hauptsächlich das Internet gemeint) gelten. Auch hier stellt sich im Anschluss an die Diskussion des vorhergehenden Abschnitts die Lage so dar, dass, um einen militärischen Gegenschlag zu rechtfertigen, die Rechte der Gewaltanwender durch Aktionen im virtuellen Raum verletzt werden müssen und dass diese verletzten Rechte schwerwiegend genug sein müssen. Die amerikanische Regierung scheint dies ähnlich zu sehen, wenn sie sich auf das Recht auf Selbstverteidigung beruft, welches einer jeden Nation nach UN Statuten zusteht, und auch im virtuellen Raum nicht außer Kraft gesetzt wird.

> „*Consistent with the United Nations Charter, states have an inherent right to self-defense that may be triggered by certain aggressive acts in cyberspace.*“ (The White House 2011: 10)

Dabei geht sie im Besonderen auch darauf ein, dass es auch die Folgen außerhalb des virtuellen Raumes sind, die von Bedeutung sind.

> „*The United States will ensure that the risks associated with attacking or exploiting our networks vastly outweigh the potential benefits. We fully recognize that cyberspace activities can have effects extending beyond networks; such events may require responses in self-defense. Likewise, interconnected networks link nations more closely, so an attack on one nation's networks may have impact far beyond its borders.*“ (The White House 2011: 13)

Was aus dem Papier der Regierung jedoch nicht hervorgeht, ist ob es ausschließlich die Folgen in der realen Welt sind, die letztendlich einen Waffengang in ihren Augen rechtfertigen würden. An dieser Stelle wäre einerseits eine präzisere Formulierung wünschenswert gewesen, andererseits muss man auch anmerken, dass diese hoffentlich nicht nötig ist. Letztendlich müsste man der amerikanischen Regierung schon eine hoffnungslose Kriegstreiberei unterstellen, wollte man behaupten, dass sie auch Vorgehensweisen im virtuellen Raum militärisch zu ahnden gedenkt, die keinerlei Auswirkungen außerhalb dessen haben. Zumindest in ihrem Papier bekennt sie sich zu internationalem Recht und einer sorgfältigen Abwägung.

> „*When warranted, the United States will respond to hostile acts in cyberspace as we would to any other threat to our country. All states possess an inherent right to self-defense, and we recognize that certain hostile acts conducted through cyberspace could compel actions under the commitments we have with our military treaty partners. We reserve the right to use all necessary means – diplomatic, informational, military, and economic – as appropriate and consistent with applicable international law, in order to defend our Nation, our allies, our partners, and our interests. In so doing, we will exhaust all options before military force whenever we can; will carefully weigh the costs and risks of action against the costs of inaction; and will act in a way that reflects our values and strengthens our legitimacy, seeking broad international support whenever possible.*" (The White House 2011: 14)

Eine Präzisierung wäre an dieser Stelle jedoch trotzdem wünschenswert gewesen, da aus dem Papier nicht hervorgeht, was genau eigentlich als Angriff aus dem virtuellen Raum gewertet wird.

Welche Formen des Cyberwarfare gibt es überhaupt? Gemeinhin werden die Fähigkeiten des Cyberwarfare in den Bereichen Spionage, Propaganda und Zerstörung von Hardware gesehen. Die ersten beiden dieser Bereiche stellen dabei lediglich die digitale Erweiterung ihrer analogen Vorgänger dar. In weitgehend vernetzten Gesellschaften macht es eben operativen Sinn, die Daten, die nun in digitaler Form vorliegen, ebenfalls abschöpfen zu wollen bzw. ein weiteres Medium zu nutzen, mit dem Menschen beeinflusst werden können. Wenn man wollte, so könnte man wohl bereits ältere Formen der Spionage bzw. Propaganda als Cyberwarfare bezeichnen, schließlich handelt es sich z.B. beim Abhören von Funksignalen in gewisser Weise ebenfalls um eine Handlung in einem virtuellen Raum, dies ist jedoch nicht üblich. In diesen beiden Bereichen wird auch gemeinhin kein Problem für die Theorie vom gerechten Krieg gesehen. Spionage und Propaganda alleine rechtfertigen nicht den Einsatz von militärischen Mitteln, und das ist unabhängig davon, ob diese analog oder digital stattfinden. Interessanter ist da schon die Möglichkeit, dass modernes Cyberwarfare auch die Möglichkeit bietet, mittels Informationstechnologie Dinge zu zerstören, eine Fähigkeit, die man normalerweise nicht direkt mit dieser Technologie in Verbindung bringt. Das Zerstören von Hardware findet dabei meist durch eine gezielte Fehlansteuerung statt. So könnten feindselig eingestellte Gruppen zum Beispiel absichtlich die Kühlanlage eines Kernkraftwerks abstellen, sofern dieses an ein Netzwerk angeschlossen ist, um dieses zum GAU zu bringen. Ein solches Szenario wäre unter Umständen in der Lage, Tausende von Menschenleben zu bedrohen, und ist wohl auch deshalb eines, vor dem sich Sicherheitsexperten fürchten. Andere Möglichkeiten, die immer wieder in diesem Zusammenhang genannt werden, sind die gezielte Manipulation von Flugsicherungssoftware oder das Ausschalten von Kraftwerken, um essentielle Dienste wie Krankenhäuser etc. in Bedrängnis zu bringen. Die Auswahl der Beispiele zeigt dabei schon, dass es durchaus möglich ist, Menschenleben, auch in großer Zahl, zu bedrohen, und daher ist es in jedem Fall so, dass mittels Cyberwarfare schwerwiegende Rechte verletzt werden können (unter anderem das Recht auf Leben) und dass damit zumindest prinzipiell eine Gewaltanwendung zur Beendigung dieser Vorgänge gerechtfertigt werden kann. Dies scheint jedoch bei Fragen zum moralischen Status der Anwendung von konventionellen Waffen als Reaktion auf Cyberwarfare nicht der Kernpunkt zu sein.

Wenn es um die Frage geht, ob man konventionell gegen Cyberwarfare vorgehen kann, so scheint es recht unstrittig, dass sich Szenarien finden lassen, in denen die *iusta causa* Bedingung erfüllt ist und somit einen Gegenschlag rechtfertigt. Problematisch ist jedoch die Forderung, dass dies lediglich die Gewaltanwendung gegen den Rechtsverletzer erlaubt und gegen niemanden sonst. Die Möglichkeit, sicher festzustellen, von wem ein Angriff ausging, ist jedoch beim Cyberwarfare kaum gegeben, wenn der Angreifer weiß, was er tut und sich nicht zu seinen Taten bekennen will. Durch einfache Techniken wie die mehrfache Umleitung des Signals über andere Länder und Kontinente, die Verschlüsselung von Signalen und nicht zuletzt das Ausführen von Schadprogrammen auf Rechnern in anderen Ländern lässt sich die Urheberschaft eines Angriffs hervorragend verschleiern. Sollte der Angreifer sich nicht zu seinen Taten bekennen, so lässt sich nur schwerlich mit der nötigen Sicherheit feststellen, von wo der Angriff kam, um einen Gegenschlag auf ein bestimmtes Land oder eine bestimmte Gruppe zu legitimieren.

Abschließend kann man also feststellen, dass Cyberwarfare zwar prinzipiell in der Lage sein kann, einen Gegenschlag zu legitimieren, vorausgesetzt die Art des Angriffs ist dergestalt, dass eine schwerwiegende Rechtsverletzung vorliegt. Praktisch ist jedoch Vorsicht geboten, dass Cyberwarfare nicht als Vorwand für einen Krieg benutzt wird, da sich die wahren Urheber einer Attacke, so sie sich nicht freiwillig zu erkennen geben, kaum werden ausfindig machen lassen.

3.3 Die Duplex-Effectus-Lehre

Die zuvor angeführten Gründe für eine legitime Gewaltanwendung griffen immer auf Rechtsverletzungen zurück, die anschließend eine Gewaltanwendung gegen die Rechtsverletzer erlauben. Im Kriegsfall bedeutet dies primär Handlungen, die von Kombattanten begangen werden und einen Gewaltgebrauch gegen andere Kombattanten rechtfertigen. Präziser gesagt, rechtfertigen diese zu einem Gewaltgebrauch ausschließlich gegen Kombattanten und gegen niemanden sonst. Bedenkt man, dass eine moderne Kriegsführung (und wahrscheinlich Kriegsführung schon zu allen Zeiten) unweigerlich dazu führen wird, dass auch Nichtkombattanten in Mitleidenschaft gezogen werden, so stellt sich unweigerlich die Frage, wie sich Kriegsführung in der realen Welt moralisch legitimieren lässt, wenn dabei immer auch solche Ziele getroffen werden, die zumindest direkt nicht als solche moralisch zulässig sind. Eine Möglichkeit, die Kriegsführung trotz allem zu ermöglichen und die pazifistische Schlussfolgerung zu vermeiden, bietet die Duplex-Effectus-Lehre, die im Allgemeinen auf Thomas von Aquin zurückgeführt wird.

Die Duplex-Effectus-Lehre verweist darauf, dass eine Handlung, durch die jemandem ernstzunehmender Schade zugefügt wird, dennoch manchmal zulässig sein kann, und zwar dann, wenn dieser Schaden als Nebenwirkung einer Handlung auftritt, mit der ein eigentlich gutes Ziel verfolgt wird. Es wird dann manchmal behauptet, dass ein solcher Schaden als Nebenwirkung (oder Doppeleffekt) einer Handlung, die einem guten Zweck dient, herbeigeführt werden darf, auch dann, wenn es unzulässig wäre, den selben Schaden als Mittel zum Herbeiführen des selben guten Zwecks zu verursachen. Vereinfacht wird dann oft davon gesprochen, dass es zulässig ist, einen Schaden zu verursachen, wenn dieser lediglich vorhergesehen, nicht jedoch intendiert ist, auch wenn es nicht zulässig wäre, diesen Schaden absichtlich herbeizuführen (McIntyre 2011). An dieser Stelle ist jedoch Vorsicht angebracht, da die beiden Formulierungen nicht äquivalent sind, jedoch nebeneinander verwendet werden. Auch ist nicht bei jedem Autor immer eindeutig klar, welche Version der Duplex-Effectus-Lehre er vertritt, also ob es darum geht, zu unterscheiden, ob ein Schaden instrumentell oder nebensächlich zugefügt wurde, oder ob die Unterscheidung sich auf die Motivation des Akteurs bezieht, der einen Schaden beabsichtigt oder aber das schädliche Resultat einer Handlung zwar vorhergesehen haben kann, der vorhergesehene Schaden jedoch nicht Teil der Motivation für die Handlung war. Diese Unterscheidung wird im Folgenden noch weiter präzisiert werden. Zunächst soll jedoch darauf hingewiesen werden, dass es sechs klassische Beispiele gibt, deren intuitive Attraktivität immer wieder dazu genutzt wird, die Gültigkeit der Duplex-Effectus-Lehre zeigen zu wollen, und deren Überzeugungskraft es wohl auch zu verdanken ist, dass die Duplex-Effectus-Lehre die Prominenz besitzt, die ihr heute noch zukommt.

Erstens ist da der Fall des Terrorbombers, dessen Ziel es ist, durch seine Angriffe die Moral einer angegriffenen Bevölkerung zu untergraben. Es wird dabei unterstellt, dass dies nicht nur gegen geltendes Kriegs(völker)recht verstößt, sondern auch, dass dies moralisch unzulässig ist, gerade weil es die Intention des Terrorbombers ist, zivile Verluste herbeizuführen. Dem Terrorbomber wird dann der strategische Bomber gegenübergestellt, dessen alleinige Intention es ist, ein militärisches Ziel zu treffen, auch wenn er weiß, dass es dabei zu zivilen Verlusten kommen wird. Die zivilen Verluste werden dabei zwar in Kauf genommen, sind aber nicht vom Piloten intendiert. Sie sind Nebeneffekt seiner Intention, das militärische Ziel zu treffen. Selbst wenn angenommen wird, dass es bei beiden Vorgehensweisen zur selben Zahl an getöteten Zivilisten kommen wird, wird argumentiert, dass das Verhalten des Terrorbombers moralisch unzulässig ist, während das Verhalten des strategischen Bombers gerechtfertigt werden kann. Wie sehr sich diese Sicht in das allgemeine Verständnis eingeschlichen hat, zeigt die Tatsache, dass *Kollateralschaden* zum Unwort des Jahres 1999 gewählt wurde.

Zweitens ist da der Fall des Arztes, der einem im Sterben liegenden Kranken eine tödliche Dosis Morphin verabreicht mit dem ausschließlichen Ziel, die Schmerzen des Patienten zu lindern, auch wenn ihm bewusst ist, dass er damit den Tod des Patienten herbeiführen wird. Demgegenüber wird dann der Fall des Arztes gestellt, der den Tod eines sterbenskranken Patienten aus Mitleid heraus absichtlich herbeiführen will. Nach der Duplex-Effectus-Lehre wäre ersteres zulässig, da der Tod nur als Nebeneffekt der (moralisch zulässigen) Schmerzlinderung eintritt, während in zweitem Fall der Tod moralisch unzulässig herbeigeführt worden wäre, da es sich um die Intention des Arztes handelt, zu töten.[18]

Drittens ist da der Fall des Arztes, der unzulässig handelt, wenn er eine Abtreibung vornimmt, um das Leben einer Mutter zu schützen, welches im weiteren Verlauf einer Schwangerschaft gefährdet wäre, da es die Intention des Arztes ist, den Fötus zu töten, während es nach Duplex-Effectus-Lehre zulässig wäre, eine Hysterektomie, also eine Entfernung der Gebärmutter, bei einer Schwangeren vorzunehmen. Hier wird argumentiert, dass es nicht Teil der Intention des Arztes in letzterem Fall ist, den Fötus zu töten, da der Arzt lediglich beabsichtigt, die Gebärmutter zu entfernen. Der unweigerliche Tod des Fötus ist dabei ein unerwünschter Nebeneffekt, der von dem Arzt zwar vorhergesehen, aber nicht erwünscht ist.

Viertens ist da der Fall des Tötens in einer Notwehrsituation, bei der argumentiert wird, dass dies moralisch zulässig ist, wenn der Tod eines Angreifers nicht beabsichtigt ist, auch wenn vorhergesehen wird, dass der Angreifer durch

18 In der neueren Literatur wird allerdings oft darauf hingewiesen, dass die Palliativmedizin heute deutlich weiter ist und effektive Schmerzbehandlung ohne Todesgefahr ermöglicht, so dass dieses Beispiel eigentlich heute nicht zeitgemäß ist.

die Abwehrhandlung zu Tode kommen wird. Nach der Duplex-Effectus-Lehre ist der Tod des Angreifers dann lediglich als Nebenwirkung der beabsichtigten Abwehrhandlung zu verstehen, ist jedoch als solcher selbst nicht Teil der Absicht der sich verteidigenden Partei.

Fünftens ist da der Fall eines Bahnwagens, der außer Kontrolle geraten ist (in der englischsprachigen Literatur als *runaway trolley*[19] bekannt). Bei diesem wird der Fall eines Bahnwagens, der auf fünf Gleisarbeiter zurast und dadurch gestoppt wird, dass eine sechste Person vor den Wagen gestoßen wird, mit dem Fall kontrastiert, bei dem der Wagen durch das Umlenken auf ein anderes Gleis daran gehindert wird, die fünf Gleisarbeiter zu treffen, wobei sich unglücklicherweise eine Person auf dem Ausweichgleis befindet. In der klassischen Argumentation wird dann ersteres als unzulässig betrachtet, da der Tod der sechsten Person instrumentell notwendig ist, um die fünf Gleisarbeiter zu retten, während zweites als zulässig gilt, da der Tod der sechsten Person in diesem Fall zwar vorhergesehen wird, aber nicht instrumentell notwendig ist, um das Leben der anderen Gleisarbeiter zu retten.

Sechstens ist da der Fall einer heroischen Handlung, bei der jemand seinen Tod bewusst selbst herbeiführt, um das Leben anderer zu schützen. Dies wird nach der klassischen Interpretation als zulässig angesehen, da der eigene Tod in diesem Fall vorhergesehene, aber nicht intendierte Nebenwirkung der Rettung anderer Leben darstellt, was im Gegensatz zum unzulässigen Selbstmord gesehen wird, bei dem der eigene Tod beabsichtigt wird. Ein Beispiel für solch eine heroische Handlung wäre das Handeln eines Personenschützers, der sich vor die zu schützende Person wirft, um eine Kugel abzufangen.

Aufgrund der Prominenz der Duplex-Effectus-Lehre und der Tatsache, dass diese neben ihrer Anwendung in der Theorie des gerechten Krieges auch in der Medizinethik große Bedeutung besitzt, soll diese im Folgenden ausführlicher diskutiert werden. Dabei wird gezeigt werden, dass das, was gemeinhin als Duplex-Effectus-Lehre bezeichnet wird, eigentlich eine Vielzahl von Prinzipien darstellt, und dass diese nicht unproblematisch sind.

3.3.1 Die Anfänge bei Thomas von Aquin

Die Anfänge der Duplex-Effectus Lehre werden gemeinhin in Thomas von Aquins *Summe der Theologie* II – II, Quaestione 64, Artikel 7 gesehen. In diesem Artikel diskutiert Thomas von Aquin die Frage, wie sich ein allgemeines Tötungsverbot, wie es unter anderem im 5. Gebot zu finden ist, mit moralisch zulässiger

---

19 Unter anderem ausführlich diskutiert in (Thomson 1985).

Selbstverteidigung vereinbaren lässt, wenn ein Schutz des eigenen Lebens nur dann erreichbar ist, wenn der Angreifer durch tödliche Gewalt gestoppt wird. Der Begriff des Doppeleffekts kommt dabei daher, dass Thomas von Aquin seine Sicht der Dinge so erläutert, dass er damit beginnt, festzustellen, dass nichts eine Handlung daran hindert zwei oder mehr Resultate zu produzieren, wobei nicht alle dieser Resultate auch beabsichtigt sind. Er schreibt:

> *„Ein einziger Akt kann durchaus zwei Wirkungen hervorbringen, von denen nur die eine beabsichtigt, die andere jedoch nicht gewollt ist. Die Art einer sittlichen Handlung wird jedoch von dem geprägt, was beabsichtigt ist, und nicht von dem, was ihr fern liegt, denn dies stellt sich nur als ungewollte Nebenwirkung ein, wie oben auseinandergelegt wurde (43,3; I-II 72,1). Die Selbstverteidigung kann nun zwei Wirkungen zur Folge haben: die eine ist die Erhaltung des eigenen Lebens, die andere der Tod des Angreifers. Ein solcher Akt hat, weil die Erhaltung des eigenen Lebens dabei beabsichtigt wird, nichts Unerlaubtes an sich, denn jeder möchte sich natürlich nach Kräften in seiner Existenz erhalten.*“ (Aquin 1987: 100)

Für Thomas von Aquin ist es also möglich, ein Resultat der Notwehrhandlung mit der erfolgreichen Notwehr an sich, also dem Stoppen des Angreifers, gleichzusetzen und darüber hinaus ein zweites, davon verschiedenes Resultat zu sehen, das im Tod des Angreifers besteht. Dies ist auch nicht verwunderlich, da es problemlos möglich ist, dass wir als fehlbare Menschen die Resultate einer Handlung falsch einschätzen, und dass deshalb neben dem erwünschten Effekt noch weitere, unerwünschte Effekte auftreten. Wenn wir Thomas von Aquin also so interpretieren, als wäre Notwehr mit Todesfolge dann zulässig, wenn die Intention des sich Verteidigenden die wäre, den Angreifer aufzuhalten, er diesen jedoch nicht töten will, dann bedeutete dies im einfachsten und unproblematischsten Fall schlicht, dass der Tod des Angreifers wirklich unbeabsichtigt und unvorhergesehen eingetreten ist. Man stelle sich vor, ein Angreifer geht mit einem Messer auf einen Unschuldigen los und dieser versetzt dem Angreifer einen kräftigen Stoß, woraufhin der Angreifer unglücklich stürzt und eine tödliche Kopfverletzung davonträgt. Dieser Fall ist sicherlich ein Beispiel dafür, dass es möglich ist, einen Ausgang zu erzeugen, der nicht intendiert war. Der Tod des Angreifers wäre in diesem Fall ein unbeabsichtigter Unfall, der auch so nicht vorhersehbar war. Auch war der Tod des Angreifers weder Teil der Motivation des sich Verteidigenden, noch war er instrumentell nötig, um das Leben des Unschuldigen zu schützen. Dazu hätte es nämlich gereicht, dass der Angreifer stürzt und das Opfer Zeit hat, das Weite zu suchen. Dieser Fall ist sicherlich nicht besonders kontrovers und daher auch nicht besonders interessant. Viel interessanter wird es da schon, wenn man Thomas von Aquin unterstellt, dass das, was er eigentlich ausdrücken wollte, ist, dass man den Ausgang einer Handlung zwar vorhersehen kann, es aber trotzdem möglich ist, den vorhergesehenen Ausgang als nicht intendiert anzusehen. Speziell wenn man den oben zitierten Absatz weiter liest, kann man den Eindruck bekommen, dass Thomas von Aquin durchaus davon ausgeht, dass der Verteidiger in der Wahl seiner Verteidigungsmöglichkeit durchaus auch solche wählen darf, von denen er weiß, dass sie den Tod des Angreifers nach sich ziehen werden, vorausgesetzt, dass ihm keine weniger gefährlichen und dennoch wirksamen Mittel zur Verfügung stehen. Thomas von Aquin führt damit ein Proportionalitätskriterium ein, welches bei der Anwendung der Duplex-Effectus-Lehre nicht vergessen werden sollte. Er weist jedoch auch darauf hin, dass es nicht nötig ist, sein eigenes Leben zu opfern, um das des Angreifers zu schonen, was letztlich ein Hinweis darauf ist, dass die soeben genannte zweite Lesart der Doppeleffektlehre von Thomas von Aquin auch tatsächlich so beabsichtigt war. Der zuvor zitierte Abschnitt wird folgendermaßen fortgesetzt:

> *„Eine gut gemeinte Handlung kann jedoch fragwürdig werden, wenn sie ihrem Zweck nicht angepaßt ist. Daher ist es unerlaubt, bei der Verteidigung des eigenen Lebens mehr Gewalt einzusetzen als nötig. Wird der Angriff jedoch maßvoll abgewehrt, dann ist die Verteidigung moralisch in Ordnung, denn nach der Rechtssammlung (Frdb II, 801) „ist es erlaubt, „mit moralisch abgewogener Schutzmaßnahme" Gewalt zurückzuweisen". Dabei ist es nicht heilsnotwendig, die moralisch abgewogene Schutzmaßnahme zu unterlassen, um den Tod des anderen zu vermeiden, denn der Mensch muß mehr für das eigene als für ein fremdes Leben Sorge tragen.*" (Aquin 1987: 100)

Liest man den gesamten Abschnitt, wie vorgeschlagen, so, dass Thomas von Aquin tatsächlich eine Unterscheidung zwischen vorhergesehenen und auch intendierten Folgen einer Handlung und zwar vorhergesehenen, aber nicht beabsichtigten Folgen einer Handlung macht, so muss man sich fragen, ob dies einerseits sinnvoll und andererseits von moralischer Relevanz ist. Die Frage, ob es sinnvoll sein kann, zwischen vorhergesehen, jedoch nicht beabsichtigten und vorhergesehenen sowie beabsichtigten Resultaten einer Handlung zu sprechen, ist sicherlich diejenige, die einfacher zu beantworten ist. Man stelle sich eine Mutter mit einem Baby vor, die im sechsten Stock eines brennenden Hauses eingeschlossen ist. Die Mutter weiß, dass das Baby in den Flammen sterben wird, wenn sie nichts unternimmt. Unter dem Fenster, aus dem die Mutter nach Hilfe ruft, befindet sich jedoch ein Schwimmbecken und die Mutter überlegt sich, dass wenn sie das Baby aus dem Fenster in das Becken wirft, das Wasser den Sturz des Babys genug abbremsen kann, um es überleben zu lassen. Dann muss nur noch einer der umstehenden Schaulustigen rechtzeitig in den Pool springen und das Baby herausziehen, um das Überleben des Kindes zu sichern.[20] Wie wäre der Fall einer solchen Mutter moralisch zu bewerten?

20 Ein ähnliches Beispiel wird von Alison McIntyre in anderem Zusammenhang verwendet. Siehe dazu (McIntyre 2001: 243).

Zunächst muss man sagen, dass die Mutter in diesem Fall vermutlich nicht moralisch verwerflich handeln würde, wenn sie das Kind aus dem Fenster wirft. Sie sieht eine Chance, wie klein diese auch sein mag, ihr Kind vor dem absolut sicheren Tod zu bewahren und versucht, diese zu nutzen. Im Falle der Untätigkeit, so die Voraussetzung, würde das Baby auf jeden Fall sterben, und durch die Handlung der Mutter eröffnet sich ihm zumindest eine Minimalchance zu überleben. An diesem Beispiel wird aber ebenfalls klar, dass es sinnvoll sein kann, zwischen vorhergesehenen, jedoch nicht beabsichtigten Folgen einer Handlung und solchen, die vorhergesehen sowie beabsichtigt sind, zu unterscheiden. Nehmen wir an, dass die Mutter des Kindes in Not in dem vollen Bewusstsein handelt, dass der Wurf aus dem Fenster mit großer Wahrscheinlichkeit den Tod des Kindes nach sich ziehen würde, so kann man sicherlich davon sprechen, dass dies eine vorhergesehene Folge des Fensterwurfs ist. Gleichzeitig kann man jedoch argumentieren, dass dies von der Mutter nicht beabsichtigt ist. Im Gegenteil, die Absicht der Mutter ist es ja gerade, die Minimalchance, wie klein auch immer sie sei, zu nutzen, die das Überleben ihres Kindes sichern soll. So seltsam dies dann auch anmuten mag, es bleibt einem eigentlich nichts anderes übrig, als die Situation so zu bewerten, dass die Mutter das Kind zwar aus dem Fenster geworfen hat, nicht jedoch dessen Tod durch den Sturz intendierte.

Ähnlich kann man auch Fälle bewerten, in denen ein Laie eine *Koniotomie* (oft fälschlich als Luftröhrenschnitt bezeichnet) an einem Notfallopfer durchführt. Normalerweise wird eine Koniotomie nur von medizinisch geschultem Personal als notärztlicher Eingriff durchgeführt und gehört damit ausdrücklich nicht zu den Ersthilfemaßnahmen. Sollte es aber zu einem Fall kommen, bei dem ein Notfallopfer zu ersticken droht und ein Notarzt nicht rechtzeitig zur Stelle sein kann, so ist es auch einem Laien erlaubt, diese Notmaßnahme durchzuführen. Auch kann es also zu einem Fall kommen, in dem ein Retter einem Notfallopfer den Hals aufschneidet, um dieses zu retten. Sollte es dabei dazu kommen, dass das Opfer aufgrund der unsachgemäßen Durchführung der Koniotomie verblutet, so hat der Retter sein Opfer im strikten Sinne umgebracht. Auch wenn der Retter jedoch von vorneherein absehen konnte, dass dies wahrscheinlich eintreten würde, so ist es jedoch nicht unplausibel, davon zu sprechen, dass er zwar vorhersehen konnte, dass das Opfer verbluten würde, jedoch nicht beabsichtigte, dieses zu töten. Im Gegenteil, die Motivation des Retters war ja gerade, dem Opfer noch etwas Zeit zu verschaffen, damit vielleicht doch noch ein Notarzt hinzukommen könnte, und somit war es das erklärte Ziel des Retters, den Verunglückten zu retten.

Interessant ist jedoch, dass die beiden erwähnten Beispiele zwar zeigen, dass es manchmal sinnvoll sein kann, zwischen intendierten sowie beabsichtigten und intendierten, jedoch nicht beabsichtigten Folgen einer Handlung zu unterscheiden, was sie jedoch nicht notwendigerweise zeigen, ist, dass dies auch eine moralische Relevanz besitzt. So könnte man schließlich die moralische Relevanz auch in der Tatsache sehen, dass die getroffenen Handlungsentscheidungen in den vorgenannten Beispielen jeweils mit einer Erhöhung der Überlebenswahrscheinlichkeit zusammenfallen, und nicht in irgendwelchen Doppeleffekten.

Alison McIntyre hat darüber hinaus ein Problem aufgezeigt, das darin besteht, dass eine vernünftige Definition dessen fehlt, was die Unterscheidung zwischen Vorhersehen und Intendieren eigentlich ausmacht, und es ist diese Frage, die beantwortet werden muss, bevor man eine Entscheidung treffen kann, ob diese Unterscheidung moralische Relevanz besitzt (McIntyre 2001: 233). Wie in den zuvor beschriebenen Beispielen gezeigt, kann es durchaus Sinn machen, zwischen beabsichtigten und lediglich vorhergesehenen Folgen einer Handlung zu unterscheiden, und im allgemeinen Sprachgebrauch werden diese mit den Motiven des Handelnden in Verbindung gebracht werden. Wo aber ist die Grenze zwischen diesen beiden Fällen zu ziehen?

Man denke an das zuvor erwähnte Beispiel, in dem der Kontrast zwischen einer Abtreibung zum Schutz des Lebens einer Schwangeren und einer Hysterektomie zum Schutz des Lebens einer Schwangeren aufgezeigt wird, wobei manchmal argumentiert wird, dass eine bewusste Abtreibung die Intention, den Fötus zu töten, beinhaltet, während eine Hysterektomie zum sicheren Tod des Fötus führt, die Intention aber lediglich in der Entfernung der Gebärmutter besteht. Man kann jedoch zu recht fragen, ob nicht der Tod des Kindes in beiden Fällen lediglich einen Nebeneffekt darstellt (z.B. Hart 1968: 113-135). Man könnte schließlich argumentieren, dass auch bei der bewussten Abtreibung die eigentliche Intention nicht die Tötung des Fötus, sondern das Retten des Lebens der Mutter ist. Und sollte jemand diese Unterscheidung nicht treffen wollen, so lässt sich alternativ fragen, warum dann bei der Hysterektomie der Tod des Fötus nicht so eng mit dem gewählten Mittel verbunden ist, dass er in diesem Fall als nicht intendiert behandelt werden kann? Um Fragen wie diese beantworten zu können, ist ein vernünftiges Kriterium dessen notwendig, was als intendiert und was als lediglich vorhergesehen zu gelten hat.

McIntyre weist mit Recht darauf hin, dass man im extremsten Fall all solche Folgen einer Handlung als vorhergesehen, nicht aber beabsichtigt, betrachten könnte, bei denen der Handelnde ein Gefühl des Bedauerns verspürt. Dies ist jedoch ein viel zu weit reichendes Kriterium dafür, was als vorhergesehen, nicht aber intendiert, gelten kann. Wenn die Argumentation nämlich die ist, dass bei guten Absichten fast jede Form des Schadens als unbeabsichtigt und lediglich vorhergesehen bedauernd in Kauf genommen werden kann, dann lässt sich bei der Verfolgung guter Ziele auch fast jedes Unheil rechtfertigen. McIntyre schreibt dazu etwas zynisch, dass diese Sicht der Dinge für eine moralische Bewertung unbrauchbar ist, weil das Prinzip des Doppeleffekts dann nur noch die Taten von „*Sadisten, Folterern und Psychopaten*" verurteilen könnte (McIntyre 2001: 235). Wenn dies aber so ist, wo kann man dann die Grenze ziehen? Diese Frage ist nach wie vor nicht beantwortet, aber McIntyre schlägt zumindest einige minimale Forderungen vor, die erfüllt sein müssen, wenn wir eine nützliche Unterscheidung finden wollen.

Erstens darf die Definition des Unterschieds nicht zirkular sein. Das heißt, die Unterscheidung dessen, was vorhergesehen sowie intendiert bzw. lediglich vorhergesehen, nicht aber intendiert ist, darf nicht bereits Urteile über den moralischen Status der Folgen einer Handlung enthalten, da sich dieser schließlich mit Hilfe der Doppeleffektlehre erst aus der Entscheidung ergeben soll. Wenn die Duplex-Effectus-Lehre uns bei der moralischen Entscheidungsfindung helfen soll, dann muss sie uns helfen, entscheiden zu können, welche von zwei oder mehreren Optionen die moralisch vorzuziehende ist. Dies ist aber nur möglich und nötig, wenn Werturteile nicht schon in der Definition der Unterscheidung, auf der sie basiert, enthalten sind.

Zweitens muss sichergestellt sein, dass Fälle wie zuvor beschrieben, in denen ein Schaden zum Erreichen eines guten Ziels mit Bedauern in Kauf genommen wird, nicht schon deshalb aus der Sicht der Doppeleffektlehre als akzeptabel bewertet werden, weil der Schaden bedauert und damit als nicht intendiert angesehen wird.

Drittens sollte der Begriff *Nebeneffekt* in der Definition auftauchen, um sicherzustellen, dass Eigenschaften einer Handlung nicht als lediglich vorhergesehen bewertet werden, wenn diese sich schwerlich vom gewählten Mittel zum Erreichen eines Ziels trennen lassen. Ein Beispiel, das McIntyre anführt, um dies zu verdeutlichen, ist die zum Glück nicht mehr geläufige Praxis des *den Beelzebub aus dem Leib Prügelns*. Hierbei könnte man argumentieren, dass derjenige, der ein ungezogenes Kind verprügelte, diesem nicht im eigentlichen Sinn etwas Böses wollte, weil das Sprichwort zu wörtlich verstanden wurde, und die Idee war, den Körper des Kindes, der als Vehikel des Dämons angesehen wurde, für Beelzebub unwirtlich zu machen. Die Prügel dienten demnach dem langfristigen Wohl des Kindes. Dies mag sogar noch auf verstörende Weise vernünftig klingen. Wird jedoch der Begriff des *Nebeneffekts* in die Definition aufgenommen, dann wird es kaum möglich, derartiges Verhalten zu rechtfertigen, da es seltsam anmutet, den Schaden an dem Kind als *Nebeneffekt* zu bezeichnen, wenn genau dieser das gewählte Mittel zum Zweck darstellt.

Zu guter Letzt ist es auch noch nötig, dass zumindest ein grob gezeichnetes Verständnis dessen, was *Intention* überhaupt ausmacht, mit der jeweiligen Ausgestaltung der Doppeleffektlehre geliefert wird. McIntyre ruft uns dazu ein Rätsel ins Gedächtnis, das Lesern der Zeitschrift *Analysis* gestellt wurde (siehe Butler

1978: 113-114). In dem Rätsel wurden die Leser der Zeitschrift gefragt, warum sie nicht sagen, dass Brown absichtlich eine Sechs gewürfelt hat, auch wenn er den Würfel mit der Absicht auf den Tisch fallen ließ, eine Sechs zu würfeln, hingegen der Meinung sind, dass Brown den Smith absichtlich verletzt hat, wenn er einen sechsschüssigen Revolver, in dem nur eine Patrone ist, auf Smith richtet und mit der Absicht, Smith zu verletzen, abdrückt. Die Wahrscheinlichkeit, dass das ersehnte Ergebnis eintritt, ist dieselbe, warum also die unterschiedliche Bewertung in Hinblick auf die Absichtlichkeit der Handlung?

Wenn diese Minimalforderungen erfüllt sind, dann lässt sich überhaupt erst klären, ob die Unterscheidung zwischen intendiert und lediglich vorhergesehen eine moralisch relevante ist. Deshalb lässt sie sich hier auch nicht pauschal beantworten und muss für jede Variante der Duplex-Effectus-Lehre neu bewertet werden. Eine Konsequenz, die sich jedoch hier aufdrängt, ist die, dass angenommen, die Entscheidung sei von moralischer Relevanz, es möglich scheint, Handlungen dadurch moralisch besser zu machen, dass man einen vorhergesehenen Schaden einfach aus dem eigenen Bewusstsein verdrängt. Diese Überlegung beruht auf einem naiven Verständnis, nach dem es möglich ist, seine Absichten zu kontrollieren und dann nur solche Absichten zu hegen, die eine Handlung im Rahmen der Duplex-Effectus-Lehre erlauben. Am Beispiel des Terrorbombers hieße dies, dass der Pilot erlaubt handeln würde, wenn er sich selbst einreden könnte, dass es ihm keineswegs um das Terrorisieren der Zivilbevölkerung geht, sondern ausschließlich um das Erfüllen einer moralisch erlaubten Mission, bei der auch Zivilisten zu Schaden kommen werden. Dieser Einwand gegen die Duplex-Effectus Lehre gleicht einem ähnlichen Einwand, den Alasdair MacIntyre gegen Kants kategorischen Imperativ angebracht hat (MacIntyre 1995: 66-71). MacIntyre bemängelte an diesem, dass dadurch, dass nicht die tatsächliche Einstellung des Handelnden durch den kategorischen Imperativ moralisch bewertet wird, sondern lediglich die Maxime, die sich dieser selbst setzt, ein jeder Handelnde in die Lage versetzt wird, sich gewissermaßen eine Maxime zurechtzubasteln, die ihm schließlich fast jede Handlung erlauben wird, wenn er nur seine Maxime geschickt genug formuliert.

Was MacIntyre als Kritik an Moraltheorien formulierte, welche Handlungsmaximen bewerten, um dadurch die Stärken der von ihm bevorzugten Tugendethik zu betonen, lässt sich jedoch nicht vollständig auf den Fall der Doppeleffektlehre übertragen. Zunächst einmal ist es so, dass man in beiden Fällen derartiger Kritik darauf verweisen kann, dass sich moralische Theorien im Allgemeinen an wohlmeinende Akteure richten, die sich aufrichtig um moralische Fragestellungen sorgen und daher keinen Gewinn durch solch sophistische Tricks hätten. Derartige Akteure handeln aus einer Perspektive, in der sie eine Entscheidungshilfe suchen, und da kann es für sie hilfreich sein zu bewerten, welche moralischen Risiken auf dem Spiel stehen. Wären sie an sophistischen Tricks interessiert, so bräuchten sie sich die Fragen ja erst gar nicht zu stellen, und so kann nur ein naives Verständnis von Moral als einer simplen Regelkonformität einen derartigen Einspruch gelten lassen. Darüber hinaus hat MacIntyre zwar Recht, dass sich viele Maximen werden finden lassen, die zu ein und derselben Handlung passen und diese einmal gemäß des Kantschen Imperativs als erlaubt und einmal als nicht erlaubt darstellen. Anders als Maximen, die sich beliebig formulieren lassen, sind Absichten jedoch nicht wirklich beliebig formbar. Schon Schopenhauer bemerkte schließlich, dass der Mensch zwar tun könne, was er wolle, aber nicht wollen könne, was er wolle. In diesem Zusammenhang erscheint es als eher unwahrscheinlich, dass jemand in der Lage ist, seine Intentionen wirklich aufrichtig so zu formen, dass er den Regeln der Doppeleffektlehre genügt. Auch muss an dieser Stelle angefügt werden, dass die Kritik MacIntyres an Kant unfair ist, da man Kant unterstellen muss, dass die Maxime aus seinem kategorischen Imperativ mehr ist, als einfach nur eine Beschreibung einer Handlung, die nach Gutdünken vorgenommen werden kann. Zumindest ein Moment einer aufrichtigen Intention muss man in Kants Begriff der Maxime verorten, wenn man diesem gerecht werden will.

3.3.2 Moderne Fassungen der Duplex-Effectus-Lehre

Um der Kritik an den frühesten Fassungen der Doppeleffektlehre gerecht zu werden und um eine genauere Definition von deren Anwendungsbereichen zu geben, finden sich in moderneren Fassungen oft mehrere Bedingungen, die erfüllt sein müssen, wenn die Doppeleffektlehre zum Einsatz kommen soll. So formuliert z.B. der Eintrag zur Doppeleffektlehre in *The New Catholic Encyclopedia* vier Bedingungen zur Anwendung der Duplex-Effectus Lehre (siehe Connell 1967: 1021):

1. Die Handlung selbst muss moralisch gut oder zumindest indifferent sein.
2. Der Akteur darf das schlechte Resultat einer Handlung nicht aktiv herbeiwünschen, aber darf es erlauben. Sollte es ihm dabei möglich sein, das gute Resultat ohne das schlechte zu erreichen, so sollte er dies tun. Das schlechte Resultat wird daher manchmal als indirekt freiwillig bezeichnet.
3. Das gute Resultat muss sich mindestens so unmittelbar aus der Handlung ergeben wie das schlechte (wobei sich dies auf den Kausalitätszusammenhang bezieht und nicht notwendigerweise auf den zeitlichen Ablauf). In anderen Worten bedeutet dies, dass das gute Resultat sich direkt aus der Handlung und nicht aus dem schlechten Resultat ergeben muss. Wäre dem nicht so, so würde der Akteur ein schlechtes Mittel zum Erreichen eines guten Ziels wählen, was moralisch nicht erlaubt ist.

4. Das gute Resultat muss ausreichend erstrebenswert sein, um für die zugelassenen schlechten Folgen ausreichend zu kompensieren.

Ähnliche Bedingungen stellt auch Brian Orend auf, der die Anwendung der Duplex-Effectus Lehre an folgende Bedingungen knüpft (Orend 2006: 115). Laut seiner Sicht darf eine Person *P* eine Handlung *X*, die sowohl gute (*G*) als auch schlechte (*S*) Folgen zeitigt, im Rahmen der Doppeleffektlehre dann, und nur dann, ausführen, wenn

1. *X* selbst eine ansonsten moralisch erlaubte Handlung darstellt,
2. *P* lediglich *G*, nicht jedoch *S* beabsichtigt,
3. *S* kein Mittel zum Erreichen von *G* darstellt,
4. das Ausmaß des Guten von *G* größer ist als das Ausmaß des Schlechten von *S*.

Auch moderne Fassungen leiden jedoch zumeist darunter, dass die Grenze zwischen dem, was beabsichtigt, und dem, was nicht beabsichtigt, aber vorhergesehen ist, nicht klar gezogen ist. Im Besonderen die auch schon bei den ersten Fassungen kritisierte Möglichkeit, dass man durch Verdrängung (soweit dies psychologisch möglich ist) in der Lage sein würde, den moralischen Status einer Handlung fast nach Belieben zu beeinflussen, bleibt auch bei den beiden vorgenannten Fassungen weiterhin bestehen. Um dies zu verhindern, sollte ausdrücklich eine Klausel aufgenommen werden, die dies explizit verhindert. Eine Theorie, in der ein Akteur eine Handlung als nicht wirklich von diesem verursacht ansehen kann, oder in der er als nicht wirklich für diese Handlung verantwortlich gilt, nur weil die Folgen der Handlung als *lediglich vorhergesehen* eingestuft werden, muss einfach seltsam anmuten. Dies gilt insbesondere dann, wenn sich die Folgen als direkte kausale Konsequenz der Handlung des Akteurs ergeben.

Die moderneren Fassungen, wie sie hier präsentiert werden, werden jedoch der zuvor erwähnten Forderung McIntyres gerecht, dass es sich bei den schlechten Folgen um einen Nebeneffekt handeln muss. Die dritte Bedingung, wie sie in der *The New Catholic Encyclopedia* und auch bei Brian Orend aufgeführt wird, sollte dies gewährleisten. Denkt man an das Beispiel des den Beelzebub aus dem Leib Prügelns zurück, so lassen sich die Prügel schwerlich als etwas anderes als ein schlechtes Mittel zum Erreichen eines guten Zwecks bezeichnen (Orend) bzw. wird man schwerlich behaupten können, dass sich die guten Folgen hier kausal so unmittelbar aus der Handlung ergeben wie die schlechten Folgen (*The New Catholic Encyclopedia*). Selbiges gilt auch für das zuvor angeführte Höhlenbeispiel, welches nach beiden Fassungen der Duplex-Effectus Lehre nicht zulässig wäre.

Zum Abschluss der Diskussion der Duplex-Effectus-Lehre soll noch ein letzter Kritikpunkt angebracht werden. In manchen Formulierungen der Doppeleffektlehre macht es den Anschein, dass der moralische Unterschied dadurch zustande kommt, dass etwas nicht aktiv verursacht, sondern lediglich durch Unterlassung erlaubt wurde. Die zuvor zitierte Fassung der *The New Catholic Encyclopedia* gehört zu diesen. Dadurch, dass sie in ihrer zweiten Bedingung von „erlauben“ und in der vierten Bedingung von „zulassen“ spricht, erweckt sie zumindest den Eindruck, dass Nebeneffekte einer Handlung moralisch vergleichbar sind mit Ereignissen, die nicht aktiv verursacht, sondern lediglich durch Unterlassung zugelassen wurden. Dies birgt jedoch zwei Gefahren. Erstens macht es die Doppeleffektlehre nicht mehr, sondern weniger plausibel. Der Grund dafür ist, dass, wenn die Unterscheidung zwischen *Verursachen* und *Zulassen* diejenige ist, welche die moralische Arbeit leistet, sich unter Umständen die Beispiele, welche die Duplex-Effectus Lehre erst plausibel gemacht haben, dann anders erklären lassen, wodurch der Doppeleffektlehre Unterstützung genommen würde. Jemand könnte also schlicht die Unterscheidung zwischen *Verursachen* und *Unterlassen* als moralisch relevantes Faktum akzeptieren, womit keine Notwendigkeit mehr für die Doppeleffektlehre bestehen würde. Zweitens wird durch Verwässerung der Argumentation, in der nicht mehr klar ist, was genau eigentlich die moralische Arbeit leistet, erneut dem seltsamen Verständnis Vorschub geleistet, dass, wie bereits zuvor kritisiert, direkte kausale Folgen einer Handlung als irgendwie nicht direkt verursacht und lediglich zugelassen angesehen werden können, was zumindest mit einer weiterreichenden Handlungstheorie untermauert werden sollte.

Nach all dieser Kritik muss jedoch erneut auf die Stärke der Duplex-Effectus-Lehre hingewiesen werden, wenn es darum geht, nicht nur Kriegsführung in einer Welt, in der diese leider manchmal nötig scheint, zu erlauben, sondern dieser auch Grenzen zu setzen. Wer im Lichte der Tatsache, dass Krieg immer auch zum Tode Unbeteiligter führen wird, die nichts getan haben, um ihre Rechte einzubüßen, nicht die pazifistische Alternative wählen möchte, und dafür gibt es gute Gründe, wie in Abschnitt 3.4.2 gezeigt werden wird, für den liefert die Duplex-Effectus Lehre eine Rechtfertigung ebenso wie eine Begrenzung legitimer Kriegsführung. Denkt man an Orends vier Bedingungen zurück, so kann man sicherlich feststellen, dass im Falle eines Krieges, in dem ein Land ohne Grund angegriffen wird und sich dagegen kriegerisch zur Wehr setzt, zumindest die ersten drei Bedingungen erfüllt werden können. Die meisten Menschen werden wohl zugestehen, dass Selbstverteidigung eine ansonsten moralisch erlaubte Handlung darstellt. Darüber hinaus können die in Selbstverteidigung Handelnden tatsächlich lediglich das Gute Ziel verfolgen, sich nicht unterdrücken zu lassen, ohne einen Schaden an der unbeteiligten Zivilbevölkerung des angreifenden Landes zu beabsichtigen, auch wenn ihnen bewusst sein muss, dass es im Kriegsfall zu Verlusten auch der gegnerischen Zivilbevölkerung kommen wird. Darüber hinaus besteht in dem Schaden an der Zivilbevölkerung, zu dem es eventuell kommen mag zumindest kein Mittel, um das Ziel der Selbstverteidigung zu erreichen, für das lediglich ein Schaden an der angreifenden Armee benötigt wird. Zur Einhegung dient dann die vierte Bedingung, die jedoch auch nicht unproblematisch ist. Die Frage ist nämlich die, wie man den Schaden, der entsteht, und man muss sich an dieser Stelle bewusst machen, dass dies hier Todesfälle Unschuldiger bedeutet, gegen das erreichte Gute abwägen soll? Insbesondere scheint eine simple Aufrechnung der Zahl der Getöteten und der Verletzten nicht mit einer konsequenten Rechtetheorie vereinbar. So hat auch das Bundesverfassungsgericht entschieden, dass entführte Flugzeuge von der deutschen Regierung nicht abgeschossen werden dürfen, da die Aufrechnung der Leben der Flugpassagiere gegen die Aufrechnung der Leben möglicher unschuldiger Opfer (im Flugzeug und am Boden) gegen die im Grundgesetz garantierte Menschenwürde verstößt.

Zusammenfassend lässt sich also festhalten, dass die Doppeleffektlehre keineswegs unproblematisch ist, da einige Fragen, und darunter insbesondere auch die Frage nach einer Handlungstheorie, die eine vernünftige Grenze zieht zwischen solchen Folgen einer Handlung, die beabsichtigt ist, und einer solchen, die lediglich vorhergesehen, nicht jedoch intendiert ist, nicht gelöst sind. Andererseits besitzt die Doppeleffektlehre ausreichend Anziehungskraft, um eine gewichtige Rolle in verschiedenen Bereichen der praktischen Philosophie zu spielen, wobei sie durch einige Beispiele, die intuitiv überzeugend wirken, unterstützt wird. Speziell in Fragen der politischen Gewaltrechtfertigung spielt sie eine große Rolle, wenn es um das Problem geht, dass dadurch aufgeworfen wird, dass eine organisierte Gewaltanwendung nie wird ausschließen können, dass durch sie auch Unschuldige zu Schaden kommen. Will man sich nicht auf die Doppeleffektlehre einlassen, so bleiben eigentlich nur zwei Alternativen zur Theorie vom gerechten Krieg als gangbar übrig, die beide im folgenden Abschnitt diskutiert werden sollen.

3.4 Alternativen zur Theorie vom gerechten Krieg

Wer die Frage nach gerechtfertigter Gewaltanwendung stellt, der muss sich, wie bereits erwähnt, auf Widerspruch gefasst machen, wobei dieser Widerspruch jedoch aus ganz unterschiedlichen Richtungen vorgetragen werden kann. Im Folgenden werden die beiden wichtigsten Alternativen zur Theorie vom gerechten Krieg vorgestellt werden. Dabei kritisiert die realpolitische Alternative die Theorie vom gerechten Krieg deshalb, weil ihrem Verständnis nach der Kriegsfall eine Arena bildet, in der die Moralität grundsätzlich nicht zur Anwendung kommen kann oder sollte, während die pazifistische Alternative die Theorie vom gerechten Krieg deshalb kritisiert, weil sie die Moralität derselben anzweifelt und statt dessen behauptet, dass es niemals gerechtfertigt sein kann, Krieg zu führen.

3.4.1 Die realpolitische Alternative

Michael Walzer beschreibt in einer Rückschau auf die Geschichte der Theorie vom gerechten Krieg, dass zu der Zeit, als er promovierte, die realpolitische Alternative zur Theorie vom gerechten Krieg, diejenige war, die als *Status Quo* im Bereich der internationalen Beziehungen an den Universitäten gelehrt wurde (Walzer 2004: 6-7). Beziehungen zwischen Staaten (und damit auch die Kriegsführung zwischen diesen) wurden ausschließlich in Hinblick auf Interessen diskutiert und Fragen der Moral und der Gerechtigkeit waren außen vor in dieser Debatte. Für Walzer war es dann das Erlebnis des Vietnam-Krieges, der zwar als den Interessen der USA abträglich beschrieben und auch kritisiert werden konnte, wobei dies jedoch nicht wirklich das ausdrückte, was Walzer, wie vermutlich auch viele andere Gegner des Vietnam-Krieges, im Hinblick auf diesen empfand. Was Walzer wirklich ausdrücken wollte, war, dass dieser Krieg unmoralisch und ungerecht und nicht lediglich den Interessen einer Weltmacht abträglich war. Das nötige Werkzeug für diese Kritik fanden er und andere dann in der Theorie vom gerechten Krieg, die damit neu belebt wurde. Was ist jedoch diese realpolitische Alternative zur Theorie vom gerechten Krieg?

Die realpolitische Sichtweise behauptet, dass in Fragen, die den Krieg betreffen, für moralische Erwägungen kein Platz ist. Die Welt wird von Realisten ähnlich dem Urzustand von Thomas Hobbes beschrieben, in dem ein jeder gegen jeden steht und sich letztlich nur der Stärkste durchsetzt. Insbesondere gibt es keine übergeordnete Gewalt, die korrektiv einschreiten könnte, wenn ein Staat die Spielregeln verletzt, so es denn überhaupt Spielregeln gibt. Ein häufig verwendetes Sprichwort in diesem Zusammenhang ist der Ausspruch *inter arma silent leges*, der auf Cicero zurückgeht und im Deutschen mit *wenn die Waffen sprechen, schweigt das Gesetz* wiedergegeben werden kann. Diese realpolitische Sichtweise kommt dabei in zumindest zwei grundlegend verschiedenen Spielarten vor. Je nach Vertreter kann dies *deskriptiv*, also rein beschreibend, oder *präskriptiv*, also wertend, sein.

Die deskriptive Variante beschreibt die Welt dabei als anarchistisch und dem Hobbesschen Urzustand ähnlich, in dem Staaten untereinander keine Garantien besitzen, was das Verhalten anderer Staaten angeht. Insbesondere existiert kein Gewaltmonopol, so dass jeder Staat für seine eigene Sicherheit zu sorgen hat. Gerne wird dabei auf die Vereinten Nationen verwiesen, die zwar existieren, aber weder als unparteiisch gelten können, da sie eindeutig von den fünf ständigen Mitgliedern im Sicherheitsrat dominiert werden, noch mit dem nötigen Einfluss ausgestattet sind, um die Rolle eines unparteiischen Schlichters einzunehmen, der auch in der Lage wäre, seine Beschlüsse notfalls mittels Gewaltanwendung durchzusetzen, wie es die Rolle des Staates in interpersonalen Verhältnissen ist.

Diese Beschreibung ist nach den Vertretern der realistischen Schule schlicht ein Faktum, dass niemand bestreiten kann, der die Welt nüchtern betrachtet. Wenn aber die zwischenstaatliche Welt so düster und anarchistisch ist, wie beschrieben, so die weitere Argumentation, dann kann ein Staat sich nicht an Fragen der Moral halten, wenn die anderen dies auch nicht tun, da er dann gewissermaßen mit einer Hand hinter dem Rücken kämpfen würde und somit sich, und damit auch die Interessen seiner Bürger, nicht angemessen verteidigen könnte. Brian Orend bringt diese Sicht folgendermaßen auf den Punkt:

> *„[...] Morgenthau for one argued that we cannot speak meaningfully of state behaviour in terms of moral concepts and judgements. The only meaningful kind of discourse surrounding international relations is that centred on power, interest and security. Moral concepts are literally inapplicable to the realm of foreign affairs. To appeal to moral judgement in international relations – like saying a certain war is unjust – would be to commit what is sometimes called a „category mistake." It would be like trying to apply the rules of baseball to football. It simply does not fit. The rules which make sense in one context (i.e., interpersonally) fail to make sense in a completely different one (i.e., internationally).*" (Orend 2006: 225)

Was ist von diesen Behauptungen zu halten? Zunächst muss man wohl festhalten, dass die Beschreibung der internationalen Arena durch die Realisten nicht ganz von der Hand zu weisen ist. Es wird sich schwerlich leugnen lassen, dass die Vereinten Nationen weder die Unparteilichkeit noch das Durchsetzungsvermögen besitzen, wie es ein Nationalstaat gegenüber seinen Bürgern besitzt, und die Welt ist wohl leider ein chaotischer Ort, trotz aller bi- und multilateralen Abkommen. Trotzdem ist die Beschreibung nicht vollständig. Manchmal zumindest handeln Staaten auch nach moralischen Grundsätzen und nicht ausschließlich nach ihren Interessen. Brian Orend ruft zur Untermauerung dieses Fakts unter anderem das Beispiel der englischen Ablehnung der Sklaverei im 19. Jahrhundert ins Gedächtnis (Orend 2006: 226). Er erinnert daran, dass durch die Ablehnung der Sklaverei und einer weltweiten Kampagne gegen diese, England nicht nur die Kosten für wichtige Importe wie Zucker und Baumwolle erhöhte, was seinen wirtschaftlichen Interessen widersprach, sondern darüber hinaus auch noch seine Beziehungen zu den jungen Vereinigten Staaten weiter verschlechterte, was seinen politischen Interessen nicht zuträglich sein konnte. Die einzige Erklärung, die Orend für das Verhalten Englands findet, ist die, dass die Bürger, und mit diesen die Regierung in London, moralisch von der Sklaverei so abgestoßen waren, dass sie glaubten, diese beenden zu müssen. Es ist jedoch nicht nur die Beschreibung der Welt, in der die Realisten nicht zu 100% überzeugen können, sondern besonders auch deren Folgerungen aus dieser Beschreibung. Zum einen begehen Realisten einen klassischen naturalistischen Fehlschluss, wenn sie von der reinen Beschreibung als Istzustand auf einen Sollzustand schließen. Dies wurde schon von David Hume in seinem *A Treatise on Human Nature* als unzulässig erkannt.

Nur weil die Welt eine bestimmte Eigenschaft besitzt, heißt dies noch nicht, dass sie diese auch besitzen sollte. Ganz im Gegenteil, eine Aufgabe der praktischen Philosophie war es schließlich schon immer, bestehende Zustände zu kritisieren und auf deren Änderung hinzuwirken. Zum anderen müssen die Realisten erklären, wie es zu der Tatsache kommen konnte, dass schon seit Jahrhunderten die Kategorien der Moralität auch auf Fragen der zwischenstaatlichen Beziehungen und des Krieges angewendet werden, wenn dies doch angeblich unzulässig ist? Wie erklären die Realisten eine über 1000-jährige Tradition, die vollständig kohärent daher kommt und moralische Bewertungen internationaler Beziehungen vornimmt? Woher kommt es, dass Leute wie Michael Walzer die Sprache der Interessen als nicht ausreichend empfinden, um einen Krieg abzulehnen, nur um eine Alternative in der moralischen Sprache der Theorie vom gerechten Krieg zu finden? All diese Beispiele können schwerlich als Anomalien erklärt werden. Brian Orend hat dies folgendermaßen auf den Punkt gebracht:

> *„So if we all understand and participate in such talk – talk which evaluates international affairs ethically – how can it be systematically mistaken? How likely is it that, all this time, the realists have been right (as they condescendingly assert) and the rest of us have not know what we were doing? Not very likely, I'd say, especially since ethical evaluations of international affairs and war simply seem so meaningful, and they attract so much passion and engagement in response.*" (Orend 2006: 227)

Dies sind gute Argumente gegen einen deskriptiven Realismus, was ist jedoch mit einem präskriptiven Realismus?

Zunächst mag es seltsam anmuten, wenn die realpolitische Alternative eine wertende, moralisch daherkommende Form annehmen soll, ganz abwegig ist es jedoch nicht. Zumeist geschieht dies in Form einer konsequentialistischen Argumentation, bei der behauptet wird, dass Staaten sich auf ihr Eigeninteresse beschränken sollten, weil der Versuch moralisch zu handeln, wie gut er auch gemeint sein mag, am Ende zu ungünstigeren Resultaten und speziell im Falle der Kriegsführung zu mehr Opfern führen wird. Als Gründe, warum dies so sein sollte, werden dann angeführt, dass einerseits Staaten, die moralisch handeln, als schwach empfunden werden und somit einerseits die Interessen ihrer Bevölkerung nicht ordentlich vertreten können oder, noch schlimmer, durch ihre anscheinende Schwäche erst zu einem Ziel solcher Staaten werden, die sich nicht an die Moral gebunden fühlen, wodurch sich die Gesamtzahl der Kriege und damit auch die der Kriegsopfer erhöht. Im Falle der Kriegsführung wird auch manchmal behauptet, dass der Versuch Kriege im Rahmen moralischer Grenzen zu führen, dazu führt, dass diese in die Länge gezogen werden, weil die moralisch erlaubten Mittel notwendigerweise nicht effektiv genug sind, um einen Krieg schnell zu Ende zu bringen. Dies wird dann mit der Behauptung verbunden, dass dies wiederum zu mehr Kriegsopfern führt, weil der Krieg unnötig in die Länge gezogen wird. Andererseits wird ebenso behauptet, dass wer Kriege moralisch führen will, den Bösewichten in die Hände spielt, da diese sich nicht an Spielregeln halten und somit immer einen Vorteil besitzen.[21]

Bei näherer Betrachtung können jedoch auch diese Argumente nicht überzeugen. Betrachtet man das Argument, dass moralisch handelnde Staaten erst zu Opfern werden könnten, weil sie schwach erscheinen, so muss dazu bemerkt werden, dass dies aus zweierlei Gründen nicht stichhaltig ist. Erstens müsste ein interessengetriebener Staat sich durchaus bewusst sein, dass im Rahmen moralischer Grundsätze zu handeln nicht mit einer pazifistischen Haltung gleichzusetzen ist. Ein Staat kann also durchaus moralisch in seinen zwischenstaatlichen Beziehungen und zugleich wehrhaft sein, ohne jedoch aggressiv aufzutreten. Zweitens gibt es immer auch solche Staaten, die von ihren natürlichen Gegebenheiten her nicht besonders wehrhaft sind, sei es, weil sie keine ausreichend große Bevölkerung besitzen, weil sie nicht über die notwendigen Devisen verfügen oder weil sie schlicht ihre Prioritäten anders setzen. Dass nach wie vor derartige Staaten existieren, oft in Nachbarschaft größerer Länder, die sich diese einverleiben könnten, wenn sie denn wollten, zeigt, dass Schwäche nicht automatisch zu mehr Kriegen führt. Auch ist zu bedenken, dass es in Fällen wie dem Überfall des hochgerüsteten Irak auf seinen kleinen Nachbarn Kuwait 1990 schwerlich dem kleinen Land anzulasten ist, dass es sich nicht verteidigen konnte und schwach wirkte.

Die Behauptung, dass eine moralische Art der Kriegsführung notwendigerweise mehr Opfer fordern müsse, weil sie einen Krieg mangels Effizienz unnötig in die Länge zieht, lässt sich ebenso wenig verteidigen. Erstens geht es einer moralischen Art der Kriegsführung unter anderem schließlich auch darum, Kriegsschäden zu vermeiden. Wenn also davon abgesehen wird, zivile Gebiete flächendeckend zu bombardieren oder Massenvernichtungswaffen einzusetzen, so werden zunächst einmal Menschenleben geschützt. Wenn sich dadurch ein Krieg tatsächlich verlängert, wobei die Behauptung, dass dem so sein müsse, zumindest durch nichts gestützt wird, so bedeutet dies noch nicht, dass am Ende auch tatsächlich mehr Menschen zu Schaden kommen werden. Sollte dem dennoch so sein, so muss allerdings die Frage erlaubt sein, wer in solch einem Fall zu Schaden kommt und ob höhere Verluste in Reihen des Militärs nicht vielleicht doch moralisch eher zu rechtfertigen sind, als Verluste auf Seiten der Zivilbevölkerung?

Bleibt die Behauptung, dass moralisch handelnde Akteure solchen Akteuren, die vor nichts zurückschrecken, immer unterlegen sein werden, weil letztere, skrupellos in der Wahl ihrer Mittel, in Zeiten von Massenvernichtungswaffen immer über die schlagkräftigeren Methoden verfügen werden. Diese Behauptung

21 Zu weiteren Argumenten für und wider einen realpolitischen Ansatz siehe auch (Orend 2006: 223-243).

ist nicht ganz von der Hand zu weisen und stellt Vertreter der Theorie vom gerechten Krieg tatsächlich vor ein paar Probleme, die jedoch nicht unüberwindbar sind. Eine mögliche Erwiderung ist, dass zumindest die Aussage, dass dem *immer* so sein wird, eine unbewiesene Behauptung bleiben muss, an der gezweifelt werden kann. Auch rein interessengeleitete Politik ist nicht notwendigerweise völlig skrupellos in der Wahl ihrer Mittel. Man kann sich z.B. eine Situation vorstellen, in der ein Vorgehen mit Massenvernichtungswaffen durch ein Land diesem die internationale Ächtung einbringt, worunter seine Wirtschaftsinteressen leiden. In einem solchen Fall wäre es rein interessengesteuert vielleicht besser auf den Einsatz dieser Waffen zu verzichten. Es ist jedoch nach wie vor möglich, dass es zu diesem Einsatz kommt. Ein Beispiel, dass in diesem Rahmen immer wieder auftaucht, ist das eines bevorstehenden Sieges von Nazideutschland über die Alliierten. Was wäre gewesen, wenn es tatsächlich so weit gekommen wäre? Hätten die Amerikaner dann ihre Atomwaffen gegen deutsche Städte einsetzen sollen, da gewissermaßen die Freiheit der Welt auf dem Spiel stand? Zugegebenermaßen, wenn die Gefahr, die von einer Niederlage ausgeht, so hoch ist, dann wird es schwer, eine Moralität bis in den Tod zu propagieren. Was wären die Folgen eines deutschen Sieges im Westen gewesen? Die Herrschaft einer lebensverachtenden Ideologie über Nord- und Westeuropa sicherlich ebenso, wie die endgültige Vernichtung des Judentums in Europa. Wahrlich eine grausige Perspektive. Es ist jedoch nicht so, dass in solchen Fällen die Theorie vom gerechten Krieg keine Antworten parat hat. Michael Walzer z.B. vertritt eine Ausnahmeregelung für höchste Notfälle (*supreme emergencies*), die in genau solchen Fällen, wie dem hypothetischen Sieg der Nazis, zum greifen kommt, jedoch innerhalb der moralischen Prämissen dieser operiert (siehe dazu Walzer 2004: 33-50). Weitere Optionen in solchen Fällen sind die Aufweichung der *ius in bello* Regeln, die dann erlaubt sein könnte, wenn es sich um einen gerechten Krieg handelt, der auf katastrophale Weise verloren zu gehen droht (dazu Orend 2006: 149-151), oder eine Politik der schmutzigen Hände, welche die paradoxe Auffassung vertritt, dass politische Führer eben manchmal das moralisch Verwerfliche tun müssen, wofür sie jedoch kein Lob zu erwarten haben und moralisch zu verdammen sind (dazu Orend 2006: 152-154). Darüber hinaus bleibt nur festzustellen, dass es eben leider Situation geben kann, in denen man nur noch die Wahl hat, moralisch zu handeln oder zu überleben. So ernüchternd diese Erkenntnis auch sein mag, sie ist zumindest ein ehrliches Eingeständnis der Grenzen der Moral.

Um diesen Abschnitt nicht mit einer derart depressiven Erkenntnis zu beenden jedoch noch folgende Anmerkung. Man kann dem zuvor genannten Argument der Realisten auch auf die Art widersprechen, dass man anmerkt, dass es überhaupt nicht sicher ist, dass es derartige höchste Notfälle, aus denen man nur durch unmoralische Handlung herauskommt, überhaupt gibt. So muss z.B. die Frage erlaubt sein, ob im Falle des hypothetischen Beinah-Sieges der Nazis, wie er zuvor herangezogen wurde, nicht bessere Alternativen bestehen würden, als ein atomarer Schlag gegen die deutsche Zivilbevölkerung, der den normalen *ius in bello* Regeln widerspricht. Stattdessen wäre z.B. ein atomarer Schlag gegen die Frontstellungen der Nazis möglich, bei dem hauptsächlich Kombattanten angegriffen würden. Wäre ein solcher nicht sogar militärisch sinnvoller als ein Angriff auf die Zivilbevölkerung? Wäre dies der Fall, so wäre ein Ausweg im Rahmen der Theorie vom gerechten Krieg gangbar, und zumindest was das Beispiel Nazideutschlands angeht, ist Brian Orend der Meinung, dass es eben nicht die Bombardierungen von Dresden und Hamburg waren, welche die Nazis in die Knie zwangen, sondern die herkömmlichen Strategien, mit denen die Alliierten die Deutschen Truppen im Feld bezwangen (Orend 2006: 156).

3.4.2 Die pazifistische Alternative

Die realpolitische Sichtweise, dass im Krieg, oder genereller, bei der organisierten Gewaltanwendung kein Platz für Fragen der Moral ist, konnte also nicht überzeugen. Was ist jedoch mit Kritik, die aus einer ganz anderen Richtung kommt und im Gegenteil behauptet, dass die Moral in allen Lebenssituationen von Bedeutung ist und darüber hinaus, und das ist der entscheidende Punkt, die organisierte Gewaltanwendung grundsätzlich verbietet? Diese Position, als pazifistische Sichtweise bekannt, kommt dabei ebenfalls in verschiedenen Ausprägungen daher, die der Terminologie von Brian Orend folgend als teleologische, konsequentialistische und deontologische Formen des Pazifismus bezeichnet werden können.[22] Gemein ist all diesen Formen des Pazifismus, dass ihre Anhänger das Töten im allgemeinen und damit auch in der speziellen Form des organisierten Tötens ablehnen. Diese Ablehnung kann dabei religiös motiviert sein, so besitzen speziell das Christentum und der Buddhismus radikal pazifistische Sekten, dies ist jedoch nicht notwendigerweise der Fall. Aus den gleichen Gründen, aus denen bereits die theologische Gewaltrechtfertigung abgelehnt wurde (siehe Abschnitt 2.1), nämlich mangelnder Interreligiosität und Interkonfessionalität, werden religiöse Gründe für den Pazifismus hier nicht weiter diskutiert werden, auch wenn diese natürlich einen sehr starken Einfluss auf pazifistische Gläubige ausüben.

22 Grundlage dieses Abschnitts ist die Diskussion in Brian Orends *The Morality of War*, Kapitel 9 in dem sich weitere Details zu möglichen Definitionen und Kritiken des Pazifismus finden (Orend 2006: 244-266).

Der teleologische Pazifismus wird von Orend so charakterisiert, dass er die Auffassung darstellt, dass Menschen ihre Potentiale zur höchstmöglichen Vollkommenheit entwickeln sollen. Dies erfolgt mittels der Tugenden, frei gewählten Charakterzügen, die drei Wesensmerkmale erfüllen, nämlich dass sie erstens schwer auszubilden sind, zweitens natürliche Defizite ausgleichen (Orend nennt das Beispiel, dass Fleiß Faulheit ausgleichen würde) und drittens sowohl für das Individuum als auch die Gesellschaft von Nutzen sind (Orend 2006: 246). Der ausschlaggebende Punkt in Bezug auf den teleologischen Pazifismus ist dann die Erkenntnis, dass diese Bedingungen auf keine der Charakterzüge zutreffen, die angeblich im Krieg ausgebildet werden. Blutvergießen, Töten und Gewaltanwendung an sich stellen keine positiven Handlungen dar und führen in den Augen teleologischer Pazifisten dazu, dass diejenigen, die solche Handlungen ausüben, notwendigerweise verrohen müssen. Durch Krieg und Gewalt werden die Akteure gewissermaßen entmenschlicht.

Keine Frage, Krieg und Gewalt hinterlassen Spuren in der menschlichen Psyche, nicht nur bei den Opfern, sondern auch bei den Gewaltanwendern. Posttraumatischer Stress bei Soldaten, die aus Kriegsgebieten wie dem Irak oder Afghanistan zurückkehren, kann vielleicht als Beleg dafür dienen. Ebenso das Schicksal von Kindersoldaten, die durch die Taten, zu denen sie gezwungen werden, schwerste Traumata erleiden und nur mit viel Arbeit und sehr langsam in einen zivilen Alltag zurückfinden. Dies ist jedoch ein unvollständiges Bild. Einerseits könnt man dem nämlich entgegnen, dass der posttraumatische Stress zumindest in Form von Gewissensbissen genau das Gegenteil bedeutet, nämlich dass die Gewaltanwender trotz ihrer Erfahrungen ihre Menschlichkeit behalten, andererseits muss man auch darauf hinweisen, dass die Behauptung, dass im Krieg nur solche Charakterzüge geformt werden, die nicht erstrebenswert sind, ebenfalls nicht haltbar ist. Man könnte z.B. auf heldenhaftes Verhalten hinweisen, wenn ein Soldat einem Kameraden in Not oder einem bedrängten Zivilisten Hilfe leistet. Dies sollte doch wohl als positive Tugend gelten können. Alternativ könnte man mit Augustinus darauf verweisen, dass wer in einem öffentlichen Amt aus Pflichtbewusstsein Gewalt anwendet, ja gerade nicht aus niedrigen Beweggründen handelt (siehe dazu auch die Diskussion über Augustinus in Abschnitt 3.1.1). Der entscheidendste Einwand gegen den teleologischen Pazifismus ist jedoch der, dass Gerechtigkeit ebenfalls eine Tugend darstellt. Nun kann es jedoch nicht als der Gerechtigkeit dienlich angesehen werden, wenn Aggressoren mit ihren Taten ungestraft davonkommen. Wer würde eine Welt als gerecht empfinden, in der Hitler ohne Widerstand in Polen einmarschiert wäre und dort mit der Vernichtung der Juden begonnen hätte, ohne dass sich ihm jemand in den Weg stellte? Es gehört eben auch zum Wesen der Gerechtigkeit, dass ungerechte Zustände manchmal mit Zwang verhindert oder korrigiert werden müssen. Als Beleg dafür mag das schaurige Wohlgefühl gelten, das uns manchmal überkommt, wenn wir einen Film sehen, in dem der Bösewicht am Ende seine „wohlverdiente“ Strafe erfährt. Ob wir jedoch solche archaischen Gefühle als Ausdruck einer tief verankerten Gerechtigkeitsvorstellung sehen oder nicht, Orend bringt die Kritik an einem teleologischen Pazifismus auf den Punkt, wenn er schreibt, dass „*war might be a nasty business which, ultimately, calls forth more vice than virtue. But it might also simply be needed to defeat an aggressor who is not moved by pacifist ideals. A world where aggressors are allowed to triumph, and then to inflict rights-violating brutality, is not part of any sane person's idea of the best life, either.*“ (Orend 2006: 247)

Eine alternative Form des Pazifismus ist der konsequentialistische Pazifismus. Wie alle konsequentialistischen Ansätze versucht dieser, eine Kosten-Nutzen Rechnung, bei der die Handlung als die moralisch beste Wahl gilt, bei der das Gesamtglück (oder die Präferenzen bei manchen modernen Fassungen) der Gesellschaft maximiert werden. Für einen konsequentialistischen Pazifisten ist dabei sicher, dass die Zerstörungskraft und Brutalität von Kriegen immer dazu führen wird, dass es eine bessere Alternative als organisierte Gewaltanwendung geben wird.

Zunächst einmal muss man einen konsequentialistischen Pazifisten jedoch fragen, welche Kosten in diese Rechnung eingehen sollen. Oft wird dies von Vertretern dieser Schule nämlich nicht explizit erklärt, was dazu führt, dass eigentlich nur Klischees von der Zerstörungswut des Krieges allgemein angeführt werden, um diese Position zu stützen. Um diese Art des Pazifismus jedoch kritisch zu beurteilen, ist es nötig, sich Gedanken zu machen, welche Kosten gewertet werden müssen. Dies können moralische Kosten sein, wirtschaftliche Kosten oder Kosten in Bezug auf die Anzahl von Menschenleben, die bedroht sind. Bezieht man all diese in seine Überlegungen mit ein, so ist keinesfalls ersichtlich, wieso im Angesicht eines Aggressors keine Gewalt anzuwenden, notwendigerweise die bessere Option darstellt. Bedenkt man etwa die moralischen Kosten, die dadurch entstehen, dass im Fall des Nichtwiderstands ein Aggressor ungestraft davon kommt, ja für seine Taten gewissermaßen noch belohnt wird, so schlägt sich dies sicherlich auf der Seite der erlaubten Gewaltanwendung nieder. Auch ist zu bedenken, dass Inaktivität ebenfalls zu verheerenden Folgekosten an Menschenleben führen kann, wie der Fall von Ruanda 1994 auf sehr bedrückende Weise gezeigt hat. Bezieht man diese mit ein, so muss man sich schon fragen, woher ein konsequentialistischer Pazifist die Gewissheit nimmt, dass ein Gewalteinsatz nach dem Nutzenkalkül niemals erlaubt sein kann. Interessanterweise ist der Konsequentialismus ansonsten ja eher dafür bekannt, dass er eben im Vorhinein keine Handlung als absolut verboten darstellt. Sicherlich gibt es absolut sinnloses Blutvergießen, wenn man sich die Kriege der Geschichte ansieht. Der erste

Weltkrieg mit seinen Materialschlachten mag dabei als ein Paradebeispiel gelten. Dies bedeutet jedoch keineswegs, dass dies für alle Kriege gelten muss. Gerade im Fall des zweiten Weltkriegs muss man sich z.B. durchaus fragen, ob es nicht besser war, einzuschreiten und dem deutschen Nationalsozialismus, dem italienischen Faschismus und dem japanischen Nationalismus gewaltsam entgegenzutreten.

Ein Weg, die absolute Sicherheit konsequentialistischer Pazifisten zu erklären, ist die Behauptung, dass es immer einen alternativen Weg gibt, Widerstand zu leisten, der nicht auf Gewaltanwendung basiert. Als Beispiele für erfolgreiche gewaltfreie Widerstände mag man nur an die Bewegung um Mahatma Gandhi denken, die 1947 zu einem Ende der britischen Kolonialherrschaft über den indischen Subkontinent führte, oder an Martin Luther Kings erfolgreiche Bürgerrechtsbewegung im Amerika der 1960er Jahre. In jüngster Vergangenheit können auch die Volksaufstände in Tunesien und Ägypten, die weitestgehend gewaltfrei verliefen, als gelungene Beispiele gewaltfreier Alternativen zu bewaffneten Aufständen gelten. Gene Sharp nennt gute Gründe, weshalb in seinen Augen gewaltfreie Aufstände zumindest als Maßnahmen gegen diktatorische Regime gewaltsamen Mitteln vorzuziehen sind. Die zwei Hauptgründe, die er nennt sind, dass sich derjenige, der gewaltsamen Widerstand versucht, in die Arena begibt, in der diktatorische Regime besser ausgestattet sind und somit zumeist die Oberhand behalten werden, und dass ein gewaltsamer Widerstand es dem diktatorischen Regime erleichtert, die Protestler zu diskreditieren und sowohl im In- wie im Ausland seinerseits gegen diese zu mobilisieren (Sharp 2010: 4). In einer Aufzählung gewaltfreier Widerstandsmethoden kommt Sharp dabei auf die beachtliche Zahl von 198 Strategien, die demokratische Bewegungen diktatorischen Regimen entgegensetzen können. Dazu gehören Generalstreiks, ziviler Ungehorsam oder Einkaufsboykotts (Sharp 2010: 79-86).

Während Gene Sharp lediglich behauptet, dass gewaltfreier Widerstand die beste Methode für einen Übergang von diktatorischen zu demokratischen Herrschaftsformen darstellt, gilt für konsequentialistische Pazifisten, dass sie dies für alle Formen des Widerstands behaupten. Mag man Sharps Thesen noch für plausibel halten, auch wenn er sich fragen lassen muss, ob gewaltfreier Widerstand nicht darauf baut, dass das Regime, welches ausgewechselt werden soll, am Ende doch ein Mindestmaß an Skrupeln besitzen muss und etwa vor der Auslöschung ganzer Volksgruppen zurückschreckt, so wird der konsequentialistische Pazifismus durch Beispiele von Regimes, die eben diese Skrupel nicht zeigen, schnell ad absurdum geführt. Wenn ein Aggressor z.B. auf die Auslöschung einer Bevölkerungsgruppe aus ist, so kann zumindest diese Bevölkerungsgruppe alleine durch gewaltfreien Widerstand dies sicherlich nicht verhindern. Oder wie hätte ein gewaltfreier jüdischer Widerstand gegen die Vernichtungspolitik der Nazis aussehen sollen? Wie hätten die Tutsi gewaltfrei den Massenmord an ihrer

Volksgruppe verhindern sollen? Man kann wohl nur mit Walzer schlussfolgern, dass im Angesicht mancher Aggressoren, die zu allem bereit sind, ein gewaltfreier Widerstand eben gerade kein Widerstand ist (Walzer 2000: 330-335).

Wenn aber nach dem teleologischen auch der konsequentialistische Pazifismus abzulehnen ist, dann bleibt als letzte Form, die zu diskutieren ist, der deontologische Pazifismus. Dieser bewertet weder wie der teleologische Pazifismus den Charakter des Handelnden, noch wird eine Handlung aufgrund ihrer Folgen moralisch bewertet. In der deontologischen Ethik, und damit auch beim deontologisch begründeten Pazifismus, geht es um intrinsische Eigenschaften einer Handlung, die diese moralisch gut oder schlecht machen. Was genau diese Eigenschaften sind, hängt dabei von der genauen Theorie ab, die betrachtet wird, diese werden jedoch in der Regel auf ein theoretisches Grundprinzip oder eine Regel zurückgeführt, wobei es die Pflicht des Handelnden ist, diesen zu entsprechen. Dabei können deontologische Ethiken sehr einfache Regeln besitzen, wie etwa *du sollst nicht lügen*, oder sehr komplexen Maximen gehorchen, wie etwa Kants kategorischem Imperativ. Was ein deontologischer Pazifist also behauptet, ist, dass es eine Regel oder ein Prinzip gibt, welches das Töten, direkt oder indirekt, als solches oder im speziellen Fall des organisierten Tötens verbietet. Im Folgenden sollen drei mögliche Regeln diskutiert werden, die ein Tötungsverbot begründen könnten.

Die einfachste Regel, die man im Bezug auf ein Tötungsverbot finden kann, ist schlicht die Regel des fünften Gebots: Du sollst nicht töten. Diese kann natürlich selbst auf ein komplexeres Grundprinzip im Hintergrund zurückführbar sein, wenn dieses jedoch zu einem absoluten Tötungsverbot führt, so reicht es, dieses moralisch zu bewerten. Sollte sich dieses nämlich als unbrauchbar erweisen, so wäre mit dem allgemeinen Tötungsverbot dann auch das allgemeinere Prinzip, auf dem dieses beruht, zu verwerfen. Es ist sicherlich allgemeiner Konsens, dass im Normalfall ein Tötungsverbot besteht, die Frage, die durch Regeln wie das fünfte Gebot aufgeworfen wird, ist jedoch, ob dies absolut gilt oder ob es Situationen gibt, in denen das Tötungsverbot aufgehoben wird. In Abschnitt 3.2 wurde bereits argumentiert, dass im Selbstverteidigungsfall nicht erwartet werden kann, dass sich der Angegriffene opfern muss, nur um den Angreifer nicht zu töten, vorausgesetzt, dies ist die einzige Möglichkeit diesen zu stoppen. Die meisten Menschen würden dem wohl zustimmen. Nun ist es aber so, dass ein Pazifist dies dennoch verneinen könnte und auf einem absoluten Tötungsverbot beharrt, auch im Selbstverteidigungsfall, selbst wenn die meisten Menschen dies für übertrieben halten und der Meinung sind, dass dies über das hinaus geht, was Moral legitim fordern kann. Interessant ist dann jedoch, wie der Pazifist für diese Regel argumentieren will. Eines ist sicher, ein Recht auf Leben, kann er nicht zur Verteidigung heranziehen, so wie es vielleicht viele Pazifisten glauben. Der Grund dafür liegt in einem Argument Jan Narvesons, welches besagt, dass wenn wir einer Person *P* ein Recht auf *X* zusprechen, wie z.B. ein Recht auf Leben oder körperliche Unversehrtheit, dann müssen wir *P* auch das Recht zusprechen, effektiv gegen Rechtsverletzer und Standardwege, auf denen dieses Recht verletzt wird, vorzugehen. Dies gebietet die moralische Logik, da es ansonsten sinnlos wäre, *P* überhaupt ein Recht auf *X* zuzuschreiben (Narveson 1965). Auf das Recht auf Leben angewandt, ist es so, dass ein Angriff auf dieses Recht durch einen bewaffneten Aggressor leider häufig genug vorkommt, um als standardmäßige Bedrohung dieses Rechts zu gelten, und dass es manchmal nötig ist, den Angreifer zu töten, wenn man sein eigenes Leben retten will. Wenn also ein Recht auf Leben eingeräumt wird, dann muss dieser Logik folgend auch ein Recht auf Selbstverteidigung notfalls mit Todesfolge eingeräumt werden. Da der deontologische Pazifist dies nicht tut, kann er dieser Logik nach auch kein Recht auf Leben einräumen. Dies ist sicherlich vielen Personen, die Regeln wie das fünfte Gebot *prima facie* für eine gute Idee halten, nicht bewusst und darüber hinaus ist es fraglich, ob sie die Folgen akzeptabel finden würden, wenn es ihnen bewusst wäre.

Eine alternative Regel, die ein Pazifist vertreten könnte, ist die, dass es grundsätzlich verboten ist, Unschuldige zu töten. Auch diese Regel wirkt *prima facie* ansprechend, in Kapitel 3.2 wurde jedoch bereits argumentiert, dass ein hypnotisierter Angreifer zwar als moralisch unschuldig zu gelten hat, deswegen jedoch nicht von der Selbstverteidigung ausgenommen werden muss. Nach wie vor findet eine Rechtsverletzung statt, die nach Narvesons Argument abgewehrt werden darf, wenn es Sinn machen soll, dass wir jemandem ein Recht auf Leben zusprechen. Glücklicherweise werden jedoch echte Fälle unschuldiger Aggressoren im wahren Leben eher unwahrscheinlich sein.

Nachdem bereits zuvor mit Rechten argumentiert wurde, kann man sich auch vorstellen, dass eine Regel, die besagt, dass man keine Rechte verletzen darf, von einem Pazifisten dazu benutzt wird, um ein absolutes Tötungsverbot zu proklamieren. Auf den ersten Blick scheint ein Recht auf Leben ja geradezu zu dieser Schlussfolgerung einzuladen. In Abschnitt 3.2 wurde jedoch ebenso gezeigt, dass sich aus einem Recht auf Leben eben kein absolutes Tötungsverbot ableiten lässt, da ein Aggressor selbst sein Recht auf Leben verwirkt, wenn er im Begriff ist, dieses Recht eines Anderen zu verletzen. Wenn bei einem Aggressor aber dieses Recht außer Kraft gesetzt ist, dann kann man diesen in Notwehr ohne Rechtsverletzung töten, solange dabei die Regeln der Proportionalität gewahrt bleiben. Ein absolutes Tötungsverbot lässt sich so also nicht vertreten. Was sich jedoch vertreten lässt, ist ein (fast) absolutes Verbot von organisierter Gewalt. Das Argument dazu ist folgendermaßen: Wenn es ausschließlich die Tatsache ist, dass jemand eine schwerwiegende Rechtsverletzung begeht, die eine Person ihr Recht auf Leben und körperliche Unversehrtheit verwirken lässt, dann ist eine moralisch zu rechtfertigende Kriegsführung unmöglich, da diese immer auch solche Personen in Mitleidenschaft ziehen wird, die sich keiner solchen Rechtsverletzung schuldig gemacht haben. Nun könnte man versuchen, dem zu widersprechen, indem man darauf verweist, dass diese Unmöglichkeit eine unbewiesene Behauptung darstellt. Betrachtet man organisierte Gewaltanwendung jedoch realistisch, so muss man wohl zugeben, dass eine Gewaltanwendung, die keine Unbeteiligten mit einbezieht, nur in sehr kleinem Rahmen stattfinden kann und im größeren Rahmen kaum machbar ist. Der deontologische Pazifismus hat hier den Finger genau in die Wunde der Theorie vom gerechten Krieg gelegt.

Dies bedeutet jedoch nicht das Ende der Argumentationskette. Demjenigen, der die pazifistische Alternative vermeiden möchte, bleiben nämlich zwei Möglichkeiten mit dem Problem umzugehen. In allen beiden wird dabei die These bestritten, dass es lediglich eine Rechtsverletzung ist, die zu einem Rechtsverlust führen kann, welcher das Töten in Ausnahmesituationen erlaubt. Die erste Möglichkeit ist die, die Duplex-Effectus-Lehre zu akzeptieren, die ja unter anderem genau dazu dient, das Problem des Schadens von Unbeteiligten in anderweitig gerechtfertigten Kriegsszenarien zu behandeln. Durch die Unterscheidung zwischen beabsichtigten Zielen und solchen, die zwar vorhergesehen, nicht jedoch beabsichtigt sind, soll dabei ein moralisch relevanter Unterschied zustande kommen, der die Kriegsführung unter bestimmten Bedingungen wieder ermöglicht. Die Duplex-Effectus-Lehre wurde in Kapitel 3.3 ausführlich beleuchtet, inklusiver ihrer Schwächen, weswegen vielleicht der folgende Lösungsvorschlag vorzuziehen ist. Die zweite Möglichkeit mit Unbeteiligten in Kriegssituationen umzugehen ist, darauf zu verweisen, dass eben kein Recht, auch nicht das Recht auf Leben, absolut ist. Dies kann dann nicht nur so interpretiert werden, dass dieses Recht davon abhängt, dass man nicht selber ein gleichwertiges Recht verletzt, wodurch man selbst sein Lebensrecht verwirken würde, sondern dass eben auch noch andere Bedingungen existieren, unter denen dieses eingeschränkt oder aufgehoben werden kann. Anhänger der Theorie vom gerechten Krieg argumentieren dann manchmal, dass dies der Fall ist, wenn alle *ius in bello* Kriterien erfüllt sind, da eben im Krieg dann kein absolutes Tötungsverbot mehr vorliegt, sondern lediglich ein Recht darauf, dass die Kriegsparteien die nötige Sorgfalt walten lassen und zivile Verluste so weit wie möglich vermeiden. Begründet werden kann dies auf unterschiedliche Weise, unter anderem damit, dass die Kriegsführung auch im Verteidigungsfall nicht mehr möglich wäre, wobei es für eine politische Gemeinschaft unzumutbar ist, im Angesicht einer Aggression, die Leben und Rechte der Bevölkerung bedroht, einfach klein beigeben zu müssen, ohne sich zur Wehr setzen zu können (Orend 2006: 261). Alternativ sucht Ulrich Steinvorth nach einer Begründung, die nicht auf die Theorie vom gerechten Krieg zurückgreift und schlägt stattdessen ein Kriterium der „Abscheulichkeit“

vor, das der Tatsache geschuldet ist, dass im Fall einer aggressiven Invasion noch mehr als nur sehr viele Menschenleben auf dem Spiel stehen kann, wenn etwa ganze Volksgruppen mitsamt ihrer Kultur ausgerottet werden sollen. Durch diese „Abscheulichkeiten“ kann dann in bestimmten Fällen das Recht auf Leben übertrumpft werden (Steinvorth 2005: 59-67). Diese Ansätze bergen jedoch auch Gefahren. Wenn nämlich erst einmal damit begonnen wird, Einschränkungsgründe für fundamentale Rechte zu finden, dann stellt sich die Frage, wo dies enden wird?

An dieser Stelle lässt sich Folgendes festhalten: Die Theorie vom gerechten Krieg besitzt eine lange Tradition, in der sie sich durch kritische Auseinandersetzung mit ihren eigenen Thesen zu einer Denkschule entwickelt hat, die großen Einfluss auf das gegenwärtige Völkerrecht genommen hat. Aufgrund dieser Basis scheint es fair, zu behaupten, dass es sich bei der Theorie vom gerechten Krieg um diejenige Art und Weise, organisierte Gewaltanwendung zu legitimieren, handelt, die, zumindest im Westen, am ehesten eine breite Zustimmung finden kann. Die eigentliche Gewaltrechtfertigung im Rahmen der Theorie vom gerechten Krieg liefert dabei die *iusta causa* Bedingung, die in ihrer modernen Fassung am besten als Rechtetheorie verstanden werden kann. Die Hauptthese dieser Fassung ist, dass es die unerlaubte Verletzung grundlegender Rechte ist, die einen Aggressor seinerseits grundlegende Rechte verwirken lassen, so dass dieser ohne Rechtsverletzung in Notwehr angegriffen werden kann. Alternativ oder zusätzlich zu diesem Verständnis kann Gewaltrechtfertigung auch durch die Duplex-Effectus-Lehre des Thomas von Aquin erfolgen, wobei diese noch deutliche Lücken aufweist, etwa in der klaren Abgrenzung einer Unterscheidung zwischen Handlungsfolgen, die beabsichtigt sind und solchen, die lediglich vorhergesehen, nicht jedoch beabsichtigt sind. Die Theorie vom gerechten Krieg ist natürlich nicht unumstritten, wobei die wichtigsten Alternativen die realpolitische Alternative und die pazifistische Alternative darstellen. Die realpolitische Alternative kann dabei nicht wirklich überzeugen, die pazifistische Alternative bringt jedoch ein Problem auf den Punkt, indem sie darauf hinweist, dass die zuvor diskutierte Gewaltrechtfertigung durch Rechtsverletzungen sich nicht auf moderne Kriegsführung anwenden lässt, bei der auch immer Unbeteiligte zu Schaden kommen werden. Dieses Spannungsfeld zwischen der Schädigung Unbeteiligter, wie sie im Rahmen der Theorie vom gerechten Krieg vorkommen kann, und dem Kapitulieren auch im Angesichte schlimmster Aggression, wie es der Pazifismus verlangt, ist dabei nur schwer aufzulösen.

4. Meilensteine islamistischer Gewaltrechtfertigung

Nachdem bereits eine Methode vorgestellt wurde, um zu beurteilen, inwieweit religiöse Überzeugungen im Bereich des Politischen als akzeptabel gelten können, und der Diskussion der gängigsten Gewaltrechtfertigung in der westlichen Welt, die dieser Methode genügt, sollen nun Meilensteine der islamistischen Gewaltrechtfertigung daraufhin untersucht werden, inwieweit diese dieser Methodik genügen und interkulturell und interkonfessionell akzeptabel sein können. Dazu werden vier ausgewählte Autoren, angefangen bei dem ägyptischen Intellektuellen Sayyid Qutb, über den Anführer der Gruppe, die 1981 für den Mord an dem ägyptischen Präsidenten Sadat verantwortlich zeichnete, Abdul Salam Faraj, und Abdullah Azzam, den Mann, der den afghanischen Konflikt mit der Sowjetunion islamisierte, bis zu Ayman al-Zawahiri, der nach dem Tod Osama bin Ladens die Führung des Netzwerks al-Qaida übernahm, diskutiert werden. Diese Autoren dienen als Stellvertreter für zahlreiche andere Gruppierungen und Individuen, die unmöglich in ihrer Gesamtzahl porträtiert werden können. Ausgewählt wurden diese Autoren, da sie eine herausragende Stellung unter Anhängern eines politischen radikalen Islam ebenso gefunden haben wie auch einen relativ hohen Bekanntheitsgrad in der westlichen Welt. Die Autoren bilden dabei eine Traditionslinie, die sich unter gegenseitiger Bezugnahme und teilweise auch Abgrenzung entwickelt hat, in der bestimmte Motive immer wieder auftauchen, jedoch verschieden interpretiert werden und somit zu unterschiedlichen Gewaltrechtfertigungsstrategien führen.

4.1 Sayyid Qutb: Der Wegbereiter

4.1.1 Einleitung

Der moderne radikale Islam hat seinen Ausgangspunkt vor allem in zwei Ländern. Zum einen wurde er in Indien/Pakistan von Abul Ala Maududi (1903-1979) entwickelt, wo sich 1941 die *Jama'at-i Islami* gründete und zum anderen von Sayyid Qutb (1906-1966) in Ägypten, wo 1928 von Hassan al-Banna die Muslimbrüder gegründet wurden (Campanini 2010: 91). Qutb, der etwas später publizierte als Maududi, greift dabei auf Ideen zurück, die rein chronologisch von Maududi zuerst vertreten wurden, dennoch kann man die Einstellung vertreten, dass Qutb von den beiden Autoren der einflussreichere war. Diese Ansicht vertritt auch Campanini, der über Qutb schreibt, dass im Vergleich zu Maududi *„[his] Islamist thinking is more rigorous and can be broken down into a series of very precise steps.“* (Campanini 2010: 94). So schreibt auch Sabine Damir-Geilsdorf, zu Qutb, dass

> *„kaum eine wissenschaftliche Veröffentlichung zum politischen Islam den Namen Sayyid Qutbs [auslässt]. Er gilt als richtungsweisend für heutige militante islamistische Bewegungen weit über Ägypten hinausgehend, so dass er als Wegbereiter „für all diejenigen, die die gottlose Gesellschaft niederschlagen und auf ihren Ruinen einen islamischen Staat errichten wollen“ oder als „geistiger Vater der Idee einer islamischen Weltordnung“ bezeichnet wird.“* (Damir-Geilsdorf 2003: 8)

Qutbs Schriften erreichen auch heute noch sehr hohe Auflagen, obwohl oder vielleicht gerade, weil er 1966 hingerichtet wurde. Johannes J. G. Jansen vermutet, dass Qutbs Korankommentar *Im Schatten des Koran* das am meisten gedruckte und verbreitete Werk des Islam sein könnte (Damir-Geilsdorf 2003: 8). Von seinen Anhängern wird Qutb als Märtyrer gefeiert und viele gegenwärtige aktive Radikale bekennen sich zu ihm und seiner Tradition, so auch Ayman al-Zawahiri, gegenwärtig Führer des Terrornetzwerks al-Qaida. Damir-Geilsdorf bemerkt darüber hinaus, dass trotz der Popularität Qutbs und der Tatsache, dass sich auch die westliche Islamforschung ausgiebig mit ihm auseinandergesetzt hat, oft wichtige Beiträge Qutbs für den modernen radikalen Islam übersehen werden. Zu diesen gehören in ihren Augen insbesondere Qutbs Ideen zur Gültigkeitsreihenfolge von Koranversen (insbesondere auch zum Jihad) und die Gleichsetzung von „wahren“ Muslimen mit Anhängern Mohammeds in Medina, die sich in vielen gegenwärtigen Schriften von Islamisten wiederfinden (Damir-Geilsdorf 2003: 11).

Im Folgenden wird ein kurzer biographischer Abriss präsentiert werden, bevor verschiedene Aspekte der politischen Ansichten Qutbs präsentiert und diskutiert werden. Diese beinhalten Qutbs Freiheitsbegriff, sein Gleichheitsverständnis, Fragen der sozialen Gerechtigkeit und eines Wirtschaftsmodells, ebenso wie einen Entwurf seines politischen Systems und Qutbs Verständnis vom Jihad. Diese weit ausholende Diskussion scheint hier berechtigt, da Qutb erstens als Gründervater einer Tradition gelten kann, in die sich spätere Autoren auch bewusst eingereiht haben, so etwa Abdullah Azzam und Ayman al-Zawahiri, die in späteren Abschnitten noch ausführlich diskutiert werden. Zweitens konnte Qutb nur unter Bedingungen publizieren, in denen er sich stets bewusst sein musste, dass seine Schriften vor Erscheinen zensiert werden würden, im Gegensatz etwa zu Abdul Salam Faraj, dessen Werk ursprünglich nicht zur Veröffentlichung gedacht war, weswegen Qutbs Aussagen zur Gewaltanwendung im Vergleich zu seinem Gesamtwerk spärlich sind und im Rahmen seiner weiteren Schriften gesehen werden müssen. Dazu kommt, dass Qutb drittens behauptet, ein allumfassendes System zu repräsentieren, eine Behauptung, die sich nur überprüfen lässt, wenn man etwas weiter ausholt, wenn es um die Analyse seiner Texte geht.[23]

4.1.2 Wer war Sayyid Qutb?

Qutb wurde am 9.10.1906 in dem Dorf *Muscha* in Oberägypten als zweitältestes von fünf Kindern geboren.[24] Sein Vater, ein Landbesitzer, war aktives Mitglied der Nationalpartei und es kann daher davon ausgegangen werden, dass Qutb schon von Kindheit an eine nationalistische und antibritische Prägung erfuhr. Es ist nicht klar, wie religiös sein Elternhaus war, in seiner Autobiographie behauptet Qutb jedoch, dass er nur deshalb eine staatliche Schule anstatt einer Koranschule besuchen durfte, da er seinem Vater versprach den Koran eigenständig auswendig zu lernen. Qutb beendete seine Schulzeit 1918, verließ aufgrund der unsicheren Lage und politischer Unruhen sein Dorf jedoch erst 1921, um bei einem Onkel in einem Vorort Kairos zu wohnen. 1925 schließlich begann er ein Studium als Grundschullehrer am Lehrerseminar *Dar al-Ulum*, welches er 1933 erfolgreich abschloss. Danach arbeitete er etwa sechs Jahre lang als Lehrer, bevor er von 1940-1944 als Beamter für das Bildungsministerium arbeitete. Dort stieg er in den Rang eines Inspektors auf, eine Stelle, die er bis zu seinem freiwilligen Ausstieg 1952 behielt.

Zunächst war Qutb mehr an Poesie interessiert als an Politik, auch wenn er zunächst der liberalen *Wafd*-Partei beitrat. Sein Interesse an sozialen Fragen wurde erst geweckt, als im Zuge des Zweiten Weltkrieges die wirtschaftliche sowie soziale Frustration immer mehr zunahmen. Steigende Lebenshaltungskosten sowie eine Knappheit an Grundgütern wie Zucker, Mehl, Benzin und Kleidung führten zu immer lauter werdenden Protesten, in denen vor allem die Opposition die Regierung und die Briten verantwortlich machte, die angeblich zuerst ausländische Truppen versorgen würden bevor sie sich um die Notlage der ägyptischen Bevölkerung kümmerten. Die hohe Arbeitslosigkeit, die sich noch verschärfte, als nach Kriegsende die Rüstungsproduktion zurückgefahren wurde, tat

---

23 Ein Teil des Kapitels über Sayyid Qutb ist aus meiner Magisterarbeit *Sayyid Qutb vs. John Rawls: Ein Vergleich von politischem Islam und westlichem Liberalismus* (Universität Hamburg, 2006) übernommen.

24 Der hier präsentierte biographische Abriss basiert auf der Biographie, die Sabine Damir-Geilsdorf als Teil ihrer umfassenden Untersuchung *Herrschaft und Gesellschaft* erstellt hat (Damir-Geilsdorf 2003). In diesem Werk finden sich weitere Details über Qutbs Entwicklung und der interessierte Leser sei an dieser Stelle für weitere Informationen dorthin verwiesen.

ihr übriges zur angespannten sozialen Lage. Gegen diese Missstände begann Qutb in der vom Kultusministerium herausgegebenen Zeitschrift *as-Suun al-Igtimaiya* anzuschreiben. Die Aufrufe zu mehr sozialer Gerechtigkeit waren zu dieser Zeit jedoch noch nicht religiös begründet. Vielmehr hatte Qutb das Gefühl, dass man im Angesicht von obdachlosen Kindern und Krüppeln sein Land nicht wirklich als „zivilisiert" bezeichnen könne (Damir-Geilsdorf 2003: 29).

1942 verließ Qutb die *Wafd*-Partei, nachdem auf Druck der Briten Mustafa an-Nahhas zum Ministerpräsidenten ernannt worden war. Qutb griff nun alle Parteien an und rief stattdessen „alle Araber" auf, selbst politisch aktiv zu werden, weil er sich vom bestehenden Parteiensystem keine Änderung der Zustände mehr erhoffte. In dieser Zeit schrieb Qutb etwa:

> „*In keiner der Parteien finde ich etwas, das Begeisterung oder Aktivität für sie verdient. Alle diese Männer sind Männer der vergangenen Generation. Sie alle haben eine Mentalität, die dieser Generation nichts nützt: die Mentalität der halben Lösungen. Sie sind mit dem Bewusstsein aufgewachsen, dass Großbritannien ein unbesiegbarer Staat und die Armut eine einheimische Krankheit sei. Sie alle taugen nicht mehr für die Leitung einer neuen Generation.*" (Qutb nach Damir-Geilsdorf 2003: 34)

Besonders vom Westen und dessen ursprünglichen Fortschrittsversprechens fühlte sich Qutb betrogen. Von nun an war es in seinen Augen Zeit für „die Ägypter und alle Araber", das Heft selbst in die Hand zu nehmen. Am ursprünglich positiv besetzten Westen lässt Qutb zu dieser Zeit kein gutes Haar mehr, wobei besonders die Briten von ihm angeprangert werden. Er schreibt zum Beispiel:

> „*Die Briten berauben unser Land und seine Menschlichkeit. Sie machen es so arm, dass die Bauern einen geringeren Lebensstandard als das Vieh haben und bestehlen es durch die Suezkanal-Aktien, die Preise für Baumwolle und seine Exporte sowie durch Geschäfte bei öffentlichen Ausschreibungen. In Kriegszeiten erschöpfen sie seine Vorräte an Nahrungsmitteln, Früchten und Kleidung, ohne etwas dafür zu geben und verbreiten Schwindsucht, Anämie und die verschiedensten Ernährungskrankheiten.*" (Qutb nach Damir-Geilsdorf 2003: 35).

Ende der 1940er Jahre begann schließlich Qutbs Hinwendung zur Religion, die er als das Eigenständige im Gegensatz zu dem monolithischen Block, den er in „dem Westen" sah, propagierte. 1948 erschien schließlich seine erste islamistische Monographie *Social Justice in Islam* (*al-Adaala al-Igtimaiya fi l-Islam*) in der erstmals eine islamische Gesellschaftsordnung von Qutb als Mittel zur Schaffung sozialer Gerechtigkeit propagiert wird. Hier wird auch erstmals von Qutb das „goldene Zeitalter" des Frühislam propagiert, welches als Gegenbild zur Gegenwart entworfen wurde und nach Qutb eine ideale Gesellschaft in politischer, ökonomischer und gesellschaftlicher Hinsicht darstellte. Da ägyptische Richter als Adressat dieser Schrift die im selben Jahr verbotene Muslimbruderschaft vermuteten, wurde die erste Auflage jedoch 1949 konfisziert. Bis dahin hatte sich das Werk jedoch schon verbreitet und soll in Kleingruppen der Muslimbruderschaft intensiv diskutiert worden sein. Besonders die Tatsache, dass Qutb zwar nicht als erster einen islamischen Staat forderte, das hatten vor ihm bereits al-Banna und Maududi, jedoch als erster diesen näher beschrieb, soll das Buch zu seiner Popularität geführt haben (Damir-Geilsdorf 2003: 39).

Die Popularität seines Werkes bekam Qutb jedoch zunächst nicht mit, da er bereits vor dem Erscheinen des Buches in die USA gesandt worden war. Offiziell war dies damit begründet worden, dass er neue Methoden des Fremdsprachenunterrichts lernen sollte, es gilt jedoch als gesichert, dass man hoffte, ihn so mit dem American Way of Life vertraut zu machen, gegen den Qutb so erfolgreich polemisierte. Qutb studierte an verschiedenen Universitäten innerhalb der USA, darunter auch die Stanford University, und kehrte 1950 nach Ägypten zurück. Anstatt jedoch seine Sichtweise positiver zu gestalten, verschlechterte sich Qutbs Sicht auf den Westen noch. Der Kulturschock, den er erlebte, im Zuge dessen er sexuelle Promiskuität, nackte Frauenkörper, Materialismus und zerfallende Familien auszumachen glaubte, führte schließlich dazu, dass Qutb den Westen nicht mehr nur als Feind der arabischen Welt, sonder der Menschheit schlechthin ansah. In einer Schrift, die zwischen 1951 und 1953 entstand ruft er schließlich unverhohlen zum gewaltsamen Kampf auf:

> „*Der weiße Mann tritt uns mit Füßen, während wir unseren Kindern in der Schule von seiner Zivilisation, seinen höheren Prinzipien und seinem edlen Vorbild erzählen. In den Herzen unserer Kinder säen wir Gefühle der Bewunderung und Achtung vor dem Herrn, der unsere Achtung mit Füßen tritt und uns versklavt.* Lasst uns versuchen, den Samen der Abneigung, des Hasses und der Rache in den Herzen unserer Millionen Kinder zu säen. Lasst uns sie von frühester Jugend an lehren, dass der weiße Mann der Feind der Menschheit ist und dass sie ihn bei der ersten Gelegenheit, die sich ihnen bietet, zerschmettern [sollten]. *Und lasst uns sicher sein, dass der westliche Kolonialismus erzittern wird, wenn er uns diese Samen säen sieht.*“ (Qutb nach Damir-Geilsdorf 2003: 41).

1951 nahm Qutb Kontakte zur Muslimbruderschaft auf, in deren Zeitschrift *ad-Dawa* er nun regelmäßig publizierte. Später sollte er auch in ihrer Redaktion tätig werden. Es heißt oft fälschlicherweise, dass Qutb der Muslimbruderschaft schon zu dieser Zeit beitrat, nach eigenen Angaben wurde er jedoch erst 1953 offiziell Mitglied (Damir-Geilsdorf 2003: 43).

Nach der Juli Revolution vom 23. Juli 1952 und der Ausrufung der Republik Ägypten suchte Qutb zunächst die Nähe der Freien Offiziere um Nasser, da er glaubte, dass diese die von ihm ersehnte soziale Gerechtigkeit herbeiführen würden. Schon 1953 begann er jedoch sich von diesen zu distanzieren, vermutlich aus Enttäuschung über die schleppende Umsetzung von Reformen. Zusätzlich kam es zu immer größeren Spannungen zwischen der Muslimbruderschaft und Nassers Freien Offizieren. Einer Auflösung aller Parteien Anfang 1953 war die Muslimbruderschaft als religiöse Vereinigung zunächst noch entgangen, der Führer der Muslimbrüder al-Hudaibi hatte jedoch von Anfang an Differenzen mit Nasser.

Als es 1954 im Umfeld einer Gedenkfeier zu gewaltsamen Auseinandersetzungen zwischen Muslimbrüdern und Anhängern der Regierung kam, wurde die Muslimbruderschaft von Nasser als politische Partei deklariert und aufgelöst. Qutb wurde daraufhin zusammen mit einigen anderen Muslimbrüdern verhaftet. Auf Druck zahlreicher Gruppierungen hob Nasser das Verbot jedoch zwei Monate später wieder auf und die Häftlinge wurden aus dem Gefängnis entlassen (Damir-Geilsdorf 2003: 51).

Qutbs Freiheit währte jedoch nicht lange. Im Gefolge eines missglückten Attentats am 26.10.1954 auf Präsident Nasser, der anschließend angeschossen noch seine Rede zu Ende brachte, wurden Tausende von Muslimbrüdern verhaftet, unter ihnen auch Qutb. Aufgrund einer chronischen Angina Pectoris verbrachte Qutb, der zu 15 Jahren Zwangsarbeit verurteilt wurde, den größten Teil seiner Haft in einem Gefängniskrankenhaus, wo es ihm erlaubt war, unter Aufsicht eines Zensors weiter zu publizieren. In dieser Zeit veröffentlichte er weitere Schriften, die sich unter dem Eindruck der Brutalität, die er im Gefängnis selbst erlebte, immer weiter radikalisierten. In diese Zeit fallen die Veröffentlichungen seines Korankommentars *Im Schatten des Koran* und seines wahrscheinlich bekanntesten Werks *Ma'alim fi t-tariq* (engl. Milestones / dt. Wegzeichen). Über letzteres Werk schreibt Damir-Geilsdorf:

> *„Die erste Auflage wurde sofort konfisziert, die Zensur aber von Nasser persönlich wieder aufgehoben. Ma'alim gilt als Qutbs „radikalste" Schrift, wurde auch als „Einmaleins der islamistischen Bewegung" oder „Charta extremistischer salafiya-Bewegungen seit den siebziger Jahren" bezeichnet und fand einen so reißenden Absatz, dass innerhalb von sechs Monaten fünf Neuauflagen erschienen, bis erneut ein Verbot für den Druck und die Verbreitung ausgesprochen wurde. [...] Die Explosivität und Popularität dieser Schrift lassen sich vermutlich darauf zurückführen, dass Qutb darin in einer vereinfachten und polemischen Sprache besonders deutlich und komprimiert zum Bruch mit der etablierten Ordnung aufruft, deren vorgeblich islamischen Charakter er abstreitet.*" (Damir-Geilsdorf 2003: 53-43)

Im Mai 1964 wurde Qutb vorzeitig aus der Haft entlassen, nur um in einer groß angelegten Verhaftungswelle im Januar 1965 erneut inhaftiert zu werden. Er wurde zum Tode verurteilt, da ihm vorgeworfen wurde, „ideologischer Anführer" einer Terrorzelle zu sein, die geplant hatte, Präsident Nasser, den Chef des Geheimdienstes und andere hochrangige Regierungsvertreter zu ermorden. Das Todesurteil wurde am 29.8.1966 vollstreckt.

4.1.3 Qutbs Begriff von Freiheit

Zu Beginn der Untersuchung von Qutbs Philosophie soll zunächst sein Freiheitsbegriff untersucht werden, da dieser laut Qutb selbst „*the principle cornerstone [is] on which all the others must rest.*" (Qutb 2000: 68) Um dies jedoch tun zu können, ist zunächst ein Exkurs nötig, in dem verschiedene Freiheitskonzepte klar gegeneinander abgegrenzt werden sollen. Diesem wird das Modell von Isaiah Berlin zugrunde gelegt, bevor Qutbs Freiheitskonzept in dieses eingeordnet werden wird.

Isaiah Berlin über positive und negative Freiheit

In der westlichen Philosophie wird im Allgemeinen zwischen zwei Freiheitsbegriffen unterschieden: der *positiven* Freiheit und der *negativen* Freiheit. Isaiah Berlin hat diese in seinen *Four Essays on Liberty* klar voneinander abgegrenzt und die Stärken und Schwächen der jeweiligen Freiheitskonzeption herausgearbeitet. Bevor diese jedoch erläutert werden, noch eine Anmerkung. Wenn im Folgenden von Freiheit die Rede ist, so ist der Gegenstand der philosophischen Untersuchung immer die *politische* Freiheit. Was diese auszeichnet, ist, dass sie nichts mit der Frage nach einem freien Willen oder einer möglichen Determiniertheit der Menschen zu tun hat. Diese Art der Freiheit, aus der sich philosophische Probleme in Hinsicht auf Fragen der Kausalität und der Möglichkeit moralischer Verantwortung ergeben können, hat keine direkte Auswirkungen auf die *politische* Freiheit, unabhängig wie man die Frage nach der Willensfreiheit letztendlich beantwortet. Die Frage, die im Rahmen der politischen Freiheit von Interesse ist, ist nicht, warum jemand eben die Wünsche hat, die er hat, und ob er diese notwendigerweise haben muss, sondern inwieweit er diese Wünsche und Vorstellungen ausleben kann, ohne durch andere daran gehindert zu werden. Es geht also viel mehr um die Frage, wann berechtigterweise in das Leben anderer eingegriffen werden darf. Berlin gibt für die politische Freiheit folgende Definition:

> „*The extent of my social or political freedom consists in the absence of obstacles not merely to my actual, but to my potential choices – to my acting in this or that way if I choose to do so. Similarly absence of such freedom is due to the closing of such doors or failure to open them, as a result, intended or unintended, of alterable human practices, of the operation of human agencies; although only if such acts are deliberately intended (or, perhaps, are accompanied by the awareness that they may block paths) will they be liable to be called oppression.*" (Berlin 1969: xxxviii)

Berlin nimmt in dieser Definition bewusst auch Hindernisse gegen mögliche und nicht nur tatsächliche Wünsche auf, um zu verhindern, dass durch die Beseitigung von Wünschen Freiheit erlangt werden kann. Zwar kann man eine solche Freiheit, die einen von Begierden und Lüsten frei macht, durchaus zu Recht als Freiheit bezeichnen. Es handelt sich in diesem Fall jedoch eher um eine *metaphysische* Freiheit als um *politische* Freiheit. Ansonsten wäre es nämlich möglich, dass ein Staat oder Regime durch eine entsprechende Erziehung, die den Menschen ihre Bedürfnisse austreibt, zu einem freiheitlichen Staat mutieren würde, was doch eher sonderbar anmuten muss.

Auch der Hinweis darauf, dass die Hindernisse der Freiheit von Menschen gemacht sein müssen, da nur solche sinnvoll in den Bereich der politischen Freiheit aufgenommen werden können, ist wichtig. Es würde schließlich wenig Sinn ergeben, davon zu sprechen, dass eine Person in ihren politischen Freiheiten eingeschränkt ist, nur weil sie nicht ohne Hilfsmittel fliegen kann. Auch mag eine schwere Krankheit, die eine Person an den Rollstuhl fesselt als ungerecht empfunden werden, eine Einschränkung der politischen Freiheit ist sie deshalb jedoch noch nicht, da es normalerweise nicht im Rahmen menschlicher Möglichkeiten liegt, an dieser Tatsache etwas zu ändern. Wäre es jedoch so, dass die Behinderung behandelbar wäre und aus politischen Gründen, etwa weil sie nicht von einer Krankenkasse bezahlt wird, nicht durchgeführt wird, dann könnte sie durchaus in den Bereich der politischen Freiheiten fallen. Auch die Entscheidung, ob öffentliche Gebäude behindertengerecht gestaltet werden sollten, ist eine Frage der politischen Freiheit, weil es durchaus im Rahmen menschlicher Möglichkeiten liegt, eine entsprechende Verordnung zu erlassen und durchzusetzen.

Nachdem also klargestellt ist, um welche Art von Freiheit es hier geht, sollen die beiden Konzepte, negative sowie positive Freiheit, hier vorgestellt werden. Berlin definiert diese folgendermaßen:

> „*Let me say [...] that 'positive' and 'negative' liberty, in the sense in which I use these terms, start at no great logical distance from each other. The questions 'Who is master?' and 'Over what area am I master?' cannot be kept wholly distinct. [...] My thesis is that historically the notion of 'positive' liberty – in answer to the question 'Who is master?' – diverged from that of 'negative' liberty, designed to answer 'Over what area am I master?'; and that this gulf widened as the notion of the self suffered a metaphysical fission into, on the one hand , a 'higher', or a 'real', or an 'ideal' self, set up to rule 'lower', 'empirical', 'psychological' self or nature, on the other;*“ (Berlin 1969: xliii)

Folgt man dieser Definition, so ist negative Freiheit ein Konzept, das einer Person einen individuellen Freiraum zusichert, in den niemand regulierend eingreifen darf, zumindest nicht ohne gute Gründe. Die Frage, welche Bereiche des Lebens solche sind, in die nicht eingegriffen werden darf, ist dabei im Laufe der Zeit von verschiedenen Denkern unterschiedlich beantwortet worden, aber dass es einen Bereich des Privaten geben muss, darin sind sich die westlichen politischen Philosophen von Hobbes, über Locke, Mill und Rousseau bis in die Gegenwart einig. Diese „liberale“ Freiheit[25], die auch als „Freiheit von einem äußeren Zwang“ bezeichnet werden kann, dient dem Schutz des Individuums vor Staat

---

25 Es sollte hier nicht der Eindruck entstehen, dass sich der politische Liberalismus ausschließlich auf die negative Freiheit reduzieren ließe, dies träfe vielleicht höchstens auf einen Liberalismus nach Hayek zu. Der Begriff wurde jedoch deshalb gewählt, da die negative Freiheit gewissermaßen den Markenkern des politischen Liberalismus ausmacht, auch wenn die meisten Autoren, wie etwa Dworkin oder Rawls, darauf bestehen, dass dieser mit Aspekten der positiven Freiheit gepaart werden muss.

und Gesellschaft. Sie entstammt dem Gefühl, dass niemand will, dass andere über ihn entscheiden und er vom Subjekt zum bloßen Objekt degradiert wird. Diese liberale Freiheit kann mit unterschiedlichen Ansätzen verteidigt werden. So waren etwa Hobbes und Locke der Meinung, dass aufgrund der Tatsache, dass alle Menschen gleich geboren sind und die gleichen geistigen Fähigkeiten besitzen, niemand ein Recht hat, über einen anderen zu herrschen, sofern dies nicht innerhalb eines genau abgesteckten Rahmens geschieht. Mill hingegen leitet das Recht auf Freiheit daraus ab, dass nur freie Gedanken Fortschritt und Wahrheitsfindung garantieren können.

Eine uneingeschränkte Freiheit aller ist dabei logisch nicht möglich, da die Freiheit des einen, uneingeschränkt über seinen Privatbesitz zu verfügen, zum Beispiel mit der Freiheit seines Nachbarn kollidieren kann, sich zu nehmen, was ihm gefällt. Aus diesem Grund muss Freiheit notwendigerweise eingeschränkt werden. Diese Einschränkung soll jedoch nur so weit gehen, dass die Freiheit der anderen geschützt wird. Von klassischen liberalen Autoren wird dabei ausdrücklich betont, dass auch Einschränkungen zum Schutz einer Person vor sich selbst nicht zulässig sind. So schreibt etwa John Stuart Mill:

> „*All the errors which a man is likely to commit against advice and warning are far outweighed by the evil of allowing others to constrain him to what they deem is good.*“ (Mill nach Berlin 1969: 127)

Die negative Freiheit wurde konzipiert, um Individuen vor einem Staat zu schützen, der zu viel Einfluss auf das Leben seiner Untertanen nehmen will, es ist jedoch so, dass dies nicht nur Gutes gebiert. So wurde der Staat, den eine konsequente Anwendung dieser liberalen Prinzipien entstehen lassen würde, von Lassalle als „Nachtwächterstaat“ verhöhnt, da er keine andere Funktion besitzt, als sicherzustellen, dass jedes Mitglied der Gemeinschaft ein Minimum an Freiheit besitzt, und bei der Kollision verschiedener Freiheiten den Richter zu spielen. Ein positiver Gestaltungsauftrag ist für solch einen Staat nicht vorgesehen. Auch heißt es nicht umsonst, dass die Freiheit des Wolfes den Tod der Schafe bedeutet, und so ist es mit negativer Freiheit durchaus verträglich, wenn ein hohes Maß an sozialer Ungleichheit besteht. Als ein Beispiel dafür kann die Periode des Manchesterkapitalismus dienen, in der Marktkräfte fast ungehindert herrschen konnten. Die Arbeiter verblieben als entrechtete Masse, da sie nicht die Mittel hatten, die wenigen verbrieften Rechte, die sie besaßen, in Anspruch zu nehmen. Was bringt aber in solch einem Fall ein Recht auf Bildung, wenn schon Kinder 14 Stunden am Tag in Fabriken schuften müssen, um den Lebensunterhalt der eigenen Familie zu sichern? Berlin erkennt dies an und schreibt:

> „*It is doubtless well to remember that belief in negative freedom is compatible with, and (so far as ideas influenced conduct) has played its part in, generating great and lasting social evils.*“ (Berlin 1969: xlv)

Auch sollte an dieser Stelle angemerkt werden, dass die negative Freiheit keine Aussage macht, vor wem sie schützt. Zwar ist es eine weit verbreitete Annahme, dass liberale Freiheit und Demokratie irgendwie verbunden wären, und dies mag auch häufig der Fall sein, aber die Verbindung ist eher eine historische denn eine philosophische. Auch ein Diktator oder Monarch könnte seinen Untertanen weitreichende Freiheiten einräumen und eine Demokratie könnte zu einer Diktatur der Mehrheit mutieren und Freiheiten einschränken. Für das Konzept der negativen Freiheit ist es letztlich nur entscheidend, dass die Freiheiten eingeräumt werden, egal von wem.

Das Konzept der positiven Freiheit hingegen lässt sich vielleicht am besten auf die Formel der „Freiheit zu einem selbst bestimmten Dasein" bringen. Es geht um die Frage, von wem jemand regiert werden soll, und damit ist nicht nur die äußere Regierungsgewalt gemeint, sondern ganz besonders auch die Frage, ob es nicht auch innerliche Zwänge gibt, die Freiheit einschränken.

> „*Have not men had the experience of liberating themselves from spiritual slavery, or slavery to nature, and do they not in the course of it become aware, on the one hand, of a self which dominates, and, on the other, of something in them which is brought to heel?*" (Berlin 1969: 132)

Die Frage ist also, ob Menschen nicht freier wären, als sie es im Moment noch sind, wenn sie ihr „autonomes" oder „wahres" Selbst entwickelten, welches im Gegensatz zu sehen ist zu einem „niedrigen" Selbst, welches sich durch kurzfristige Befriedigung von Begierden leiten lässt.

Der Gedanke, der hinter diesem Konzept steht, ist der, dass Menschen vielleicht gar nicht wissen, was sie wirklich wollen, und dass durch Erziehung und Bildung dieses wirkliche Wollen freigelegt werden kann. Die Überlegung, die hinter der positiven Freiheit steht, ist also deutlich subtiler, als nur zu behaupten, dass man besser wüsste, was gut für einen anderen ist. Behauptet wird nämlich, dass derjenige selbst auch wüsste, was er „eigentlich" will und was „eigentlich" gut für ihn sei. Dieses Wissen ist jedoch vergraben und aus verschiedensten Gründen zunächst nicht zugänglich und muss erst befreit werden.

Sicherlich ist an dieser Sicht der Dinge auch viel Wahres. Wer eine aktive Rolle als Wähler in einer Demokratie wahrnehmen möchte, der benötigt ausreichend Bildung und Informationen, um diese Rolle in seinem besten Interesse wahren. Verfügt er nicht über diese, so ist es möglich, dass er sein Kreuz auf dem Wahlzettel frei und ohne Druck von außen setzt (was das einzige ist, dass von der negativen Freiheit gefordert würde) und dennoch unwissentlich gegen seine eigenen Interessen wählt. In einer Demokratie ist es deshalb durchaus wünschenswert, dass Bürger ihre moralischen Vermögen und ihr politisches Verständnis entwickeln, um das Beste für sich und die Gesellschaft zu erreichen, auch wenn diese beiden Ziele nicht immer übereinstimmen müssen. Der positive Freiheitsbegriff beinhaltet jedoch auch immer die Gefahr, im Namen der Entwicklung und Erziehung, schlimmste Gräueltaten zu rechtfertigen.

> „*I can only repeat that the perversion of the notion of positive liberty into its opposite – the apotheosis of authority – did occur, and has for a long while been one of the most familiar and depressing phenomena of our time. For whatever reasons or cause, the notion of 'negative' liberty [...], however disastrous the consequences of its unbridled forms, has not historically been twisted by its theorists as often or as effectively into anything so darkly metaphysical or socially sinister or remote from its original meaning as its 'positive' counterpart. The first can be turned into its opposite and still exploit the favourable associations of its innocent origins. The second has, much more frequently, been seen, for better or for worse, for what it was.*" (Berlin 1969: xlvii)

Die beiden Freiheitsbegriffe positiver und negativer Freiheit, wären damit bestimmt und auch die größten Gefahren, die sie jeweils enthalten genannt. Der Begriff der *negativen* Freiheit schützt vor äußerem Zwang und entstand, um sich vor einem übermächtigen Staat zu schützen, ist aber mit großen sozialen Übeln verträglich und weist dem Staat lediglich eine Nachtwächterfunktion zu. Der Begriff der *positiven* Freiheit schützt vor einer unkontrollierten Marktökonomie und soll ein selbst bestimmtes Leben gewährleisten, bietet aber die Möglichkeit durch entsprechende Auslegung der Begriffe „Person" und „Freiheit", Freiheiten einzuschränken und Personen zu unterdrücken.

Qutb als Vertreter positiver Freiheit

Wie also ist Qutbs Freiheitsideal in dieses Schema von positiver und negativer Freiheit einzuordnen? Klar ist, dass die Frage des Freiheitsideals nicht nur generell für jedes politische Modell eine wesentliche Rolle spielt, sondern dass dies auch für Qutb gilt, der schreibt, dass „*absolute freedom of conscience*" die Basis seiner politischen Theologie darstellt (Qutb 2000: 52).

Der Begriff, den Qutb verwendet, wenn er von Freiheit schreibt, ist „Gewissensfreiheit"[26]. Diese steht jedem Menschen zu, einzig weil er Mitglied der menschlichen Art ist und alle Menschen von Gott mit gleichen intellektuellen Fähigkeiten geschaffen wurden. Für Qutb ergibt sich daraus das eine und einzige Ziel des Islam:

> „*Freeing the human conscience from servitude to anyone except Allah and from submission to any save Him.*" (Qutb 2000: 55)

Kein Mensch ist dem anderen unterworfen und damit können auch keine Rasse, kein Geschlecht und keine Religion allein aufgrund ihrer Herkunft eine herausragende Stellung beanspruchen. Wenn aber jeder Mensch gleich in der Begabung

26 An dieser Stelle sei noch einmal an die Diskussion aus Kapitel 2.5 und die Frage, ob man Qutb einen politischen Freiheitsbegriff zusprechen sollte, erinnert.

zur Vernunftanwendung ist, dann ist auch das Urteil des freien Gewissens des einen ebenso gut wie das des anderen.

> „*When it is [...] denied that one individual can be intrinsically superior to another, it follows that there can be no race or people that is superior by reason of its origin or its nature.*“ (Qutb 2000: 70)

Damit folgt er einem ähnlichen Ansatz wie Locke, der schreibt:

> „*Ist doch nichts offensichtlicher, als daß Lebewesen von gleicher Art und gleichem Rang, die unterschiedslos zum Genuß derselben Vorteile der Natur und zum Gebrauch der gleichen Fähigkeiten geboren sind, auch gleichgestellt leben sollen, ohne Unterordnung oder Unterwerfung.*“ (Locke 2003: 5)

Trotzdem gibt es wichtige Unterschiede zwischen dem Freiheitsbegriff des westlichen Liberalismus, von dem Locke nur ein Vertreter ist, und Qutbs Freiheitsbegriff. Qutbs Gewissensfreiheit bezieht sich nämlich nur auf die Ausübung der höheren Fähigkeiten oder, wie er schreibt, „*highest desires*“ und „*loftiest abilities*“(Qutb 2000: 67). Diese sind mit der Ausübung der Vernunftfähigkeit verbunden und konsequenterweise gilt nur für diese die uneingeschränkte Gewissensfreiheit. An anderer Stelle betont Qutb zusätzlich, dass diese Freiheit nur dann gilt, wenn sie den höchsten Zielen der Menschheit dient:

> „*Complete social justice cannot be assured, nor can its efficiency and permanence be guaranteed, unless it arises from an inner conviction of the spirit; it must be claimed by the individual, it must be needed by society; there must be a belief that it will serve the highest purposes of mankind.*“ (Qutb 2000: 53)

Dieser positive Freiheitsbegriff steht in Widerspruch zur liberalen Tradition, die Freiheit so lange gewährt, wie sie keinem anderen schadet. Die liberale Freiheit ist nicht an die Ausübung irgendwelcher höheren Fähigkeiten gebunden. John Stuart Mill bringt die liberale Freiheit auf folgende Formel:

> „*Die einzige Unabhängigkeit, die diesen Namen verdient, ist die Möglichkeit, unser eigenes Wohl auf unsere eigene Weise zu erreichen, solange wir nicht versuchen, andere ihres Gutes zu berauben oder dessen Erwerb zu vereiteln.*“ (Mill 1988: 20)

Auch wenn der von Qutb propagierte islamische Freiheitsbegriff mit seinen Einschränkungen konsequent ist und er mit westlichen Autoren über die Bedeutung der Freiheit als Grundlage von Gesellschaft und sozialer Gerechtigkeit übereinstimmt, so ist diese Übereinstimmung doch rein formal, da es sich nicht um die Freiheit handelt, alle Tätigkeiten auszuführen, solange diese niemand anderen schädigen, sondern ausschließlich um Gewissensfreiheit und die Freiheit, die Vernunftfähigkeit zu betätigen. Nun stellt sich die Frage, welche politischen Konsequenzen daraus folgen.

Zum einen kann Qutb dadurch, dass er die Freiheit auf Gewissensfreiheit beschränkt, keine Freiheit auf Handlungen begründen, was fester Bestandteil des westlichen Freiheitsbegriffs ist. So ist Gewissens- und Meinungsfreiheit ein Bestandteil liberaler Freiheitstheorien, aber nicht der einzige. Wichtige Freiheiten, wie z.B. Vereinigungsfreiheit oder das Recht auf Integrität der Person, sind überhaupt nicht Bestandteil dieses obersten Prinzips der Gewissensfreiheit, bilden aber die unverzichtbare Grundlage unserer westlichen Gesellschaften. Außerdem lassen sich keine Freiheiten einfordern, bei denen es sich nicht um Freiheiten handelt, die auf der Vernunftfähigkeit basieren. Im Besonderen heißt das, dass politische Gewalten Freiheiten mehr oder weniger willkürlich einschränken können, indem sie diese als nicht vernünftig oder „hoch" genug einstufen. Insbesondere lassen sich auch solche Handlungen von den politischen Gewalten verbieten, die nur den Betreffenden etwas angehen und gemeinhin als privat eingeschätzt werden. So ließe sich z.B. Homosexualität unter Strafe stellen mit dem Hinweis, dass diese widervernünftig wäre und nicht den „höchsten Zielen der Gesellschaft" entspreche, da im Gegensatz zu einer heterosexuellen Verbindung bei einer homosexuellen Partnerschaft kein Nachwuchs zur Zukunftssicherung der Gesellschaft entstehen kann. Ein Recht auf eine homosexuelle Partnerschaft lässt sich aus Qutbs islamischem Freiheitsbegriff nicht ableiten. Ein solches Recht wäre nur dann ableitbar, wenn man bestimmte Bereiche des Lebens als Privatsache und somit nicht in die Zuständigkeit politischer Gewalten fallend ansähe. Da Qutb den Islam aber als Religion ansieht, deren „*theological beliefs are not divorced in nature or in objective from secular life and customs*" (Qutb 2000: 27), ist es gar nicht erwünscht, dass gewisse Bereiche des Lebens dem Einfluss des islamischen Rechts entzogen werden. Damit wird das Tor für den Missbrauch politischer Gewalt weit geöffnet, da kein Bereich des Lebens vor staatlicher Intervention geschützt ist und der Freiheitsbegriff weitgehende Interpretationsmöglichkeiten bietet. Um politischen Gewalten diese Missbrauchsmöglichkeiten zu nehmen, ist es klug, Qutbs Freiheitsbegriff abzulehnen. An dieser Stelle sei jedoch erwähnt, dass diese Kritik eindeutig eine Kritik aus einer liberalen Sichtweise heraus ist. Orthodoxe Gläubige und Konservative, nicht nur im Islam, beklagen häufig einen „Verfall der Werte", den sie unter anderem auch auf die Freizügigkeit liberaler Gesellschaften zurückführen. Diese Kreise mögen es durchaus positiv finden, dass der Staat einem Verfall der Werte entgegentritt, indem Praktiken, wie z.B. Homosexualität, verboten werden. Was also unter einem Teil der Gesellschaft als erstrebenswert gilt – die Freiheit nach seiner Façon glücklich zu werden, solange dadurch niemand anderes geschädigt wird – kann in anderen Kreisen als ein Zuviel an Freiheit eingestuft werden. In diesem Fall ist es dann auch nur folgerichtig, dass diese Kreise einen enger gefassten Freiheitsbegriff befürworten.

Zum anderen lässt sich feststellen, dass Qutb dem Staat weiterreichende Aufgaben zuspricht, als dies bei den meisten liberalen Autoren der Fall ist. Während

Autoren in der Nachfolge von Hobbes und Locke den staatlichen Organen hauptsächlich die Aufgabe zuschreiben, Hindernisse für die Freiheit der Individuen zu beseitigen, wie dies ihrem negativen Freiheitsideal entspricht, kann sich Qutb auch positive Aufgaben für den Staat vorstellen. Eine dieser Aufgaben wäre, zum Beispiel dafür zu sorgen, dass jedem Individuum die notwendigsten materiellen Dinge zur Verfügung stehen, damit es dem Einzelnen auch möglich ist, seine höchsten Fähigkeiten zu entwickeln. Ein materieller Mangel, der dazu führt, dass ein Individuum Hunger leiden muss oder gezwungen ist, zu betteln und die damit verbundenen Demütigungen über sich ergehen lassen muss, verhindert laut Qutb diese Entwicklung (Qutb 2000: 66-67). Damit widerspricht die Zielsetzung von Qutbs Freiheitsbegriff der Zielsetzung klassischer westlicher Autoren. Aber ist damit schon klar, dass sich die beiden Gesellschaftsmodelle gegenseitig ausschließen? Man muss sagen, dass auch wenn positive und negative Freiheit nicht miteinander in Einklang zu bringen sind, kein real existierendes Gesellschaftsmodell jemals ausschließlich den einen oder anderen Freiheitsbegriff umgesetzt hat. Es handelt sich stets um eine Mischung aus beiden Freiheitsbegriffen mit Betonung auf die eine oder andere Art der Freiheit. So enthält auch das deutsche Grundgesetz eine positive Zielsetzung, da es jedem Bürger z.B. nicht nur das Wahlrecht zuspricht, sondern auch fordert, dass jeder Bürger aktiv in der Lage sein sollte, dieses informiert und aufgeklärt auszuüben.

Zusätzlich zu diesem obersten Prinzip der Gewissensfreiheit fordert Sayyid Qutb aber auch noch weitere Freiheiten, die er aus verschiedenen anderen Prinzipien ableitet. Eine dieser Freiheiten, die er nicht aus der Gewissensfreiheit ableitet, ist das Recht auf körperliche Unversehrtheit, dass auch zum klassischen Kanon der westlichen Freiheitsrechte gehört. Da Qutb in Gott den Schöpfer des Menschen sieht, wird auch Gott allein das Recht zugestanden, über die körperliche Unversehrtheit eines Menschen zu entscheiden.

> „*For life is in the hand of Allah, and no creature has the power to shorten that life by one hour or by one minute. More, no creature has the power to subtract a single breath from the life of a single soul, nor has any creature the right to inflict the slightest mark or the least injury on any single living being.*“ (Qutb 2000: 66-67)

Ebenso scheint Qutb einem Rechtsverständnis anzuhängen, dass dem römischen „nulla poena sine lege“ (lat. keine Strafe ohne Gesetz) entspricht, wenn er schreibt: „*Everything that is not legally forbidden is perfectly permissible.*“ (Qutb 2000: 47) Damit steht jedem Menschen zumindest eine gewisse Rechtssicherheit zu. Wie bereits zuvor erwähnt, erlaubt Qutbs Freiheitsbegriff weitreichende regulierende Eingriffe in das persönliche Leben eines jeden Individuums, diese müssen jedoch vorher bekannt und geregelt sein. So lange Handlungen nicht als gesetzlich verboten geregelt sind, besteht für den Einzelnen somit zumindest noch die Freiheit, gemäß den geltenden Gesetzen frei zu agieren. Eine

Freiheit zu handeln, die streng genommen in der reinen Gewissensfreiheit nicht enthalten ist, wird damit zumindest teilweise noch garantiert.

Ein weiteres Grundrecht, das er in Ansätzen garantiert, ist das Recht auf politische Mitbestimmung. Zwar wird die Art und Weise dieser Mitbestimmung nicht genau geregelt, aber man kann Qutb so interpretieren, dass der Gehorsam, den ein Bürger dem Staat schuldet, davon abhängig ist, dass dieser auch die Möglichkeit hat, von den Regierenden gehört zu werden.

> *„Political theory in Islam rests on the basis of justice on the part of the rulers, obedience on the part of the ruled, and consultation between ruler and ruled.“* (Qutb 2000: 119-120)

Daraus eine Art islamischer Demokratie ableiten zu wollen, hieße wahrscheinlich, dieses Zitat überzustrapazieren. Was allerdings gewährleistet wird, ist eine Beschränkung der Willkür der Regierenden, die sich einerseits daraus ergibt, dass Gott von diesen Mäßigung verlangt, andererseits aber auch daraus, dass die Regierten ein Mitspracherecht genießen, das mit deren Pflicht zum Gehorsam verbunden ist. Daraus könnte man ableiten, dass in einem Fall, in dem die Regierten nicht gehört werden, diese ein Recht auf zumindest passiven Widerstand erhalten, da ihr Gehorsam nur dann verlangt wird, wenn sie „konsultiert“ werden.

Ein weiteres Freiheitsrecht, dass Qutbs Modell gewährt, ist das Recht auf Privatsphäre. Zwar erlaubt er, wie bereits ausgeführt, dem Staat Eingriffe in alle Bereiche des Lebens, da im Islam Glaube, Politik und Alltag seiner Ansicht nach nicht getrennt voneinander behandelt und gelebt werden können. Er verbietet aber das grundlose Eindringen in die Privatsphäre, z.B. durch betreten der Wohnräume oder das ausspionieren einer Person, da Charakter und Ehre die Grundlage einer funktionierenden Gesellschaft sind. Wird die Ehre der Mitglieder einer Gesellschaft nicht geschützt, so können diese den nötigen Charakter nicht ausbilden und das Bestehen der Gesellschaft als solcher wird gefährdet (Qutb 2000: 94-95). Man kann Qutb also ein Verständnis von Privatsphäre und Recht unterstellen, dass sich von dem Verständnis unseres Grundgesetzes in diesem Punkt nicht großartig unterscheidet. Nach diesem Verständnis darf es keine rechtsfreien Räume geben, aber der Schutz der Privatsphäre und des Wohnraumes verlangt einen hinreichenden Grund, um von staatlicher Seite in diese einzugreifen. So ist es z.B. verboten, Privaträume ohne Verdacht abzuhören oder zu durchsuchen, gibt es jedoch einen begründeten Verdacht, dass durch ein Verletzen der Privatsphäre Verbrechen verhindert werden können, so kann dies nach richterlicher Anordnung zulässig sein. Worin sich die Rechtsauffassungen unseres Grundgesetzes und Qutbs jedoch grundsätzlich unterscheiden, ist, wie weit das Recht überhaupt in Privatangelegenheiten eingreifen darf.

Zusammenfassend kann man also festhalten, dass Qutbs Freiheitsmodell eine positive Gewissensfreiheit vorsieht, die nur dazu dient, die höchsten Fähigkeiten des Menschen zu betätigen. Diese unterscheidet sich von einer westlichen Freiheitskonzeption, die eher negativen Charakter hat, vor allem dadurch, dass sie nicht immer so lange gültig ist, wie keine andere Person zu Schaden kommt. Die Schutzrechte, die in Qutbs Modell von den Bürgern seines Staates genossen werden würden, wären dementsprechend weniger umfassend. Dies bedeutet jedoch nicht, dass Qutb keine Rechte für seine Subjekte vorsieht. Auf Umwegen gewährt er schließlich doch ein Recht auf die Integrität der Person, den Schutz der Privatsphäre und ein Recht auf politische Mitbestimmung. Interessanterweise ist er damit deutlich näher an einem westlichem Verständnis von Freiheit, welches er selbst so verdammt, als an einem Verständnis, wie es etwa die Taliban in Afghanistan zu ihrer Herrschaftszeit implementiert hatten. Derartige Terrorregime lassen sich mit Qutbs politischem Modell zumindest nicht rechtfertigen und haben mit einer Gesellschaft, wie Qutb sie erträumte, wenig gemein.

4.1.4 Gleichheitsverständnis und soziale Gerechtigkeit bei Qutb

Um Qutbs Weltbild und damit auch seine Ansichten zur politischen Gewalt zu verstehen, ist es nötig, sich zu vergegenwärtigen, dass biographisch gesehen, die sozialen Ungerechtigkeiten, die er in der Gesellschaft wahrnahm, ausschlaggebend für seine Politisierung und die folgende Radikalisierung waren (siehe Abschnitt 4.1.2). Aus diesem Grund soll im Folgenden auch auf Qutbs Gleichheitsverständnis und seine Ansichten zur sozialen Gerechtigkeit eingegangen werden. Letzterer widmete Qutb schließlich sein erstes politisches Buch, was die herausragende Stellung, die dieses Gebiet in seinem politischen Denken einnahm unterstreicht. Grundlage für die soziale Gerechtigkeit ist nach Qutbs Aussage „*the complete equality of all men.*“ (Qutb 2000: 52) Die Gleichheit, von der er schreibt, ist jedoch nicht eine ökonomische Gleichheit, bei der alle das Gleiche besitzen sollen, wie sie z.B. im Kommunismus vertreten wird. Ganz im Gegenteil, Qutb betont sogar ausdrücklich das Recht auf Privatbesitz (Qutb 2000: 129-131) und fordert, dass unterschiedliche Fähigkeiten auch zu unterschiedlicher Entlohnung führen müssen. Als Grund gibt er an, dass der Islam sich an der tatsächlichen menschlichen Natur orientiert und dass Menschen, die dazu in der Lage sind, mehr zu produzieren, und über größere Fähigkeiten verfügen als andere, sich um den Anteil, den sie mehr produziert haben, betrogen fühlen würden, da sie davon ausgehen, dass er ihnen zusteht. Dies führt dann dazu, dass sie entweder einen Weg finden „*to overcome the law of absolute equality*“ (Qutb 2000: 54) oder dass sie die Fähigkeiten der Gesellschaft zur Produktion vermindern, da sie rebellieren oder resignieren. Entsprechend handelt es sich bei der von Qutb vertretenen Gleichheit um eine Chancengleichheit, die dem Gleichheitsbegriff zeitgenössischer liberaler Autoren gleicht. Diese fordert Rechts- und Chancengleichheit anstatt von Gütergleichheit. So spricht auch Qutb davon, dass die Menschen – und an deren Natur orientiert sich die islamische Sozialordnung schließlich laut Qutb – *„seek equality as [their] right*“. Dies ist auch gerechtfertigt, denn Gleichheit wird *„guaranteed [...] by legal ordinance*“ (Qutb 2000: 68). Diese Gleichheit kommt aus denselben Gründen wie die Gewissensfreiheit allen Menschen gleichermaßen zu. Unabhängig von Staatszugehörigkeit oder Religion sind alle Menschen gleichermaßen von Gott geschaffen – auch die „Polytheisten“ (Qutb 2000: 70-71) – und somit werden alle vor Gesetz gleich behandelt. Auch kann auf diese Art und Weise eine Ungleichbehandlung zwischen Arm und Reich vor dem Gesetz nicht begründet werden, weshalb der Rang vor dem Gesetz keine Rolle spielt.

Was verwundern mag, ist, dass Qutb auch den Frauen die gleichen Rechte zubilligt, da man im Westen den Islam leider viel zu oft mit einer Unterdrückung der Frau gleichsetzt. Qutb betont sogar, dass der Islam Frauen schon lange vor der französischen Revolution rechtlich gleichgestellt hat. Diese Gleichheit der Geschlechter ist absolut, so lange nicht unterschiedliche Fähigkeiten ein Abweichen von diesem Prinzip rechtfertigen.

> *„Islam has guaranteed to women a complete equality with men with regard to their sex; it has permitted no discrimination except in some incidental matters connected with physical capacity, with customary procedure, or with responsibility, in all of which the human status of the two sexes is not in question. Wherever the physical endowments, the customs, and the responsibilities are identical, the sexes are equal.*“ (Qutb 2000: 73)

So sind Frauen im Bereich der spirituellen und religiösen Sphäre absolut gleichgestellt, ebenso beim Besitz und der Verwaltung von Geldmitteln. Auch eine gute Ausbildung steht Frauen zu, ja wird sogar zur religiösen Pflicht für Mann und Frau.

> *„The search for knowledge is incumbent upon all Muslims, men and women.*“ (Qutb 2000: 76)

Damit steht Qutb im Gegensatz zu den beiden prominentesten Fällen von sunnitischen Staaten, die nach dem „Gesetz des Islam“ regiert wurden: der Herrschaft der Taliban in Afghanistan und dem Regime im Sudan. In diesen beiden Fällen wurden Frauen brutal unterdrückt, Bildung wurde für Männer größtenteils auf das Studium des Koran beschränkt und für Frauen ganz verboten. Derartige Praktiken lassen sich mit dem von Qutb entwickelten Islamverständnis und den daraus abgeleiteten Gleichheitsgrundsätzen nicht vereinbaren. Sie stehen sogar im krassen Widerspruch dazu.

Es gibt jedoch auch bei Qutb Fälle, in denen Frauen nicht gleichberechtigt sind. In diesen Fällen versucht er jedoch nicht, nachzuweisen, dass Frauen über geringere intellektuelle Fähigkeiten verfügen wie Männer, was ein ausreichender Grund wäre, eine ungleiche Behandlung zu rechtfertigen. Schließlich ist die gleiche Vernunftbefähigung die Grundlage von Gewissensfreiheit und Gleichheit. Wäre keine gleiche Vernunftbefähigung gegeben, gäbe es auch keinen Grund für gleiche Rechte. Warum er diesen Weg nicht einschlägt, lässt sich nur mutmaßen. Eine Möglichkeit, die wir in Betracht ziehen müssen, ist, dass Qutb die moralische Überlegenheit des Islam dadurch betonen möchte, dass er eben nicht behauptet, dass Frauen per se intellektuell unterlegen sind. Eine Erkenntnis, die sich in der westlichen Welt erst nach der französischen Revolution durchgesetzt hat, wohingegen der Islam laut Qutb schon ca. zwölf Jahrhunderte vorher die Gleichberechtigung der Frau kannte. Eine weitere Möglichkeit ist, dass Qutb im Angesicht moderner Erkenntnisse und der intellektuellen Errungenschaften, die Frauen geschafft haben, seit sie nicht mehr von männlicher Dominanz davon abgehalten werden, keine Möglichkeit sieht, die geistige Unterlegenheit der Frau – eine Unterlegenheit die außerdem so groß sein müsste, dass Frauen nicht in der Lage wären, für sich selbst zu entscheiden – sinnvoll zu behaupten. Was auch immer der Grund ist, dadurch, dass er diesen Weg nicht beschreitet, ist er gezwungen, in jedem Fall einzeln zu beweisen, dass es in diesem speziellen Fall gerechtfertigt ist, dass Frauen nicht gleichberechtigt behandelt werden. Dies führt zum Teil zu abenteuerlichen und inkonsequenten Argumenten.

So versucht Qutb zu verteidigen, dass Frauen im Erbfall nur halb so viel Anteil am Erbe erhalten, wie Männer, indem er darauf hinweist, dass Frauen und Männer unterschiedliche Verpflichtungen und Verantwortlichkeiten haben. So geht er davon aus, dass ein Mann verheiratet ist und eine Frau und Kinder zu ernähren hat, so dass Qutb es für gerechtfertigt hält, dem Mann den doppelten Anteil zuzusprechen, da davon die Familie ernährt werden muss, während eine Frau entweder einen Mann hat, der sie ernährt, was bedeutet, dass sie ihr Erbe nur für sich nutzen kann, oder, wenn sie verwitwet oder unverheiratet ist, mit ihrem Anteil nur für sich selbst sorgen muss. Dass eine Witwe unter Umständen auch für Kinder zu sorgen hat, die sie mit ihrem verstorbenen Mann gezeugt hat, scheint er an dieser Stelle einfach zu vergessen und den Lebensstil einer modernen Frau, die sich selbst und eventuell sogar ihren Mann versorgt und weder auf einen Ernährer angewiesen ist, noch einen solchen haben möchte, zieht Qutb auch nicht in Betracht.

Ebenso versucht er die Tradition zu verteidigen, dass das Wort einer Frau als Zeugin vor Gericht nur halb so viel zählt wie das eines Mannes. Die Begründung dafür muss aus (heutiger) westlicher Sicht lachhaft anmuten, wenn Qutb ausführt, dass Frauen aufgrund ihrer Verpflichtungen als Mütter eine Prädisposition besitzen, sich in Urteilsfragen auf ihre Gefühle zu verlassen, was dazu führt, dass sie vergesslich werden, weil sie nicht so an Fakten interessiert sind oder sich nach ihren Gefühlen richten und nicht nach der Faktenlage (Qutb 2000: 73).

Diese Versuche, Ungleichheiten zwischen Mann und Frau zu rechtfertigen, müssen komisch anmuten, zeigen aber, dass es Qutb nicht immer gelingt, zwischen Traditionen, die notwendig mit dem Islam verbunden sind, und solchen, die es nicht sind, zu unterscheiden. Damit „*beweist er zugleich Inkonsequenz und ein Unvermögen, zwischen Islamideal und realem Islam zu unterscheiden, der Traditionen übernommen hat, die dem Ideal fremd sind.*" (Steinvorth 2006: 71-72)

Man muss Qutb zugute halten, dass der Islam im Vergleich mit barbarischen Stammestraditionen tatsächlich eine Verbesserung der Lage der Frauen gebracht hat, aber ob es ausreicht, darauf hinzuweisen, dass der Islam sich dagegen ausgesprochen hat, die Geburt eines Mädchens als Unglück anzusehen, und das Aussetzen des weiblichen Säuglings verbietet, um den Islam als der westlichen Welt moralisch überlegen darzustellen, kann bezweifelt werden (Qutb 2000: 75). Zu seiner Verteidigung kann man jedoch noch anführen, dass diese Ungleichheit der Frauen keine existenzielle Bedrohung für seine gesamte Theorie darstellt, da es sich lediglich um kleinere Details in seinem Theoriegebäude handelt, allerdings um solche mit einer textuellen Grundlage im Koran. Eine Loslösung von diesen wäre also nur durch eine Historisierung des Textes zu erreichen, die von Qutb natürlich nicht angestrebt ist.

Es bleibt also festzuhalten, dass Qutb einem sehr modernen, dem westlichen ähnlichen, Gleichheitsideal anhängt, das nicht Güter sondern Rechtsgleichheit beinhaltet und zwar nicht nur für Muslime, sondern für alle Menschen. Besonders stolz ist Qutb auf eine angebliche Gleichstellung der Frau, die sich bei näherer Betrachtung jedoch durch Traditionen, die für Qutbs Theorie eigentlich nicht notwendig wären, verunreinigt wird. Die dadurch entstehenden Ungerechtigkeiten zwischen Mann und Frau scheinen im Lichte seiner zuvor angeführten Argumente inkonsequent, lassen sich aufgrund ihrer textuellen Grundlage im Koran jedoch nicht ohne weiteres aus seinem Theoriegebäude entfernen.

Soziale Gerechtigkeit im Islam

Nachdem also bereits herausgestellt wurde, wie Freiheit und Gleichheit in Qutbs Konzeption aussehen, wird nun seine Idee zur Schaffung sozialer Gerechtigkeit vorgestellt werden. Diese sieht Qutb gewährleistet, wenn einerseits eine ökonomische Ausgewogenheit (nicht Gleichheit) herrscht, bei der die wohlhabenderen Teile einer Gesellschaft Verantwortung für die weniger gut begüterten Teile übernehmen:

> „*The purpose is to create a balance of wealth, to oppose destitution, to establish the responsibilities that exist between rich and poor, and thus to shape a society that has a sense of mutual relationship and mutual help and that is therefore a healthy society.*" (Qutb 2000: 109)

Andererseits erkennt er an, dass eine ausschließliche Umverteilung von Vermögenswerten nicht ausreicht, um soziale Gerechtigkeit zu gewährleisten:

> „*When Islam seeks to establish a complete social justice, it sets it on a higher level than a mere economic justice.*" (Qutb 2000: 93)

Ökonomische Gerechtigkeit will Qutb durch zweierlei erreichen. Einerseits durch gesetzliche Maßnahmen, indem von staatlicher Seite Steuern erhoben werden, die dazu dienen, die Ärmsten der Gesellschaft zu unterstützen, und andererseits dadurch, dass die Mitglieder einer islamischen Gesellschaft ein moralisches Verständnis entwickeln werden, das sie die Notwendigkeit einer solidarischen Gesellschaft erkennen lässt und dazu führt, dass, wer es sich leisten kann, zusätzlich zu den Steuern Almosen geben wird, um die Schwächsten der Gesellschaft zu unterstützen. Qutb hat dabei ein Verständnis von Eigentumsrechten, das dem Verständnis moderner westlicher Philosophen weitestgehend entspricht. In diesem Verständnis ist das Recht auf Privatbesitz kein natürliches Recht, wie es bei den klassischen Autoren des Liberalismus gesehen wird, sondern ein Recht, dass von der Gesellschaft verliehen wird und natürlich auch wieder entzogen werden kann. Dies liegt daran, dass alles Eigentum zunächst der Gemeinschaft gehört und nur durch Zustimmung des Gesetzes in Privatbesitz übergehen kann. Abgesehen von diesem Akt der Besitzübertragung hat das Individuum keinerlei Anspruch auf persönlichen Besitz:

> „*The right of ownership [...] represents the handing over by the law, acting for the community, to an individual of some particular thing to which the individual has no right except by virtue of this legal act. For the principle is that everything belongs to the community, and therefore, all permission for personal ownership must come from the law.*“ (Qutb 2000: 138)

Dadurch, dass die Gemeinschaft über alles Eigentum verfügt, kann eine islamische Autorität also auch Solidarität einfordern, wenn sie dazu in Eigentumsrechte einer Person eingreifen muss. Dieser Eingriff erfolgt mittels einer Steuer, des *Zakat*, der dazu dient, soziale Ungleichheit auszugleichen.

> „*Islam makes the zakat an obligatory claim on the property of the wealthy in favor of the poor. It is a due which the government can exact by the authority of the law and by the power of its administration.*“ (Qutb 2000: 97)

Nachdem also geklärt ist, dass eine islamische Autorität berechtigt ist, eine Steuer einzuziehen und eine Umverteilung vorzunehmen, bleibt noch zu klären, wieso sie dies tun sollte. Der Grund, den Qutb angibt, ist, dass der Wohlhabende zwar für seinen Reichtum arbeiten und ihn damit verdienen kann, trotzdem kann er dies nicht unabhängig von Zufällen und äußeren Umständen. So kann der Reiche nicht behaupten, komplett eigenständig für seinen Wohlstand verantwortlich zu sein. Wären die äußeren Umstände andere gewesen, so hätte er trotz seines Einsatzes eventuell keinen Erfolg haben können. Damit ist klar, dass, wenn Erfolg nicht komplett „selbstverschuldet“ sein kann, auch Misserfolg und persönliche Notlage, wenn sie unverschuldet sind, einen ausreichenden Grund für Unterstützung bilden können. Dabei ist natürlich zu beachten, dass diese Unterstützung in einem zumutbaren Rahmen bleiben muss (Qutb 2000: 61-63). Ein sehr schönes

Bild, das Qutb verwendet, um zu zeigen, dass Eigentum nicht völlig frei und unkontrolliert verwendet werden kann, entleiht er aus dem *Hadith*:

> „*Verily some people travelled in a ship, and they were partners, of whom each one had his own place. One man among them struck his place with an axe, and the remainder said to him, „What are you doing?" He said, „This is my place, and I can do what I wish in it." Then if they restrain, he and they are safe, but if they let him be, he and they all perish.*" (Qutb 2000: 86)

Qutb sagt also, dass Eigentum verpflichtet, weil die gesamte Gesellschaft nicht funktionieren kann und untergehen muss, wenn Vermögen nicht verantwortungsbewusst eingesetzt wird. Ganz so, wie ein Platz in einem Schiff einen nicht berechtigt, an diesem ein Loch zu bohren, weil nicht nur der einzelne Platz untergeht, sondern das gesamte Schiff mit ihm.

Neben diesen erzwingbaren Hilfeleistungen für Bedürftige möchte Qutb aber auch, dass die Mitglieder der Gesellschaft ein moralisches Verständnis entwickeln, welches sie erkennen lässt, dass Allah soziale Gerechtigkeit wünscht, aber nur die Menschen diese verwirklichen können. Dies wird dazu führen, dass die Muslime in einem ersten Schritt den *Zakat* freiwillig bezahlen und darüber hinaus in einem weiteren Schritt im Rahmen ihrer Möglichkeiten weitere Almosen geben. Für diese weiteren Almosen schreibt Qutb aber einige Verhaltensmaßregeln vor. So sollen Almosen so gegeben werden, dass die Ehre des Empfängers nicht beschädigt wird, und dass aus den Hilfsgaben keine Verpflichtungen erwachsen.

> „*For if the impulses leading to almsgiving are allowed to deteriorate, or if charity is followed by imposing a sense of obligation on those who receive it, then it becomes an ungracious business that can only injure the soul, the nature, and the conscience and that can only injure society also by injuring its individual members.*" (Qutb 2000: 107-108)

An dieser Stelle hat Qutb erkannt, dass soziale Gerechtigkeit und eine klassenlose Gesellschaft auch eine Frage des subjektiven Empfindens der Bevölkerung sind. So wird sich eine Klassengesellschaft auch dann entwickeln, wenn die ökonomischen Unterschiede gar nicht so groß sind, aber die ärmeren Anteile der Gesellschaft sich ausgeschlossen fühlen vom sozialen Leben, oder wenn Arbeitslosigkeit über Generationen weitergegeben wird und sich diese Familien damit abfinden und in dieser Situation einrichten, weil die materielle Unterstützung zum Überleben ausreichend ist. Ebenso ist es nicht wünschenswert, dass finanzielle Abhängigkeiten entstehen, weil die Bedürftigen auf Almosen angewiesen sind und sich ihren Geldgebern verpflichtet fühlen, auch aus Angst, dass die Unterstützung sonst eingestellt wird. All dies hat Qutb erkannt, wenn er in seiner orientalisch archaischen Wortwahl von Ehre und Gewissen schreibt.

Dies ist also Qutbs Konzept: Ökonomisch die größte Not lindern, sofern jemand unverschuldet in eine Notlage geraten ist, und gleichzeitig das Selbstbewusstsein der Bedürftigen zu achten und den Stolz der Wohlhabenden in Grenzen zu halten, um Sozialneid zu verhindern. Dieses Konzept scheint jedoch etwas zu kurz zu greifen. Zwar ist es richtig, dass ökonomisch eine Umverteilung nötig ist, um den Ärmsten der Gesellschaft beizustehen, da ein reiner Marktkapitalismus sich nicht um die Verlierer kümmert. Somit kritisiert Qutb diesen zu Recht. Auch die Beobachtung, dass Umverteilung alleine nicht ausreicht, um soziale Gerechtigkeit herzustellen, ist korrekt, aber ob es genügt, an das Gewissen und die Ehre zu appellieren, um soziale Gerechtigkeit herzustellen, ist fraglich. Man muss Qutb vorwerfen, dass er zum einen zu wage bleibt, wenn er seine Maßnahmen zur Herstellung ökonomischer Gleichheit darstellt. So sagt er, dass der *Zakat* als ein fester Anteil am Vermögen zu zahlen ist, aber wie groß dieser Anteil in etwa sein sollte, gibt er nicht an.[27] Auch gibt er keine Hinweise darauf, wer als bedürftig gelten darf. Das einzige, was in diesem Zusammenhang feststeht ist, dass eine absolute Gleichheit an Gütern nicht gewünscht ist, da Qutb soziale Unterschiede als positiven Anreiz zu mehr Engagement ansieht, sofern für die sozial Schwachen „genug" bleibt, wobei er offen lässt, wie dieses „genug" aussieht. Zum anderen muss man Qutb aber auch vorwerfen, dass sein Modell vieles zu wünschen übrig lässt. Wie genau soziale Gerechtigkeit zu erreichen ist, ist eine unentschiedene Streitfrage, aber dass ohne fairen Zugang zu Bildung keine soziale Gerechtigkeit zu erreichen ist, kann als Konsens gelten. Zwar gehört zu Qutbs Verständnis von Gleichheit auch, dass jedes Mitglied der Gesellschaft, auch die Frauen, die Möglichkeit zur Bildung erhält, er erhebt diese sogar zur religiösen Pflicht (Qutb 2000: 76). Wenn er jedoch staatliche Möglichkeiten diskutiert, soziale Gerechtigkeit zu erlangen, findet sich kein Wort dazu, wie ein Zugang zu Bildung gewährleistet werden kann. Ebenso finden sich keine weiteren Angaben dazu, wie eine Chancengleichheit erreicht werden könnte. Damit wird Qutb seinem selbst gesteckten Ziel, bei Fragen sozialer Gerechtigkeit über eine reine Umverteilung von Vermögenswerten hinauszugehen, nicht gerecht.

4.1.5 Ein islamisches Wirtschaftsmodell

Ein Grund für die hohe Popularität, die der politische Islam in vielen Ländern genießt, ist, dass er sich gegen den westlichen Kapitalismus wendet, den viele Menschen in Ländern des nahen Ostens und der dritten Welt für ihre schlechte wirtschaftliche Lage verantwortlich machen. Mit der Ablehnung des Kapitalismus allein ist es aber nicht getan. Um glaubhaft zu sein, muss ein Autor mehr bieten, als nur eine Ablehnung des einen Systems, er muss auch eine Alternative

---

27 In der Literatur finden sich unterschiedliche Traditionen über die Höhe des *Zakat*, die von 1,5% des Einkommens bis 10% reichen. Qutb war diese Tatsache sicherlich bekannt. Wäre er also der Meinung, dass eine Berechnung des *Zakat* nach regionalen Bräuchen stattzufinden hätte, so hätte er dies zumindest erwähnen können.

präsentieren. Genau dies versucht Sayyid Qutb in *Social Justice in Islam* und im Folgenden wird versucht werden, sein Konzept vorzustellen.

Das islamische Wirtschaftsmodell Qutbs sieht vor, dass jeder Mensch Privateigentum besitzen darf. Dieses Recht auf Privatbesitz schließt den Schutz vor Diebstahl, Betrug und willkürlicher Beschlagnahmung ein. Der Grund dafür, dass ein jeder das Recht haben sollte, Privateigentum zu besitzen, das von ihm im Rahmen der gültigen Gesetze frei gebraucht werden kann, liegt darin, dass Qutb davon ausgeht, dass dies einerseits der menschlichen Natur am besten entspricht, welche schließlich von Gott geschaffen wurde, und andererseits indirekt auch das Wohl der Gesellschaft am besten fördert, da ein jeder für sich arbeitet und somit den Gesamtwohlstand der Gesellschaft erhöht.

> „*This ratification of the right of individual ownership and the guarding of it ensure an equality between effort and recompense. This is over and above the fact that it is in accordance with human nature and in agreement with the fundamental inclinations of man's soul; for it is with these inclinations that Islam reckons when it establishes its whole social system. But, at the same time this conception is in accordance with the welfare of society, because it encourages the individual to give his utmost to the advancement of life.*" (Qutb 2000: 130)

Das Recht an diesem Besitz ist jedoch nicht uneingeschränkt. Es gibt gesetzliche Regelungen, die den Gebrauch mit den Bedürfnissen und dem Wohl der Gesellschaft verknüpfen. Damit er diese Sicht vertreten kann, kann Qutb nicht davon ausgehen, dass es sich bei dem Recht auf Privatbesitz um ein natürliches Recht handelt, welches einem jeden uneingeschränkt zusteht. Vielmehr muss er es so sehen, dass das Recht auf Privatbesitz ein von der Gesellschaft verliehenes Recht ist, das von der Gesellschaft nicht nur unter Auflagen verliehen, sondern auch wieder entzogen werden kann. Qutb schreibt:

> „*The cardinal principle that Islam ratifies along with that of the right of individual possession is that the individual is in a way a steward of his property on behalf of society; his tenure of property is more of a duty than an actual right of possession. Property in the widest sense is a right that can belong only to society, which in turn receives it as a trust from Allah who is the only true owner of anything.*" (Qutb 2000: 132)

Da also nach Qutbs Ansicht Gott der einzige, „wahre" Besitzer aller Dinge ist, und dieser den Besitz an die gesamte Gesellschaft gegeben hat, da ihm das Wohl der Gesellschaft genauso am Herzen liegt wie das Wohl des Einzelnen, kann die Gesellschaft das Recht auf Besitz, dass ihr von Gott verliehen wurde, auch an das Individuum übertragen. Sollte der Einzelne diesen Besitz jedoch nicht im Sinne Gottes einsetzen, und dieser Sinn muss als das Wohl der Gemeinschaft verstanden werden, so kann sie es diesem auch wieder entziehen.

> „*The condition on which this right must stand is that of wisdom in the disposal; if the disposal of property is foolish, then the ruler or society may withdraw this right of possession.*" (Qutb 2000: 133)

Damit werden dem Besitzer Restriktionen auferlegt, die auch mit Qutbs Verständnis von Freiheit verträglich sind. Qutb fordert eine Freiheit zur Ausübung der höchsten Fähigkeiten, und diese Freiheit spiegelt sich auch im Umgang mit persönlichem Besitz wieder, der vernünftig und zum Wohle der Gesellschaft sein soll. Damit wendet er sich gegen einen Kapitalismus, der eine Anhäufung von Mitteln in den Händen weniger bedeutet, ohne dass die Gesellschaft von den Gewinnen profitieren würde.

> „*Another principle that Islam ratifies is that of the undesirability of personal ownership when it remains in the hands of a small group or circulates among them, so that others can have no part in it.*“ (Qutb 2000: 134)

Qutb wählt auf diese Weise einen Mittelweg zwischen den beiden vorherrschenden Wirtschaftsmodellen seiner Zeit. Auf der einen Seite lehnt er den Kapitalismus ab, der Privatbesitz in der Tradition Lockes als natürliches Recht versteht, das einen unbeschränkten Umgang mit Kapital erlaubt. So ist die einzige Einschränkung, die Locke dem Besitzer bei der Anhäufung von Reichtümern auferlegt, die, dass er nicht so viel anhäufen darf, dass der Reichtum verfällt. Diese Einschränkung ist jedoch nur in Tauschgesellschaften gegeben, in der Naturgüter getauscht werden und Besitz in Form von verderblicher Ware vorliegt. Mit der Einführung von Geld als Tauschware ist diese Einschränkung hinfällig und die Anhäufung von Besitz legitim.

> „*Wer hundert Scheffel Eicheln oder Äpfel gesammelt hatte, hatte dadurch Eigentum an ihnen erlangt. Sie waren sein, sobald er sie gesammelt hatte. Er hatte einzig darauf zu achten, dass sie nicht verdarben; oder er hatte sich mehr, als ihm zustand, genommen und andere Menschen beraubt. [...] Tauschte er [diese] für ein Stück Metall, dessen Farbe ihm gefiel, tauschte er seine Schafe gegen Muscheln ein oder Wolle gegen einen funkelnden Kiesel oder Diamanten, um sie sein ganzes Leben lang bei sich tragen zu können, so griff er nicht in die Rechte anderer ein, mochte er von diesen beständigen Dingen auch so viel anhäufen, wie er wollte. Er überschritt die Grenzen rechtmäßigen Eigentums nicht durch Vergrößerung seines Besitzes, sondern dann, wenn irgend etwas ungenutzt umkam.*“ (Locke 2003: 36-37)

Andererseits lehnt Qutb aber auch den Kommunismus ab. Einerseits aus religiös metaphysischen Gründen, auf die hier nicht näher eingegangen werden soll, andererseits aber auch, weil er der Meinung ist, dass dieser gegen die Natur des Menschen verstößt und mit der Verstaatlichung aller Produktionsmittel eine zu radikale Methode vorschreibt, die Übel uneingeschränkter Verfügung über private Mittel zu bekämpfen.

Nach Qutb besitzt die Gesellschaft also die Möglichkeit, das Recht an Besitz zu verleihen. Dies gilt jedoch nicht für alle Güter. Da jeder Mensch ein Bedürfnis an Grundgütern hat, die absolut nötig für sein Überleben sind, ist Qutb der Meinung, dass ein Recht an diesen bei der Gesellschaft als Ganzheit verbleiben muss. Im Koran werden diese laut Qutb als Brennmaterial für Feuer, Wasser und

Wildpflanzen angegeben. Aufgrund der unterschiedlichen Lebensbedingungen in verschiedenen Ländern und zu verschiedenen Zeiten, müssen diese jedoch per Analogieschluss an die bestehenden Verhältnisse angepasst werden.

> „*In [water, herbage and fire, the prophet] described the essentials for the life of the community as a whole. Now, these necessities of communal life vary from one country to another and from one age to another; but the analogy – for this is one of the fundamental laws of Islam – is easily applied to all other things that fall into the category of necessities.*" (Qutb 2000: 137)

Damit kommt man zu folgendem Grundsatz über das Recht auf Privatbesitz in Qutbs Wirtschaftsmodell:

> „*The fundamental principle is that property belongs to the community in general; individual possession is a stewardship which carries with it conditions and limitations. Some property is held in common, and this no individual has any right to possess. A proportion of all property is a due that must be paid to the community, in order that the latter may disburse it to specified individuals of its own number; these constitute cases of need that may thereby be remedied so that the community may preserver health.*" (Qutb 2000: 137-138)

Die einzige Art und Weise, wie der Gemeinschaftsbesitz in Privatbesitz umgewandelt werden kann, ist durch Arbeit.

> „*The only method in Islam of gaining the right of ownership is by work of any kind or variety.*" (Qutb 2000: 138)

Damit ist Qutb ähnlicher Meinung wie Locke, der den ursprünglichen Übergang vom Allgemeinbesitz in Privatbesitz ebenfalls durch den Einsatz von Arbeitskraft geschehen sieht (Locke 2003: §§ 40, 43). Bei den Arten von Arbeit, die Qutb als maßgeblichste zum Erwerb von Besitz angibt, erwartet den Leser jedoch eine Überraschung. Zwar verwundern die ersten drei Methoden, die er als ursprünglichste Formen der Arbeit nennt, nicht. Diese sind Jagd, das Kultivieren und Urbarmachen von Land, das bis dato keinen Besitzer hatte, und der Bergbau. Die vierte Methode, rechtmäßig zu Besitz zu kommen, mutet jedoch sehr archaisch an:

> „***Fourth**, raiding. From this comes the possession of plunder, which consists of everything possessed by an unbeliever who has been killed by a Muslim.*" (Qutb 2000: 140)

Damit zeigt sich Qutb doch sehr verhaftet in arabischen Stammestraditionen und weicht auch von seiner sonstigen Argumentation ab, dass alle Rechte allen Menschen nicht aufgrund von Rasse oder Religion zukommen, sondern aufgrund der Tatsache, dass sie als Menschen alle von Gott geschaffen wurden und insbesondere von Gott alle mit der gleichen Fähigkeit zur Vernunft ausgestattet sind. Das ist nicht nur inkonsequent, sondern auch in höchstem Maße inakzeptabel.

Eine weitere Methode, legal an Besitz zu kommen, entspricht mehr unserem modernen Verständnis. Dies ist Besitzerwerb durch Lohnarbeit. Dadurch, dass dies eine legitime Methode ist, Eigentum zu erwerben, schließt Qutb auch, dass der Arbeiter ein Anrecht darauf hat, für seine Arbeit entlohnt zu werden, und zwar vollständig und unverzüglich. Damit führt er gewisse Arbeitsschutzrichtlinien ein, verpflichtet den Arbeitnehmer jedoch im Gegenzug auch dazu, seine Arbeit vollständig und gewissenhaft zu erledigen.

Qutb nennt auch noch weitere Methoden, die alle darauf basieren, dass derjenige, der Besitz erwirbt, Leistung erbringen muss.

> „*The reason for the acceptance of these [...] methods of acquisition is clearly the fact that they are all based on the expending of effort; this effort must be rewarded, for it is one of the supports of life; in it there lies power for the cultivation of the earth [and] the profit of society.*" (Qutb 2000: 143)

Letztendlich ist also wieder das Wohl der Gesellschaft der Maßstab, an dem gemessen wird, ob eine Methode, Besitz zu erwerben, rechtmäßig ist. Aus diesem Grund wird auch das Erheben von Zinsen verboten, da dies laut Qutb dazu führt, dass die Wohlhabenden noch wohlhabender werden und durch Zinsen und Kredite ein Abhängigkeitsverhältnis schaffen. Dadurch wiederum sieht er eine Spaltung der Gesellschaft in verschiedene Klassen verursacht und somit die Grundlage für sozialen Unfrieden gelegt. Es ist im Islam möglich, Geld zu verleihen, sowohl zu Konsum als auch zu Investitionszwecken, jedoch nicht gegen Zinsen. Wie auf dieser Basis ein modernes Wirtschaftssystem entstehen kann, diese Erklärung bleibt Qutb jedoch schuldig. Denn alle Wege, die Banken heute anbieten, um das islamische Zinsverbot zu umgehen, z.B. durch Besitzbeteiligungen etc., können auch nicht als Erwerb von Besitz auf der Basis von Arbeit gelten. Die Tatsache, dass Qutb eine Erklärung schuldig bleibt, kann jedoch nicht als Beweis dafür gelten, dass ein modernes Wirtschaftssystem auf Basis islamischer Gesetzgebung unmöglich ist.

4.1.6 Ein islamisches Politikmodell

Jede Diskussion eines Modells sozialer Gerechtigkeit sollte auch einen Abriss einer Politiktheorie enthalten, die benötigt wird, diese soziale Gerechtigkeit umzusetzen. Denn was nutzt ein Modell, mit dem soziale Gerechtigkeit erreicht werden könnte, wenn es keinen Weg gibt, die Personen, die zugunsten des sozialen Friedens Verzicht üben sollen, zur Kooperation zu zwingen. Zwar ist das Endziel, das Qutb anstrebt, dergestalt, dass alle Mitglieder der Gesellschaft das islamische Sozialmodell akzeptieren und dieses aufgrund persönlicher Einsicht unterstützen. Da dies realistischer Weise nicht zu erreichen sein wird, ist ein politisches Konzept nötig, wie legitim Zwang ausgeübt werden und unter welchen Umständen Gehorsam verlangt oder verweigert werden kann. Auch Qutb bietet einen kurzen Abriss einer Politiktheorie, die im Folgenden vorgestellt werden soll.

Eine Bemerkung jedoch vorweg: Sayyid Qutb schreibt, dass der Islam eine eigenständige Tradition besitzt, die eigene Wege und ein eigenes politisches System entwickelt hat. Deshalb ist er auch der Meinung, dass der islamische Gelehrte überhaupt nicht darauf achten sollte, ob und welche Ähnlichkeiten zwischen dem Politikmodell des Islam und anderen Modellen bestehen, denn „*Islam does not take pride in any similarities between it and these other systems, nor is it harmed by their absence.*“ (Qutb 2000: 114) Trotzdem scheint ein Vergleich angebracht, um zu verdeutlichen, wie unterschiedlich oder nicht-unterschiedlich die verschiedenen Ansichten tatsächlich sind. Im Gegensatz zu Qutbs Ansicht ist es nämlich durchaus möglich, einen derartigen Vergleich anzustellen, ohne alleine durch den Vergleich eine Unterlegenheit des Islam zu implizieren. Nur durch einen Vergleich lässt sich jedoch der Wahrheitsgehalt von Qutbs Aussage überprüfen, dass „*Islam [...] presents to mankind an example of a complete political system, the like of which has never been found in any other systems known to the world either before or after the coming of Islam.*“ (Qutb 2000:114)

Das politische System des Islam basiert nach Qutb auf zwei Grundpfeilern:

> „*One is the idea of the equality of mankind as a species, in nature, and in origin; the other is the belief that Islam represents the eternal system for the world throughout the future of the human race.*“ (Qutb 2000: 117)

Damit werden durch den ersten Grundsatz allen Menschen dieselben politischen Rechte gewährt, unabhängig von Religion oder Rasse. Damit fühlt sich Sayyid Qutb zu Recht den westlichen politischen Systemen seiner Zeit überlegen, wenn er darauf verweist, dass z.B. in den Vereinigten Staaten von Amerika und in Südamerika in den späten 40er und den 50er Jahren, in denen Qutb seine Werke verfasste, noch Gesetze zur Rassentrennung existierten. Der zweite Grundsatz führt zu einem tiefen Glauben daran, dass sich das politische System des Islam ohne Zwang durchsetzen wird, da ein jeder Mensch durch seine ihm von Gott gegebene Natur sich diesem Glauben zuwenden wird. Glaubensfreiheit wird uneingeschränkt gewährt, solange sich diese nicht gegen den Islam wendet.

> „*[Islam] believes that when they have the opportunity of examining Islam carefully and assiduously [...] by their very nature men will turn towards it.*“ (Qutb 2000: 119)

Allerdings führt der Glaube daran, dass der Islam bereits ein vollständiges und unabänderliches System darstellt, auch zu Anpassungsproblemen, schließlich sind der Islam und seine Regeln bereits über 1000 Jahre alt und entstanden unter völlig anderen Umständen, als wir sie heute erleben. Eine Anpassung aber kann nur schwer erfolgen, wenn man daran glaubt, dass das System, so wie es ist, bereits perfekt ist.

„*Political theory in Islam rests on the basis of justice on the part of the rulers, obedience on the part of the ruled, and consultation between rulers and ruled.*“ (Qutb 2000: 119-120)

Dieses Zitat beschreibt die Grundlage von Qutbs politischem System. Gerechtigkeit bedeutet für Qutb dabei, wie er ausführt, dass die Herrschenden keinerlei Unterschiede zwischen den verschiedenen Bevölkerungsgruppen machen und auch sich selbst keinerlei Sonderstatus zusprechen dürfen. Dabei denkt er bei verschiedenen Bevölkerungsgruppen nicht nur an religiöse oder ethnische, sondern auch an ökonomische Unterschiede. Ein Unterschied an Reichtum darf also auch nicht dazu führen, dass es zu einem Unterschied vor Gericht kommt. Dieser Grundsatz stimmt überein mit unserem eigenen Verständnis von Recht und Gerechtigkeit. Vor der Justiz sollten alle gleich behandelt werden, unabhängig von Status und Vermögen. Dass dies in einer Welt, in der es nun mal persönliche Beziehungen gibt, in der nicht alle Rechtsanwälte gleich begabt sind und in der die fähigeren Verteidiger auch versuchen werden, einen materiellen Gewinn aus ihren Begabungen zu ziehen, nicht vollständig zu realisieren sein wird, ist leider evident. In der Theorie mag ein islamisches System diese Rechte gewähren, wie dies in der Praxis umgesetzt werden soll, lässt Qutb offen. In der westlichen Welt funktioniert dieses System, wenn auch nicht perfekt, so doch zumindest hinreichend gut und so ist davon auszugehen, dass dies in der islamischen Welt nicht anders wäre. Vielleicht würde ein islamisches System sogar noch besser funktionieren, da alle Beteiligten nicht nur weltliche Richter, sondern auch einen göttlichen Richter zu fürchten hätten. Ob dies aber der Fall ist, bleibt reine Spekulation. Immerhin kann Qutb darauf verweisen, dass der Islam damit in seiner Heimatregion, also dem Nahen und Mittleren Osten, eine Verbesserung gegenüber den zuvor herrschenden Zuständen gebracht hat, da diese in einem Sippenrecht verhaftet war, bei dem Herkunft und Einfluss eine große Rolle, auch bei der Rechtsfindung, spielt.

Weiterhin führt das zuvor angeführte Zitat aus, dass es eine Pflicht der Bevölkerung gibt, einer islamischen Regierung Folge zu leisten. Ist die Regierung gerecht, begünstigt also weder sich selbst noch irgendeine Volksgruppe, so ist allein entscheidend, ob ihre Anordnungen dem Willen Gottes entsprechen, der in Form des islamischen Rechts überliefert ist. Es handelt sich gewissermaßen um eine Form der Gewaltenteilung. Die Legislative ist dabei durch Gott vertreten, während jede Regierung eines islamischen Landes lediglich exekutive Funktionen im Rahmen der göttlichen Gesetze erfüllt. Hält sich die Regierung an diese Grundsätze, so kann sie von der Bevölkerung legitimen Gehorsam erwarten.

„*The ruler in Islamic law is not to be obeyed because of his own person; he is to be obeyed only by virtue of holding his position through the law of Allah and His Messenger; his right to obedience is derived from his observance of that law and from no other thing. If he departs from that law, he is no longer entitled to obedience and his orders need no longer be obeyed. [...] This tradition indicates the necessity of getting rid of a ruler who abandons the law by deed or by word, with the minimum use of force.*“ (Qutb 2000: 121)

Für den Fall, dass sich eine Regierung nicht an diese Regeln hält, erlischt also ihre Legitimation und für die Bevölkerung bedeutet dies nicht nur ein passives Widerstandsrecht, sondern einen aktiven Aufruf zum Widerstand. Da dieser mit einem geringstmöglichen Einsatz von Gewalt einhergehen soll, würde dieser sicher mit passiven Maßnahmen, wie z.B. zivilem Ungehorsam, beginnen. Sollten sich diese Maßnahmen jedoch als nicht ausreichend erweisen, könnte es zum gewaltsamen Umsturz kommen.

An dieser Stelle wird dem folgenden Kapitel über legitime Gewaltanwendung vorgegriffen, wenn man anmerkt, dass sich an dieser Stelle keinerlei Einschränkung auf islamische Staaten oder solche Staaten mit muslimischer Bevölkerungsmehrheit findet. Zwar überschreibt Qutb das Kapitel, in dem sich diese Ausführungen finden, „*Political Theory in Islam*", in seinen Ausführungen findet sich jedoch keine explizite Einschränkung auf islamische Staaten und sein universeller Ansatz, der den Islam als Religion für alle Menschen begreift, lässt es fragwürdig erscheinen, ob Qutb überhaupt konsistenter Weise eine solche Einschränkung fordern könnte.

Ein weiterer Punkt in Qutbs Theorie, der Beachtung verdient, ist der Hinweis darauf, dass ein Unterschied besteht zwischen einem Herrscher, der seine Autorität aus religiösem Recht bezieht und einem Herrscher, der seine Autorität aus der Religion bezieht. Ein Herrscher, der sein Amt als gottgegeben ansieht, hätte ein Anrecht auf seine Stellung. Ein Regierender, der seine Autorität daraus schöpft, dass er göttliches Recht durchsetzt, besitzt dieses Anrecht nicht. Er ist austauschbar. Nur solange er seinen Dienst gewissenhaft versieht, kann er Gehorsam einfordern. Sayyid Qutb geht sogar noch weiter und fordert eine quasi demokratische Legitimation durch alle Gläubigen für den Herrscher. Er schreibt über eine solche Regierung:

> „*[The ruler] occupies his position only by the completely and absolutely free choice of all Muslims; and they are not bound to elect him. [...] When the Muslim community is no longer satisfied with him his office must lapse.*" (Qutb 2000: 121)

An dieser Stelle sei betont, dass ausschließlich die Muslime den Herrscher wählen, alle Anders- oder Ungläubigen sind von diesem demokratischen Prozess ausgeschlossen.

Die Konsultation, die gemäß dem Zitat, das als Grundlage des politischen Systems Qutbs dient, zwischen Regierendem und Bevölkerung stattfinden soll, spezifiziert dieser nicht näher. Alles, was er dazu zu sagen hat, ist, dass diese „pragmatisch" stattzufinden hat.

Hält sich der Regierende an die bereits bestehenden göttlichen Gesetze, so hat er jedoch einen großen Spielraum, was die Anwendung und Erweiterung dieser Gesetze angeht. So ist es dem Regierenden z.B. möglich, die nach dem göttlichen Gesetz vorgeschriebene Armensteuer zu erhöhen, um soziale Ungleichheit noch weiter zu lindern. Zusätzlich dazu ist es dem Regierenden möglich, mit weitreichenden Befugnissen in Bereichen zu agieren, für die es bis dahin keine Rechtsgrundlage gab.

> „*But while Islam sets a strict limit to the power of a ruler so far as he is personally concerned, it gives him the broadest possible powers in looking after matters of welfare that pertain to the community; such matters are those in which there is no guiding precedent in existence and that evolve with the processes of time and with changing conditions. The general principle is that 'a ruler may make as many new decrees as he finds new problems.'*" (Qutb 2000: 124)

Damit wirkt der Herrscher in Qutbs islamischem Staat wie Hobbes' Leviathan, dem ebenfalls enorme Rechte eingeräumt werden.

> „*This is the generation of that great LEVIATHAN, or rather (to speak more reverently) of that Mortal God, to which we owe under the Immortal God, our peace and defence. For by this authority, given him by every particular man in the commonwealth, he hath the use of so much power and strength conferred on him, that by terror thereof, he is enabled to conform the wills of them all, to peace at home, and mutual aid against their enemies abroad.*" (Hobbes 1996: 114)

Auch Hobbes' Leviathan ist nur Gott und den gottgegebenen Naturrechten verpflichtet. Er wird durch die Regierten bestimmt, die ansonsten keine Einflussmöglichkeiten besitzen und als Schutz gegen die Willkür des Herrschenden nur minimale Schutzrechte genießen. Es besteht jedoch ein gewichtiger Unterschied. Im Vergleich zu Qutbs islamischem Herrscher, der auch für das Wohlergehen seiner Untergebenen zu sorgen hat, wird der Hobbessche Herrscher lediglich mit dem Schutz vor gewalttätigen Übergriffen beauftragt.

Fasst man Qutbs Politiktheorie zusammen, so kann man feststellen, dass er ein modernes Verständnis von Recht und Gerechtigkeit besitzt, das dem Herrschenden außer seiner Regierungsgewalt keinerlei Sonderstellung zubilligt und auch sonst keine Unterschiede vor dem Gesetz zulässt. Dies begründet er mit der Gleichheit der Menschheit als Spezies. Ernannt wird der Regierende von den Muslimen in einem Wahlverfahren, das aber nicht wirklich als demokratisch gelten kann, da Anders- und Ungläubige kein Wahlrecht besitzen. Außerdem ist das Volk in Qutbs System nicht der Souverän, da die Legislative und die höchste Staatsgewalt bei Gott liegt und von der Exekutiven nur noch ausgeführt und interpretiert werden kann. Eine Änderung an den gottgegebenen Gesetzen ist nicht möglich. Auch ist fragwürdig, ob alleine aus der Tatsache, dass es sich um einen Herrscher handelt, der seine Legitimation aus religiösem Gesetz und nicht aus der Religion zieht, darauf geschlossen werden kann, dass jeder Muslim ein Wahlrecht besitzt. Wenn man die Argumentation ausführt, dann kann sie eigentlich nur so aussehen, dass aus der Tatsache, dass der Islam keinen Mittler zwischen Gott und den Menschen zulässt, folgt, dass jeder Gläubige selbst entscheiden muss, ob sich der Herrschende in einem speziellen Fall rechtmäßig verhält.

Da aber der Gehorsam gegenüber dem Regierenden an die Einhaltung der göttlichen Gesetze gebunden ist, entscheidet somit jeder Gläubige zu jedem Zeitpunkt selbst, ob er den Herrscher für weisungsbefugt hält. Damit wäre ein Herrscher aber nur so lange an der Macht, wie er einstimmig gewählt und zu keinem Zeitpunkt umstritten wäre. Eine Übertragung der Macht für eine bestimmte Legislaturperiode, wie sie in westlichen Demokratien üblich ist, widerspricht diesem System, insofern die Machtposition zwar für einen bestimmten Zeitraum ausgelegt sein soll, die tatsächliche Dauer der Regierungsgewalt aber jederzeit enden kann. So kann keine Regierung funktionieren. Wenn sich Qutb aber eine Wahl nach Mehrheitswahlrecht oder einem anderen Prinzip vorstellt, und so scheint es zumindest, so gibt das von ihm gewählte Zitat dies nicht her. Immerhin kann man feststellen, dass er mit seinen Ansichten nicht so weit von unserem Verständnis von politischer Legitimität entfernt ist, mit der Ausnahme, dass nicht das Volk als Souverän auftritt, sondern das durch den Koran und die Überlieferungen des Propheten gegebene göttliche Gesetz.

4.1.7 Legitime Gewaltanwendung bei Qutb

Wenn man in der heutigen Zeit vom politischen Islam spricht, so ist eine der am häufigsten gestellten Fragen, die nach der legitimen Anwendung von Gewalt. Spätestens seit den Ereignissen vom 11. September 2001 in New York wird der Begriff Jihad, dessen wortwörtliche Bedeutung „Bestreben“ oder „Bemühen“ ist, in der westlichen Welt mit „heiliger Krieg im Islam“ gleichgesetzt. Schon die Existenz des Wortes gilt dann oft als Beleg, dass „der Islam an sich“ eine kriegerische Religion ist. Die Geschichte der Muslimbruderschaft, in der Sayyid Qutb aktiv war, die unter anderem die Beteiligung an einem gewaltsamen Umsturz in Ägypten mit einschließt, und die Beliebtheit von Qutbs Schriften in radikal-islamischen Kreisen, die seinem Buch *Milestones* den Ruf als „*Mein Kampf* des politischen Islam“ eingebracht hat, rechtfertigt eine Untersuchung der Legitimation von Gewalt in seinen Schriften. In *Social Justice in Islam* verliert Qutb nur wenige Worte über sein Verständnis von Jihad und die Frage nach der legitimen Anwendung von Gewalt, und so muss sein Werk *Milestones* zu Rate gezogen werden, worin er ein ganzes Kapitel verwendet, um die Frage zu diskutieren, unter welchen Voraussetzungen und zu welchem Zweck Gewalt angewandt werden darf, wenn man seine Vorstellung von legitimer Gewaltanwendung nachvollziehen will.

Für viele moderate Muslime bedeutet Jihad ein inneres Ringen um ein gottgefälliges Leben, einen Kampf gegen die Verführungen des Alltags und ein Ankämpfen gegen die gewöhnlichen Begierden, die unterdrückt werden müssen, wenn sie nicht den Lehren des Islam entsprechen. So ist es für diese Muslime Teil des Jihad, während des Fastenmonats Ramadan tagsüber auf Speisen und Getränke zu verzichten, auch wenn es nicht leicht fällt. Ebenso wäre es Teil dieses Jihadverständnisses, auch in einem Land wie Deutschland, in dem es nicht leicht ist, sich an islamische Nahrungsvorschriften zu halten, sich gemäß den Regeln des Korans zu ernähren. Diese Deutung des Wortes „Jihad" lehnt Sayyid Qutb nicht ab. Auch bei ihm soll der Gläubige einen inneren Kampf ausfechten und sich nicht von seinen Begierden und weltlichen Bedürfnissen leiten lassen. Er schreibt:

> „*Before a Muslim steps into the battlefield, he has already fought a great battle within himself against Satan – against his own desires and ambitions, his personal interests and inclinations, the interests of his family and of his nation; against [everything] which is not from Islam; against every obstacle which comes into the way of worshipping God and the implementation of the Divine authority on earth, returning this authority to God and taking it away from the rebellious usurpers.*" (Qutb Milestones: 71)

Diese Deutung geht ihm jedoch noch nicht weit genug. Qutb sieht den Islam als Welt umspannendes Konzept zur Befreiung der Menschheit mit universellem Wahrheitsanspruch:

> „*This religion is not merely a declaration of the freedom of Arabs, nor is its message confined to the Arabs. It addresses itself to the whole of mankind, and its sphere of work is the whole earth.*" (Qutb Milestones: 59-60)

Auch betont er mehrfach, dass der Islam nicht einfach nur eine Religion sei, sondern ein allumfassendes System, das Glauben, Politik und Lebensführung einschließt. Um diesem Anspruch gerecht werden zu können, muss der Jihad laut Qutb über diesen inneren Kampf hinausgehen, da die Gegner des Islam, die seiner Ansicht nach die Ideen und Vorstellungen unserer heutigen Zeit beherrschen, über eine politische und materielle Vorherrschaft verfügen, die sie nutzen, um die Ausbreitung des Islam zu verhindern. Schließlich macht es in seinen Augen keinen Sinn, durch Predigen allein gegen physische Unterdrückung angehen zu wollen (Qutb *Milestones*: 55). Dadurch, schreibt Ulrich Steinvorth,

> „*gerät [der Islam] in einen notwendigen Konflikt mit der restlichen Welt, die er Jahiliyyah und das jahili System nennt. [...] Gegen die Jahiliyyah fordert Qutb den Gebrauch von Gewalt.*" (Steinvorth 2006: 65)

Was damit jedoch noch nicht geregelt ist, ist die Frage, wogegen sich diese Gewalt wenden soll und welchem Zweck die Anwendung von Gewalt dient. In Sure 2:256 des Koran steht, dass es „keinen Zwang in der Religion" geben soll. Für Qutb ist darin jedoch nicht nur die Aufforderung enthalten, keine Andersgläubigen gewaltsam zu bekehren, sondern er sieht darin ebenso die Aufforderung zum Kampf gegen alle politischen und ökonomischen Kräfte, die zwischen dem Volk und dem Islam stehen, da diese einen Zwang ausüben, indem sie aktiv den Glauben an den Islam behindern. „Kein Zwang“ bedeutet für ihn, niemanden zum Glauben an den Islam zu zwingen, aber eben auch keinen Zwang der Gegner des Islam, um dessen Verbreitung zu behindern.

> „*Islam is not a heritage of any particular race or country; this is God's religion and it is for the whole world. It has the right to destroy all obstacles in the form of institutions and traditions which limit man's freedom of choice. It does not attack individuals nor does it force them to accept its beliefs; it attacks institutions and traditions to release human beings from their poisonous influences, which distort human nature and which curtail human freedom.*“ (Qutb Milestones: 75)

Auf diese Weise löst er den Widerspruch zwischen Sure 2:256 und einem religiös motivierten Kampf. Die Anwendung von Gewalt dient nicht dazu, Christen oder anderweitig Andersgläubige mit dem Schwert zu bekehren, wie dies zum Beispiel während der spanischen Conquista in Südamerika erfolgte, als die Ureinwohner Südamerikas die Wahl zwischen dem „wahren Glauben“ und dem Schwert hatten. Vielmehr dient er dazu, die politischen und ökonomischen Strukturen eines Landes zu zerschlagen, die eine freie Glaubensausübung von Muslimen behindern, so dass sich die Menschen anschließend aus freien Stücken zum Islam bekennen können, was nach Qutbs Ansicht natürlicherweise geschehen muss. Der Glaube selbst soll sich durch Predigt und ein gutes Vorbild verbreiten, d.h. es gibt keine gewaltsame Zwangsbekehrung[28], aber es darf Gewalt angewendet werden, um alle Hindernisse zu beseitigen, die verhindern, dass ein Moslem seinen Glauben auslebt und durch Predigt die Anhängerschaft seiner Religion vergrößert. Dergestalt ergänzen sich Glaube und Politik für Qutb zu einer natürlichen Einheit.

> „*If through 'preaching' beliefs and ideas are confronted, through 'the movement' material obstacles are tackled.*“ (Qutb Milestones: 59)

Wenn Gewaltanwendung nur legitim ist, wenn sie der Beseitigung von Hindernissen, die der Ausübung des Islam im Weg stehen, dient, dann stellt sich die Frage, was Qutb als Hindernis ansieht und was nicht. An dieser Stelle wird er sehr eindeutig, und was zuerst nach einer Art „religiöser Selbstverteidigung“ klang, wird zum offen erklärten Kampf der Kulturen, denn für Qutb ist die einzige Art, wie der Islam frei von Hindernissen sein kann, die Einführung der Scharia, des islamischen Rechts.

---

28 Zumindest gilt dies für die Anhänger der anderen Buchreligionen, Christentum und Judentum. Wie es sich für andere Religionen bzw. Polytheisten oder Atheisten verhält, bleibt unscharf. In einem Stufensystem, das Qutb von einem anderen Autor zitiert, kann man aber den Eindruck erhalten, dass gegen diese Gruppen Gewalt auch zu Bekehrungszwecken angewendet werden darf.

„*The way to establish God's rule on earth is not that some consecrated people – the priests – be given the authority to rule, as was the case with the rule of the Church, nor that some spokesman of God become rulers, as is the case in a 'theocracy'. To establish God's rule means that His laws be enforced and that the final in all affairs be according to these laws.*" (Qutb Milestones: 58)

An dieser Stelle muss auch die erste Kritik an Qutbs Sicht von legitimer Gewaltanwendung ansetzen, denn die nach Annahme des Islam notwendige Einführung der Scharia hieße im Gegenzug, dass jegliche weltliche Rechtsordnung, also auch die westlich rechtsstaatliche Rechtsordnung, bekämpft werden müsse. Fairerweise muss gesagt werden, dass dies nicht notwendigerweise gewaltsam geschehen muss, aber gewaltsam geschehen kann. Die Anwendung von Gewalt wird akzeptiert, auch dann, wenn ein Rechtssystem Religionsfreiheit gewährt. Allein die Tatsache, dass es sich nicht um „göttliches Recht" handelt, reicht aus, dass ein freiheitliches Rechtssystem als Hindernis für den Islam angesehen wird. Eine westliche Sicht, die davon ausgeht, dass schon die freie Religionsausübung ausreicht, um dem Islam alle Entfaltungsmöglichkeiten zu bieten, wird von Qutb dezidiert abgelehnt. Der Islam muss laut Qutb *alle* nichtislamischen Sozialordnungen bekämpfen, „*as they are obstacles in the way of universal freedom*" (Qutb *Milestones*: 75). Dies lässt sich nicht mit einer westlichen Sicht vereinbaren. Ausschließlich eine „pax islamica" kann als letztes Ziel Qutbs gelten. Eine pluralistische Weltordnung kann so nicht entstehen und ist auch gar nicht erwünscht. Selbst wenn Religionsfreiheit von den Islamisten gewährt wird, so ist dies eine Religionsfreiheit, die Nichtmuslimen, selbst wenn sie die Bevölkerungsmehrheit stellen, lediglich ein Leben unter islamischem Recht gewährt.

Da Qutb zu verschiedenen Gelegenheiten besondere Kritik an offiziell muslimischen Staaten übt, die seiner Ansicht nach diesen Namen zu Unrecht führen, könnte man versucht sein, anzunehmen, dass sein Aufruf zum Umsturz des Gesellschaftssystem sich auf diese Staaten beschränkt. Gegen diese Sicht muss jedoch angeführt werden, dass Qutb, wenn er schreibt, dass Gewaltanwendung Teil des Jihad ist, da es naiv wäre anzunehmen, dass Predigen alleine ausreichend wäre, um dem Aufruf zu folgen, „*the whole of humankind throughout the earth*" (Qutb *Milestones*: 63) zu befreien. Würde er zum Umsturz nur in sich muslimisch nennenden Staaten aufrufen, so würde er sicher nicht „*throughout the earth*" schreiben, auch wenn sich solche Staaten auf verschiedenen Kontinenten befinden. Noch eindeutiger wird er, wenn er schreibt, dass „*when Islam strives for peace, its objective is not that superficial peace which requires that only that part of the earth where the followers of Islam are residing remain secure*" (Qutb *Milestones*: 63). Sein Anspruch auf Durchsetzung des islamischen Gesellschaftssystems ist also global, wie er konsequenterweise auch sein muss, da Qutbs gesamte Argumentation immer davon ausgeht, dass alle Menschen gleichermaßen vernunftbegabt und von Gott geschaffen sind, was dazu führt, dass für alle die gleichen Rechte und Pflichten gelten, unabhängig davon, in welchem Gesellschaftssystem sie leben. Der Anspruch von Qutbs Gesellschaftsmodell ist universell und somit wäre eine Beschränkung auf Nationalstaaten auch inkonsequent und kaum zu rechtfertigen.

Als weiterer Kritikpunkt müssen die möglichen Opfergruppen legitimer Gewalt angeführt werden. Zum einen schreibt Qutb, dass sich die Gewalt nicht gegen Individuen richten soll, gleichzeitig sagt er aber den staatlichen Institutionen den Kampf an. Dies kann nur dann gelingen, wenn man die Vertreter staatlicher Ordnung in dem Moment, in dem sie ihren Beruf als Polizisten, Richter etc. ausüben, nicht als Individuen ansieht, sondern nur noch als Repräsentanten staatlicher Ordnung. Anders wäre ein Kampf gegen diese Ordnung kaum möglich. Damit richtet sich legitime Gewalt aber schon gegen einen relativ weit gespannten Personenkreis, denn es kann nicht ausgeschlossen werden, dass jeder, der in irgendeiner Position des Staatsdienstes arbeitet, und sei die Position noch so unbedeutend, als Repräsentant einer staatlichen Institution legitimes Opfer einer Gewalttat werden kann. Auch kann nicht ausgeschlossen werden, dass die Islamisten diese Personen nicht nur in dem Moment als Vertreter staatlicher Ordnung ansehen, in dem sie sich im Dienst befinden. Jeder, der für den Staat arbeitet oder diesen in irgendeiner anderen Form unterstützt, z.B. auch als gewählter Volksvertreter, könnte also jederzeit zur Zielscheibe legitimer Gewalt werden, wie Qutb sie versteht. Darüber hinaus betont Qutb auch, dass gegen *jeden* Hinderungsgrund, der einer islamischen Sozialordnung entgegensteht, vorgegangen werden muss, was vor allem auch ökonomische Hindernisse mit einschließt. Dies kann auch bedeuten, dass ein marktwirtschaftlich orientiertes System, welches sich nicht auf die Scharia beruft, ebenso bekämpft werden muss, wie die rechtstaatliche Ordnung. Auf diese Weise lässt sich fast jede Form des Terrors rechtfertigen, da eigentlich jede Form eines freiheitlichen Lebensstils als Hindernis für die Durchsetzung der Scharia verstanden werden kann, vielleicht sogar muss. Vom Bankangestellten bis zur Frau, die unverschleiert durch die Straßen läuft, kann jeder zur Zielscheibe werden. Fast jeder Akt der Gewalt ist somit legitimierbar. Dies kann jedoch nicht hingenommen werden. Diese Form der Legitimierung geht weit über jede Form von Freiheitskampf hinaus. Es handelt sich vielmehr um eine Rechtfertigung willkürlicher Gewaltakte, für die es ausreicht, dass ein Islamist seinen Lebensstil für gefährdet hält. Er muss lediglich argumentieren, dass das Ausleben von westlichen Freiheitsgrundsätzen die Herrschaft der Scharia aktiv behindert. Es ist auf diese Weise leicht, jeden, der auf seine individuellen Freiheiten besteht, und sei es nur, dass eine Frau ohne Kopftuch über die Straße geht oder dass sich jemand entscheidet, für eine amerikanische Ölfirma zu arbeiten, vom selber Unterdrückten zum Unterdrücker zu erklären. Ulrich Steinvorth ist daher zu widersprechen, wenn er über Qutb und seine Ansicht zu legitimer Gewaltanwendung schreibt, dass Qutb *„eine wichtige Klasse von Aktionen für illegitim zu halten [scheint], zu denen manche heutige Islamisten auffordern, nämlich Handlungen, die Unterdrückte verletzen – dazu gehören vor allem Terrorakte. Man muß ihm vorhalten, zu unbestimmt zu bleiben; seine Unbestimmtheit rechtfertigt aber nicht, ihn als Rechtfertiger des Terrorismus zu verurteilen.*“ (Steinvorth 2006: 68) Wer wie Qutb das intellektuelle Werkzeug zur Rechtfertigung terroristischer Akte liefert, und es wurde gezeigt, wie Qutb interpretiert werden kann, um ohne seinen Gedanken Gewalt anzutun, auch Terrorakte zu legitimieren, der ist moralisch voll mitverantwortlich für solche Taten und kann damit zu Recht als „Rechtfertiger des Terrorismus“ gelten.

Ein weiteres Problem im Zusammenhang mit dem „göttlichen Recht“ ist, dass es sich nicht um positives Recht handelt. Dies führt dazu, dass es kein „Scharia Gesetzbuch“ geben kann, ähnlich wie es ein Grundgesetz oder bürgerliches Gesetzbuch gibt. Der Göttinger Islamwissenschaftler Bassam Tibi schreibt dazu:

> *„Die Schari'a ist nach dem Koran „Moralität“ und erst postkoranisch, auf der Interpretation von Koran und Hadith (Überlieferung des Propheten) basierend, als islamisches Rechtssystem konstruiert worden; sie ist also kein kodifiziertes Recht. Wir müssen also von der Schari'a als interpretativem Recht sprechen.*“ (Tibi 2003: 300)

Wenn Qubt also fordert, dass die Scharia die Grundlage einer Gesellschaft sein soll, so stellt sich die Frage, was er damit genau meint. Je nach islamischer Rechtsschule werden verschiedene Dinge als zur Scharia gehörig angesehen und wenn man verschiedene Rechtsgelehrte fragt, so wird man verschiedene Antworten auf die Frage bekommen, was das „göttliche Recht“ vorschreibt oder verbietet. Selbst wenn wir uns also damit abfinden könnten, als Nichtmuslime in einem Staat mit muslimischer Rechtsordnung zu leben, wäre damit nicht klar, wie diese Rechtsordnung aussehen soll. Es besteht dasselbe Problem, das für jede so genannte „göttliche Ordnung“ besteht. Es ist die Frage des jeweiligen Individuums, was es als zu dieser „göttlichen Ordnung“ zugehörig anerkennt. Schließlich gibt es kein von Gott persönlich geschriebenes Gesetzbuch, in dem man nachschlagen könnte, was sein Wille ist. Damit müssten wir eine über Jahrhunderte gewachsene Rechtskultur des positiven Rechts gegen eine Willkürherrschaft des interpretativen Rechts eintauschen. In diesem Fall wird die Willkür aber noch größer, als sie dies in europäischen Gesellschaften vor Einführung des positiven Rechts war. Denn Qutb lehnt die Herrschaft eines Menschen über einen anderen ab, und ebenso lehnt er die Interpretationshoheit eines Menschen auf die göttliche Offenbarung ab, wie sie z.B. der Papst im Katholizismus besitzt. Damit aber handelt es sich nicht nur um die Willkürherrschaft einer Person, z.B. eines Monarchen, sondern faktisch um Anarchie, in der jeder selbst das wahre Wort Gottes zu finden hat. Dass auf dieser Basis keine Gesellschaft funktionieren kann, scheint evident. An dieser Stelle soll deshalb nochmals Ulrich Steinvorth zitiert werden:

> „*Wenn man aber die Gesetze des Islam nicht mechanisch auf neue soziale Verhältnisse anwenden will, muß man sie auslegen; dafür braucht man Fachleute, Schriftgelehrte oder Priester. Folgt man ihnen, könnten sie Mittler zwischen den Gläubigen und Gott werden. Es gehört jedoch zum Stolz des Islam, keine Mittler zwischen Gott und dem Gläubigen anzuerkennen. [...] Aus diesem Dilemma gibt es nur zwei Auswege: die tradierten Gesetze mechanisch auch auf die Verhältnisse anzuwenden, die mit denen, in denen sie zuerst galten, wenig zu tun haben, und anzuerkennen, daß es für die neuen Entscheidungssituationen keine überlieferten Gesetze gibt, und die Gläubigen auf ihr Gewissen zu verweisen. Der erste Weg sorgt für die Konservierung barbarischer Gesetze (des Gliedabhackens und der Steinigung); der zweite für Anarchie im Kampf für eine gerechte Gesellschaftsordnung. Er öffnet das Tor zum Einsatz terroristischer Gewalt, da das Gewissen erfahrungsgemäß ein bestechlicher Richter ist. Qutb neigt dem ersten Weg zu.*“ (Steinvorth 2006: 83)

Wenn Qutb aber dem ersten Weg zuneigt, d.h. für die mechanische Anwendung tradierter Gesetze eintritt, so gerät er in ein Dilemma. Da die Scharia im Gegensatz zu den jüdischen Gesetzen der Thora weder Teil des Koran noch des Hadith ist, ist sie auch nicht Teil des Kerns des Islam, der von allen Muslimen akzeptiert werden muss. Will Qutb eine Anwendung tradierter Gesetze, so ist er gezwungen diese zu benennen. Damit muss er sich aber selbst zum, von ihm selbst abgelehnten, Mittler machen, auch dann, wenn er sich auf andere islamische Autoritäten beruft, oder er muss auch diese Entscheidung dem Gewissen des einzelnen Gläubigen überlassen und damit faktische Anarchie befürworten.

4.1.8 Zusammenfassung

Um dieses Kapitel abzuschließen, kann Folgendes festgehalten werden: Der Jihad muss nach Qutbs Verständnis nicht gewaltsam sein, kann aber auch Gewalt einschließen. Diese Gewalt dient dann nicht dazu, die Nichtmuslime zu bekehren, sondern dazu, die Gesellschaftsordnung so zu verändern, dass eine freie Ausübung eines islamischen Lebens und eine gerechte Sozialordnung möglich ist. Diese gerechte Sozialordnung kann nach Qutb aber nur dann verwirklicht werden, wenn eine Gesellschaft nach „göttlichem Recht“ organisiert wird. Als Kritik an dieser Sichtweise muss angeführt werden, dass mit diesem Verständnis von legitimer Gewaltanwendung auch terroristische Akte legitimiert werden können, und dass sie unweigerlich zu einem Zusammenprall der Zivilisationen führen muss, da jegliche Form der rechtsstaatlichen Ordnung als nichtgöttlichen Ursprungs abgelehnt wird. Auch muss diese Form der legitimen Gewaltanwendung und die Forderung nach der Scharia faktisch zu Anarchie führen, da Qutb einen Mittler zwischen Gott und den Menschen ablehnt und somit jeder Gläubige letztendlich für sich selbst festlegt, wann Gewalt legitim und was Bestandteil göttlichen Rechts ist.

4.2 Abdul Salam Faraj: Der Jihad als vernachlässigte Pflicht

4.2.1 Einleitung

Am 6. Oktober 1981 wurde der ägyptische Präsident Anwar Sadat vor laufenden Kameras während einer Militärparade von radikalislamischen Attentätern ermordet. Bei der Verhaftung der Hintermänner entdeckten die Polizeibehörden unter anderem auch ein Pamphlet mit dem Titel *Die vernachlässigte Pflicht* (*al-Faridah al-Gha'iba*), das innerhalb der Gruppe als Diskussionsgrundlage existierte. Sein Autor, Abdul Salam Faraj (1956-1982), wurde am 15. April 1982 zusammen mit den vier eigentlichen Attentätern hingerichtet. Die Existenz dieser Schrift war der Öffentlichkeit nach dem Attentat zwar bekannt, der Text selbst wurde jedoch zunächst nicht veröffentlicht, als zu gefährlich wurde das Dokument eingestuft. Erst nachdem der Großmufti von Ägypten, Jadd al-Haqq, eine ausführliche Widerlegung der Thesen der *Faridah* in der staatlichen Tageszeitung *al-Ahram* veröffentlichte, wurde es möglich, auch den Text des Pamphlets selbst abzudrucken. Dies geschah schließlich am 14. Dezember 1981 in der Zeitung der Ägyptischen Partei der sozialistischen Liberalen, *al-Ahrar*, mit der Ankündigung: „Al-Ahrar veröffentlicht exklusiv den kompletten Text der Verfassung des Terrors: Die vernachlässigte Pflicht" (Jansen 1986: 2). Der Herausgeber der Zeitung stellte dem Text der *Faridah* einen Leitartikel voran, in dem er seine Leser ausdrücklich vor den Gefahren der Gedanken warnte, die in dem Pamphlet zum Ausdruck gebracht werden. Nicht nur die als von den Radikalen unislamisch empfundenen Herrscher seien es, denen von einer derart radikalen Ideologie Gefahr drohe, sondern einem jeden Ägypter, der nicht fünfmal am Tag bete, entsprechend der Gebote des Korans faste oder die Armensteuer (*zakat*) nicht entrichte (Jansen 1968: 2).

Johannes J. G. Jansen, der den kompletten Text der *Faridah* ins Englische übersetzt und kommentiert hat, merkt an, dass nach dieser Veröffentlichung die Anwälte der des Mordes an Sadat Beschuldigten jederzeit hätten Einspruch erheben können, wären sie der Meinung gewesen, dass die Überzeugungen ihrer Mandanten in irgendeiner Form falsch dargestellt worden seien. Dass dies nicht der Fall war, wertet Jansen als Zeichen dafür, dass der Text originalgetreu wiedergegeben wurde und dem entspricht, als das er verkauft wurde: der Rechtfertigung politischer Gewaltanwendung durch eine radikalen Gruppe (Jansen 1968: 2).

Es ist nicht genau bekannt, woher die Zeitung den Text der *Faridah* bezog, es wird jedoch davon ausgegangen, dass sie ihn vom Anwalt des Autors, Abdul Salam Faraj, erhielt. Die *Faridah* ist ein interessanter Text, der nach seinem Erscheinen eine breite Diskussion ihrer Thesen in der ägyptischen Gesellschaft auslöste. Die Einschätzungen gingen dabei, wie zu erwarten, weit auseinander. Dr. Muhammad Ammarah, der Herausgeber eines Buches, welches den Text der *Faridah* 1982 erneut abdruckte und eine kritische Analyse lieferte, nannte ihren Stil „schwach" und warf dem Autor einige Fehler vor, z.B. dass er, wenn er Ibn Taymiyyah zitiert, die grundsätzlich verschiedene Situation zu Zeiten Ibn Taymiyyahs um 1300 und in den 1980er Jahren verkennt[29]. Jansen schreibt, dass der Fehler der Faraj vorgeworfen wird, ist, dass er Sadat mit Dschingis Khan gleichsetzt und die ägyptische Regierung mit den mongolischen Horden verwechselt (Jansen 1968: 4). Nichtsdestotrotz zeigte sich Ammarah von der schlüssigen Logik und dem radikal neuen Gedankengut beeindruckt. An anderer Stelle wird jedoch von Gilles Kepel berichtet, dass unter den radikalen Islamisten Ägyptens die Meinung vorherrschte, dass der Text keine neuen Argumente enthielt und lediglich aus Zitaten zusammengesetzt war. Wie auch immer man die *Faridah* bewertet, als „Bekennerschreiben" der Mörder Sadats ist sie auf jeden Fall ein zeitgeschichtliches Dokument von großer Bedeutung. Darüber hinaus ist jedoch auch interessant, dass es sich um ein internes Diskussionspapier handelte, das ursprünglich nicht zur Veröffentlichung gedacht war. Anders als die Schriften Qutbs zuvor oder die Werke Azzams, Zawahiris und bin Ladens später richtet sie sich also ausschließlich an eine radikale Leserschaft und erlaubt so einen Einblick in das Innenleben radikaler Gruppen. Die Tatsache, dass die *Faridah* ursprünglich nicht zur Veröffentlichung gedacht war, mag denn auch erklären, wieso sie so viele Schreibfehler enthält, über die sich viele Analysten des Textes beschweren und die den Großmufti von Ägypten, Jadd al-Haqq, von „Unachtsamkeit" beim Erstellen des Textes sprechen ließen (Jansen 1986: 3).

4.2.2 Wer war Abdul Salam Faraj?

So bekannt *Die vernachlässigte Pflicht* wurde, so wenig scheint über ihren Autor bekannt zu sein. Faraj wurde 1956 in der Umgebung des nordägyptischen *Dolongat* im Bezirk *al-Buhaira* geboren und studierte zunächst Elektrotechnik, bevor er für die Verwaltung der Universität in Kairo arbeitete (Salama 2008). Im

29 Hintergrund der Schriften Ibn Taymiyyahs ist die Frage, ob und wenn ja wann man formal einem muslimischen Herrscher die Eigenschaft als Muslim aberkennen kann. Dies war, was Ibn Taymiyyah mit den mongolischen Herrschern im Iran plante.

Jahr 1979 soll Faraj, der als charismatischer Prediger in Moscheen eine gewisse lokale Bekanntheit erlangt hatte, mit dem Aufbau der Terrorgruppe *al-Jihad al-Islami* begonnen haben. Dazu rekrutierte er zunächst Freiwillige unter seinen Zuhörern, die dann ihrerseits Freiwillige rekrutierten. Auf diese Art und Weise verfügte er zwei Jahre später schließlich über ein Netzwerk von fünf revolutionären Zellen, die jedoch ein großes Maß an Eigenständigkeit behielten (Sageman 2004: 134). Eine dieser Gruppen wurde von Ayman al-Zawahiri betrieben, dem Nachfolger von Osama bin Laden als Führer des Terrornetzwerks al-Qaida. Die Zellen, die eine gemeinsame Strategie verfolgten, hielten regelmäßige Treffen ab, weshalb davon ausgegangen werden kann, dass sich Faraj und Zawahiri persönlich kannten. Näheres ist über das Verhältnis der beiden Männer jedoch nicht bekannt.

Die Ideologie, die Faraj als Führer von *al-Jihad al-Islami* entwickelte, sah vor, zunächst gegen die lokalen Regime der muslimischen Welt vorzugehen, bevor man sich einem Gegner wie Israel zuwenden sollte. Er soll auch den Begriff des *nahen Feindes* geprägt haben, der zur Beschreibung des Unterschieds zwischen dem frühen islamistischen Terror gegen Regime in der islamischen Welt und den späteren internationalen Terrorakten gegen den *fernen Feind* benutzt wird (Sageman 2004: 15). Faraj folgte Qutb in der Beschreibung der islamischen Welt als *jahiliyyah*, also als in einen Zustand der vorislamischen Ignoranz zurückgefallen, und nutzte ausführlich die Schriften des mittelalterlichen Autors Ibn Tayymiyah (1263-1328 n. Chr.), um die Schuld dafür den Apostaten, also den in seinen Augen vom Glauben abgefallenen Regierungen der arabischen Welt, zuzuschieben. Den inneren, spirituellen Kampf als den eigentlichen Jihad lehnte Faraj als eine Fabrikation ab und betonte stattdessen den bewaffneten Kampf (Kenny 2003: 53). Dies erklärt auch, warum er den Jihad als die vernachlässigte Pflicht ansah.

Im September 1981 berief Faraj ein Treffen der Führung von *al-Jihad al-Islami* ein, um einen Plan zur Ermordung des ägyptischen Präsidenten Sadat zu diskutieren. Der Plan, der ursprünglich von Khalid Islambouli, einem Leutnant der ägyptischen Armee, stammte, sah vor, Sadat während einer Militärparade, an der Islambouli beteiligt sein sollte, zu erschießen. Trotz der Einwände einiger Anwesender wurde der Plan angenommen und am 6. Oktober 1981 vor laufenden Kameras in die Tat umgesetzt. Nach Sadats Tod wurde Faraj bald verhaftet und am 15. April 1982 zusammen mit Islambouli und den drei weiteren Schützen hingerichtet.

4.2.3 Der Inhalt der *Faridah*

Im Folgenden wird eine kurze Zusammenfassung des Inhalts der *Faridah* geboten werden, die in 143 Paragraphen auf 54 Seiten die Ansichten von Abdul Salam Faraj wiedergibt, da diese nicht in deutscher Übersetzung vorliegt und Johannes J. G. Jansens Werk *The Neglected Duty*, das eine vollständige englische Übersetzung enthält, vergriffen ist und zumindest bisher keine Neuauflage geplant ist. Der kommende Abschnitt stützt sich auf diese Übersetzung und ihren Kommentar. Textstellen in der Übersetzung, die zwischen Asterisken stehen, sind von Jansen dabei als unklar gekennzeichnet, während von Jansen hinzugefügte Kommentare in Klammern gesetzt sind.

Abdul Salam Faraj eröffnet die *Faridah* mit der Koransure 57, Verse 16:

> „*Is it not high time for those who have believed*
> *to humble their hearts to the Reminder of God*
> *and to the truth which He has sent down;*
> *and that they should not be like those*
> *to whom the Book was formerly given,*
> *and for whom the time was long,*
> *so that their hearts became hard,*
> *and many of them are reprobates?*“ (Jansen 1968: 160)

Der entscheidende Punkt in diesem Vers liegt für Faraj darin, dass es ihm darum geht, nicht wie frühere Generationen zu sein, deren Herzen „hart wurden“ und von denen viele „Schurken“ waren, da sie sich vom wahren Weg, wie er vom Propheten vorgegeben worden war, entfernten. Dies ist auch die Kernthese des zweiten Paragraphen, in dem Faraj jede Abweichung vom Lebensstil des Propheten als Verirrung brandmarkt.

> „*The most reliable Speech is the Book of God, and the best guidance is the guidance of Muhammad, may God's peace be upon him. The worst of all things are novelties, since every novelty is an innovation and every innovation is a deviation, and all deviation is hell.*“ (Jansen 1986: 160)

Durch diese Eröffnung seines Textes reagiert Faraj auf das Problem, dass radikal islamische Gewalt ein relativ neues Phänomen darstellt, gleichzeitig die Radikalen jedoch von sich behaupten, den wahren Islam zu vertreten. Die Frage, die sich daraufhin natürlich sofort aufdrängt, ist die, wie es sein kann, dass frühere Generationen von Muslimen, dies nicht erkannt haben und die Notwendigkeit einer organisierten Gewaltanwendung nicht verstanden? Die Antwort auf diese Fragen liegt für Faraj darin “*of course, that the docile masses and their lax rulers are committing „mistaken innovations“, and not the members of the Faridah group.*“ (Jansen 1986: 6)

Der § 3 eröffnet dann den eigentlichen Text der *Faridah* und gibt auch gleich den Ton für den Rest des Dokuments vor. Der Jihad als Kampf für die Sache Gottes wurde trotz seiner Wichtigkeit vernachlässigt und die Schriftgelehrten (*ulema*) waren sich dessen genau bewusst, täuschten jedoch Unwissen vor.

> „*Jihad (struggle) for God's cause, in spite of its extreme importance and its great significance for the future of this religion, has been neglected by the ulama (leading Muslim scholars) of this age. They have feigned ignorance of it, but they know that it is the only way to the return and the establishment of the glory of Islam anew. Every Muslim preferred his own favorite ideas and philosophies above the Best Road, which God – Praised and Exalted He is – drew Himself (a road that leads back) to (a state of) Honor for His Servants.*" (Jansen 1986: 160-161)

Dementsprechend fährt § 4 fort und verkündet, dass die „Götzen dieser Welt" nur durch das Schwert beseitigt werden können, womit natürlich die Herrscher des 20. Jahrhunderts gemeint sind. Ebenso wie Mohammed sich niemals vor den Götzen im Mekka des 7. Jahrhunderts verneigt hat, genauso wenig sollte sich ein heutiger Moslem vor den weltlichen Herrschern verneigen.

> „*There is no doubt that the idols of this world can only be made to disappear through the power of the sword. It is therefore that (the Apostle Muhammad) – God's peace be upon him – said: "I have been sent with the Sword at this Hour, so that God alone is worshipped [...].*" (Jansen 1986: 161)

Das nächste Thema, dem sich die *Faridah* in §§ 7-13 widmet, ist das Erschaffen eines islamischen Staates und die Wiedereinführung des Kalifats. Zunächst werden drei überlieferte Geschichten aus dem Leben des Propheten angeführt, welche die Notwendigkeit der Einführung eines islamischen Staates belegen sollen. Insbesondere die dritte Geschichte ist interessant, da Mohammed in ihr den Fall Konstantinopels und anschließend den Fall Roms vorausgesagt haben soll. Faraj fügt dem einen Kommentar hinzu, in dem er anmerkt, dass Konstantinopel schließlich 800 Jahre später tatsächlich fiel und bemerkt, dass auch Rom noch fallen wird.

> „*The first conquest came about at the hands of Muhammad the Conqueror, the Ottoman (Sultan), and this more than 800 years after the Prophets – God's peace be upon him – prediction of the conquest. The second conquest will also be realized if God permits. There is no doubt that you will hear, after a (certain) period, of its announcement.*" (Jansen 1986: 163)

Interessant ist, dass diese beiden Machtzentren der Ost- und der Westkirche, die im siebten Jahrhundert nicht von muslimischen Truppen erobert waren, als Sitze des Patriarchen und des Papstes durchaus weltpolitische Bedeutung besaßen. Die Machtzentren der Welt hatten sich jedoch in den 1980er Jahren schon längst deutlich verschoben und so zeigt dieses Beispiel sehr schön, wie der Radikalismus oft so fest in der Tradition verwurzelt ist, dass er gewichtige geopolitische

Veränderungen nicht wirklich zur Kenntnis zu nehmen scheint.[30] Deutlich wird an diesem Beispiel jedoch auch, dass selbst wenn Farajs Hauptaugenmerk auf den Herrschern der arabischen Welt liegt, er dennoch ebenfalls einen antichristlichen und antiwestlichen Kurs verfolgte.

Die nächsten beiden Paragraphen (§ 14, § 15) beschäftigen sich mit dem Problem, dass manche Muslime die Hoffnung schon aufgegeben zu haben scheinen, und versucht, diese durch weitere Überlieferungen aus dem Leben des Propheten zu zerstreuen. Jansen sieht darin ein Zeichen, dass die *Faridah* weder zur Publikation vorgesehen war, noch als Bekennerschreiben für ein einzelnes Attentat dienen sollte. Letzteres macht auch deshalb Sinn, da der Name Assad in der *Faridah* nicht ein einziges Mal erwähnt wird. Vielmehr handelt es sich um ein „internes Diskussionspapier", welches von einer eingeschworenen Gemeinschaft Radikaler zu Rate gezogen wurde und versuchte, deren Zweifel zu zerstreuen, ob sie sich auf dem richtigen Weg befinden. Der Vorteil für denjenigen, der radikale Strömungen des Islam erforscht, ist dabei, dass der Text nicht für Zensoren verdaulich gemacht werden musste, und so Dinge direkt und unverblümt ansprechen kann, die in anderen Texten, die veröffentlicht wurden, oft nur in verschlüsselter Form zu Papier gebracht werden konnten (Jansen 1968: 7).

Die folgenden Paragraphen (§ 16, § 17) beschäftigen sich anschließend mit der Frage, ob es sich bei dem Kampf für einen islamischen Staat wirklich um eine Pflicht eines jeden Moslems handelt, und Farajs Antwort auf diese Frage fällt eindeutig aus. Nicht nur handelt es sich um eine Pflicht, die den Muslimen von Gott auferlegt wurde, darüber hinaus handelt es sich bei denjenigen, die dieser Pflicht nicht nachkommen, nicht wirklich um Muslime.

> *„[The Book of God] says: „Whosoever does not rule by what God sent down, those, they are the unbelievers." [...] If, moreover, (such a) state cannot be established without war, then this war is an obligation as well.*" (Jansen 1986: 165)

> *„To announce a Caliphate must be based on the existence of a (territorial) nucleus (from which it can grow). This (nucleus) is the Islamic State. „Whosoever dies without having taken upon himself (the obligation of) a pledge of allegiance does not die as a Muslim.*" (Jansen 1986: 166)

Der nächste Abschnitt (§§ 18-20) beschäftigt sich mit der Frage, ob es sich bei Ägypten um einen islamischen Staat handelt, und Faraj zitiert hier zum ersten Mal Ibn Taymiyyah. Die Antwort, die Faraj gibt, ist, dass es kein Widerspruch ist, ein Land wie Ägypten, dessen Bewohner in der Mehrheit Muslime sind, als unislamisch zu brandmarken.

---

30 Selbstverständlich werden Byzanz und Rom hier als Chiffren gebraucht. Die Verschiebung der Machtzentren erfolgte jedoch nicht nur örtlich sondern auch politisch, weg von der Religion. Eine Rhetorik, die sich auf diese religiösen Machtzentren beruft zeigt also die Verwurzelung in der Tradition.

„*The State (of Egypt in which we live today) is ruled by the Laws of Unbelief although the majority of inhabitants are Muslims.*“ (Jansen 1986: 167)

Wie kommt er jedoch zu dieser Einschätzung, wo doch die Mehrzahl der arabischen Herrscher sich selbst als Muslime versteht? Farajs Hauptargument ist, dass die Gesetze, nach denen diese Herrscher regieren, nicht die Gesetze der Scharia sind und dass, wer als Herrscher nicht nach der Scharia regiert, als Apostat zu gelten hat. Dies gilt auch für Assad, der zwar als Moslem geboren wurde, jedoch zum Apostaten wurde, als er die Herrschaft über Ägypten übernahm, ohne die Scharia einzuführen. Auf Apostasie steht im traditionellen Islam jedoch die Todesstrafe. Diese Argumentation übernimmt Faraj von Ibn Taymiyyah, der dieses Argument im Zusammenhang mit den mongolischen Herrschern entwickelt hatte, die 1295 n. Chr. unter ihrem Führer Ghazan zum Islam konvertierten, jedoch ihre eigenen Gesetze, die sogenannte *Yasa*, beibehielten. So wird Ibn Taymiyyah in § 24 z.B. folgendermaßen zitiert:

„*About the religion of the Muslims it is known – (not only) through *logical necessity* (idtirar) (but) also through agreement amongst all Muslims – that someone who makes it possible to follow another religion than the religion of Islam or to follow another law than the law of Muhammad – God's Peace be upon him – (that such a person) is an infidel (kafir).*“ (Jansen 1986: 168)

Dieses Thema lässt Faraj für eine Weile nicht ruhen. Die Paragraphen §§ 25-28 sind überschrieben „Die Herrscher der Muslime heutzutage sind Apostaten“ und die darauf folgenden Paragraphen §§ 29-35 mit „Der Vergleich zwischen den Mongolen und den heutigen Herrschern.“

Anschließend diskutiert Faraj Alternativen zum bewaffneten Kampf, die für moderatere Aktivisten attraktiv sein könnten (§§ 37-62). Alternativen, die erwähnt werden, sind unter anderem das Schaffen einer politischen Partei, die versucht, die Bedingungen innerhalb des Systems zu ändern (§ 52), ein Konzept, das dem Marsch durch die Institutionen der 68er gleicht, in dem Muslime versuchen, herausragende Positionen in der Gesellschaft zu erreichen, um dann ihren Einfluss zu nutzen, die Gesellschaft zu verändern (§ 53), oder gewaltfreie Propaganda (§ 54). Nicht verwunderlich ist, dass Faraj jeweils zu dem Schluss kommt, dass diese zwar lobenswert seien und auch ihre Berechtigung hätten, jedoch den bewaffneten Kampf nicht ersetzen können. An dieser Stelle ändert sich der Fokus von Farajs Argumentation und er nimmt die *al-Azhar* Universität in den Blick (§§ 63-65). Dies ist nötig, da die *al-Azhar*, die manchmal als die höchste islamische Autorität angesehen wird, ein anderes Verständnis von *Jihad* propagiert als Faraj. Er merkt an, dass einige Gelehrte versucht haben, den Begriff des *Jihad* gewaltfrei, als Bemühung um Wissen oder als inneren Kampf, darzustellen. Dem hält er jedoch entgegen, dass es den Muslimen im Koran, Sure 2, Vers 216 aufgetragen worden sei, für ihre Befreiung zu kämpfen: "*Proscribed for you is figh-*

ting." Schon in den nächsten Abschnitten (§ 66, § 67) jedoch kehrt Faraj zu seinem ursprünglichen Thema zurück und versucht seine Leser davon zu überzeugen, dass die Pflichten eines Herrschers in der islamischen Welt nicht von einem Ungläubigen ausgeübt werden können. Dazu zitiert er ausgiebig Überlieferungen aus dem Leben des Propheten ebenso wie Kommentare zu diesen.

Die nächsten Paragraphen (§§ 68-70) wenden sich anschließend der Frage zu, ob die Befreiung Jerusalems nicht wichtiger wäre als die Schaffung eines islamischen Staates in Ägypten. Dem hält Faraj jedoch entgegen, dass dies erstens den in seinen Augen noch unislamisch regierten Staaten Arabiens zum Vorteil gereichen würde, dass die Besatzung Jerusalems durch Juden zweitens die Schuld eben derjenigen Herrscher in der arabischen Welt sei, die nach Faraj zuerst entfernt werden müssen, und dass drittens eine Bekämpfung des *nahen Feindes* wichtiger sei als die des *fernen Feindes*. Speziell das letzte Argument in Bezug auf den *nahen* und den *fernen* Feind sollte erst durch Abdullah Azzam eine Veränderung erfahren.

In den nächsten Abschnitten (§§ 71-75) lehnt Faraj die Sicht ab, dass es sich beim *Jihad* zwar um den gewaltsamen Kampf handle, dieser aber rein defensiv zu verstehen sei.

> *„Concerning this question it is proper that we should refute those who say that jihad in Islam is defensive, and that Islam was not spread by the sword. This is a false view, which is (nevertheless) repeated by a great number of those who are prominent in the field of Islamic missionary activities. The right answer comes from the Apostle of God – God's Peace be upon Him – when he was asked: „What is jihad for God's cause?" He then said: „Whosoever fights in order to make the Word of God supreme is someone who (really) fights for God's cause." To fight is, in Islam, to make supreme the Word of God in this world, whether it be by attacking or defending.*" (Jansen 1986: 193)

Zur Unterstützung dieser These führt Faraj Briefe an, die der Prophet an die Herrscher Ägyptens, Persiens und Konstantinopels geschrieben haben soll. Um aber auch diejenigen zu überzeugen, denen dies noch nicht als Beleg für Farajs These ausreicht, diskutiert er im Anschluss Sure 9, Vers 5 des Koran („Schwertvers") (§§ 76-81)

> *„Then when the sacred months have slipped away, slay the polytheists wherever ye find them, seize them, beset them, lie in ambush for them everywhere,*" (Jansen 1986: 195)

und Sure 47, Vers 4 des Koran,

> *„So when you meet those who have disbelieved, (let there be) slaughter until ye have made havoc of them, bind them fast, then (liberate them) either freely or by ransom,*" (Jansen 1986: 196)

die in seinen Augen nicht anders als kriegerisch zu interpretieren sind. Ähnlich wie Qutb sieht Faraj die Suren des Koran in zeitlicher Abfolge offenbart. Er sieht jedoch durch den „Schwertvers" alle früheren Koranverse zum Thema Jihad als abrogiert, also als abgelöst, an.

> „„*This is the verse of the sword. It abrogates every verse in the Qur'an in which suffering the insults of the enemy is mentioned.*" *It is strange indeed that there are those who want to conclude from Qur'an verses that have been abrogated that fighting and jihad are to be foresworn.*" (Jansen 1986: 195)

Anders als Qutb sieht Faraj die heutige Sicht nicht in Analogie zu den ersten Muslimen, sondern vergleicht die Situation Ägyptens heute mit der Zeit der mongolischen Herrschaft im 13. Jahrhundert, weswegen er auch auf ein sofortiges Handeln drängt und nicht wie in der mekkanischen Gesellschaft versucht, zuerst Stärke zu gewinnen (Damir-Geilsdorf 2003: 258). Dies ist denn auch das Thema der nächsten Paragraphen (§§ 82-83).

Gefolgt wird diese Diskussion von der Frage, ob es sich beim Jihad um eine kollektive oder eine individuelle Pflicht handelt (§§ 84-87), wobei Faraj, nicht überraschend, zu dem Schluss kommt, dass es sich um eine individuelle Pflicht handelt, die ein jeder Moslem zu erfüllen hat. Er nennt drei Bedingungen, um den Jihad zur individuellen Pflicht zu machen: erstens, wenn eine muslimische Armee zum Kämpfen gezwungen wird, zweitens, wenn Ungläubige in ein islamisches Land einmarschieren, und drittens, wenn ein religiöser Führer (*Imam*) zum Kampf aufruft. All diese Bedingungen sieht Faraj in der islamischen Welt der 1980er Jahre erfüllt.

Die restlichen Paragraphen (§§ 88-143) beschäftigen sich anschließend mit pragmatischen Fragen, wie eine islamische Armee zu kämpfen hat, wie sie organisiert sein soll und welche Taktiken sie verwenden darf. Fragen, die dabei aufgeworfen werden, sind z.B., ob es erlaubt ist, den Feind anzulügen (§ 109) (ja, aber es wäre besser, wenn man sich so vage ausdrücken könnte, dass man nicht tatsächlich lügen muss) oder ob es erlaubt ist, bei „Polytheisten" um Hilfe zu bitten (§ 123) (ja, aber diese bekommen keinen Teil der Beute ab). Für diese Arbeit von Interesse sind lediglich drei weitere Paragraphen, in denen Faraj kurz Fragen der Moralität der Kriegsführung behandelt. So fragt er, ob es erlaubt sei, bei Nacht oder in anderen Situationen anzugreifen, in denen Kinder zu Schaden kommen könnten? (§ 121) Aufgrund einer Überlieferung aus dem Leben des Propheten, der auf die Frage „*O Apostle of God, when *attacking at night* we hit the dependents of the polytheists,*" mit „*[they] are part of them,*" (Jansen 1986: 217) geantwortet haben soll, kommt Faraj zu dem Schluss, dass dies erlaubt ist, solange es nicht absichtlich und ohne guten Grund geschieht. Im darauf folgenden Paragraphen wird anschließend die Frage behandelt, ob es erlaubt sei, Frauen, Mönche und alte Männer zu töten (§ 122). Faraj überliefert eine Geschichte, in welcher der Prophet eine Frauenleiche am Wegesrand findet, die von seiner Vorhut getötet wurde. Daraufhin soll er Anweisung gegeben haben, in Zukunft Frauen, Kinder, Alte und Mönche zu verschonen, da diese nicht an Kämpfen gegen das muslimische Heer beteiligt seien. Faraj merkt daraufhin noch an, dass sich dieser Paragraph und der vorhergehende Paragraph nicht widersprechen, da es sich um verschiedene Situationen handelt. Wenn man möchte, kann man daraus ein Prinzip ableiten, welches Frauen, Kindern, Alten und Mönchen eine gewisse Immunität vor direkten Angriffen sichert, wie es die heutigen Regeln des Kriegs(völker)rechts vorsehen. Faraj behandelt dieses Thema jedoch zu kurz, um dies mit absoluter Bestimmtheit sagen zu können. Der letzte Paragraph, der sich Fragen der Moralität der Kriegsführung widmet, handelt von der Frage, ob es erlaubt ist, Bäume der Ungläubigen zu fällen und zu verbrennen (§ 126). Auch hier ist Farajs Diskussion sehr kurz und seine Antwort schlicht, dass es erlaubt ist. Er leitet dies einerseits aus einer Überlieferung, in der Mohammed selbst Bäume gefällt und verbrannt haben soll, und andererseits aus Koransure 59, Vers 9,

> „*[what] palm trees ye cut down, or left standing on their roots was by the permission of God, that He might disgrace the wicked doers,*" (Jansen 1986: 220)

ab. Aus der Tatsache, dass von 143 Paragraphen sich lediglich drei mit Fragen der Moralität in Kampfsituationen befassen, kann man leicht ersehen, dass dies nicht den Fokus von Farajs Interesse bildete. Der Text der *Faridah* zielt darauf ab, den Kampf gegen das Regime zu legitimieren, wobei die Diskussion innerhalb bereits radikalisierter Kreise und damit auch deren mögliche Einwände gegen ein gewaltsames Vorgehen den Fokus bilden. Der Stil des Textes trägt dem Rechnung, indem es sich um eine radikale Exegese des Koran und anderer islamischer Überlieferungen handelt, in deren Tradition sich Faraj bewusst zu stellen versucht. Anders als Qutb vor ihm und andere nach ihm ist Faraj nicht an einer Leserschaft interessiert, die von westlichen Argumentationsformen geprägt ist, und entsprechend macht er für eine solche Leserschaft auch keinerlei Konzessionen, was den Text für Außenstehende manchmal schwer verständlich und zuweil auch ermüdend macht. Gerade in dieser Tatsache liegt jedoch auch eine der großen Stärken der *Faridah*, da sie einen ungeschönten Einblick in die Diskussionen radikaler Gruppen erlaubt.

4.2.4 Apostasie als Grund für Gewaltanwendung?

Das Konzept der Apostasie, also des Verlassens der eigenen Religion, ist nicht nur im Islam bekannt, sondern auch im Christentum und Judaismus anzutreffen. In der Moderne sind es jedoch ausschließlich islamische Staaten und Gruppen, die Apostasie zur Rechtfertigung politischer Gewalt nutzen. Die physische Bestrafung von

Apostaten nimmt dabei unterschiedliche Formen an, die von offizieller Gesetzgebung in Saudi Arabien, wo auf Apostasie vom Islam die Todesstrafe steht, bis zur Gewalt der Straße in Afghanistan und Pakistan reichen. Der Konsens der konservativen Rechtsschulen der Sunna sieht im Fall der Apostasie meist die Bestrafung mit dem Tode vor, eine aus westlicher Sicht kaum verständliche Härte für ein Vergehen, von dem man sich gar nicht vorstellen kann, dass es im Westen heute noch offiziell mit Strafe belegt sein könnte. Zwar kann man einwenden, dass das Konzept der Apostasie gar nicht aus dem Koran kommt und sich auf den Einfluss jüdischer und christlicher Traditionen zurückverfolgen lässt, es ist jedoch einzig im Islam, dass dieses Konzept heute noch breite Zustimmung findet.

Apostasie: Eine Definition

Wenn man über die Bestrafung von Apostaten reden möchte, so muss zunächst definiert werden, wer durch den Begriff des Apostaten erfasst wird und wer nicht. Um dieser Frage nachzugehen, wird im Folgenden weitgehend der Darstellung von Saeed und Saeed (Saeed 2004) gefolgt werden.

Einer Definition islamischer Rechtsprechung zufolge ist Apostasie definiert als

> „*unbelief of a Muslim who had earlier accepted Islam by confessing the unity of God and prophet hood of Muhammad of his [or her] own free-will, after having acquired knowledge of the fundamentals [of Islam] and made a commitment to abide by the rules of Islam.*" (Saeed 2004: 36)

Der Apostat kehrt also seiner zuvor freiwillig und ernsthaft praktizierten Religion den Rücken, um sich entweder einer anderen Religion anzuschließen oder eine atheistische Weltsicht anzunehmen. So ist auch die wörtliche Übersetzung des arabischen Begriffs *riddah*, der den aktiven Akt der Apostasie bezeichnet, „umkehren". Folgt man dieser Definition, so ist nicht spezifiziert, in welcher Form sich diese Umkehr manifestiert, ob als innere Entscheidung, durch eine Handlung, die nach islamischen Recht verboten ist und als schwerwiegend genug angesehen wird, den Handelnden aus dem Kreis der Gläubigen auszuschließen, oder durch Äußerungen, welche direkt oder indirekt eine Abkehr vom Islam bedeuten. Islamische Rechtsgelehrte haben demnach auch drei Kategorien entwickelt, in die Akte der Apostasie einzuteilen sind: glaubensbezogen, handlungsbezogen und äußerungsbezogen. Für jede dieser Kategorien gibt es unzählige Listen, die Verfehlungen auflisten, die einen zum Apostaten machen. Für die glaubensbezogenen Akte wären dies unter anderem Zweifel an der Existenz Allahs oder der Stellung Mohammeds als Gottes Prophet. Ebenso zählt der Zweifel an jeder grundlegenden Glaubensaussage, über die Einigkeit unter den

Muslimen herrscht, als glaubensbezogener Akt der Apostasie, während Zweifel oder Nichtübereinstimmung mit nicht allgemein akzeptierten Glaubensinhalten nicht als solcher gilt (Saeed 2004: 37). An dieser Stelle zeigt sich schon eines der grundlegenden praktischen Probleme der Apostasie. Etwas, das in einem Land als zum orthodoxen Glaubenssystem gehörig gezählt werden kann, kann in einem anderen islamischen Land nicht nur nicht dazu gezählt werden, sondern explizit als Irrglauben verstanden werden. Damit würde ein Umzug in der modernen Welt, z.B. von Saudi Arabien in den Iran, in der es kaum noch möglich ist, homogene Bevölkerungsstrukturen in Staaten und Regionen zu erhalten, dazu führen, dass man vom Gläubigen zum Apostaten wird. Dies ist nicht nur ein seltsam anmutender Zustand, wenn man bedenkt, dass der Islam einen universellen Geltungsanspruch erhebt, sondern auch für den Betroffenen unter Umständen lebensgefährlich, da die meisten muslimischen Juristen die Abkehr vom Glauben nicht nur als Sünde, sondern als Verbrechen betrachten und als einzige angemessene Strafe dafür den Tod für geboten halten (Saeed 2004: 36).

Der Apostasie verwandte Konzepte

Neben der Apostasie existieren jedoch noch weitere verwandte Konzepte, die laut zeitgenössischer Forschung von islamischen Gelehrten in früheren Zeiten nicht scharf gegeneinander abgegrenzt und zum Teil überhaupt nicht voneinander unterschieden wurden (Kamali 1994: 208). Diese Konzepte sollen im Folgenden kurz vorgestellt werden.

Blasphemie

Die Blasphemie wurde ursprünglich als Verbrechen gegen den Propheten Mohammed verstanden (*sabb al-rasul*), der durch unflätige Sprache beleidigt werden sollte, auch um dessen Ansehen damit zu schaden. Damit handelte es sich um ein Verbrechen gegen einen Menschen und fiel ganz selbstverständlich unter die weltliche Gesetzgebung. Erst später wurde der Straftatbestand der Blasphemie auch auf unflätige Sprache und Beleidigungen gegen Gott angewandt (*sabb allah*). In beiden Fällen jedoch fällt die Strafe sehr harsch aus. Die meisten islamischen Juristen sind sich einig, dass auf derartige Vergehen nur die Todesstrafe stehen kann (Saeed 2004: 38). Worin sich die Juristen jedoch uneins sind, ist der Grund für diese harsche Bestrafung. Während ein Teil die Meinung vertritt, dass Blasphemie einen äußerungsbedingten Akt der Apostasie darstellt und somit als Apostasie mit dem Tode zu bestrafen ist, wenn es sich bei dem Gotteslästerer um einen Moslem handelt, sehen andere Juristen in dem Akt selbst ein todeswürdiges Verbrechen und berufen sich auf die *Hadith*, um die Härte der Strafe zu rechtfertigen, da sich im Koran selbst keine eindeutige Aufforderung zur Bestrafung von Gotteslästerern findet. Die *Hadith* berichten jedoch von Fällen, in denen Leute umgebracht wurden, die den Propheten oder Allah beleidigt hatten, ohne dass das übliche Blutgeld an die Verwandten zu zahlen gewesen sei oder die Täter in einer anderen Form bestraft wurden. Aus diesen vom Propheten gebilligten Vorgängen schließen konservative Rechtsgelehrte, dass die Todesstrafe vom Propheten nicht nur gebilligt wurde, sondern die korrekte Form der Strafe darstellt. In diesem Falle trifft die Strafe für Blasphemie nicht nur Muslime, sondern auch Andersgläubige, welche zuvor von Strafe und Verfolgung frei gewesen wären, da eine Abkehr vom Glauben nur jemand vollziehen kann, der zuvor diesem Glauben angehangen hat, während ein eigenes Beleidigungsdelikt von jedermann begangen werden kann (Saeed 2004: 38).

Eine interessante Anmerkung zur Blasphemie ist, dass eine große Zahl an islamischen Rechtsgelehrten die Beleidigung Mohammeds als schwereres Verbrechen verglichen mit der Beleidigung Gottes ansieht. Diese zunächst kontraintuitiv erscheinende Ansicht ergibt sich daraus, dass islamische Rechtsgelehrte, ähnlich wie die Scholastiker des christlichen Mittelalters, zwischen Rechtsgeschäften unter Menschen und Angelegenheiten zwischen Gott und den Menschen (für die es nur Gott als Richter gibt) unterscheiden. Dies führt zu der Ansicht, dass eine Beleidigung des Propheten nur von diesem vergeben werden könnte, was aufgrund seines Dahinscheidens unmöglich ist, während ein reuiger Sünder, der Gott beleidigt hat, vor diesem um Vergebung bitten kann, und es in der Hand Gottes liegt, diesem zu vergeben. In der Praxis führt dies oft dazu, dass Gotteslästerern, die bereuen, die weltliche Strafe erlassen und die Sache in Gottes Hände gelegt wird.

Häresie

Ein weiterer der Apostasie verwandter Strafbestand ist die Häresie (*zandaqah*), bei der es sich um das Verbreiten einer Irrlehre handelt. Der konservative Konsens sieht auch für dieses Verbrechen die Todesstrafe vor, wobei die klassischen Gesetzestexte eine Gefährdung des islamischen Staates durch die Verbreitung dieser Lehre fordern, um die Härte der Bestrafung rechtfertigen zu können (Saeed 2004: 39). In diesem Fall würde es sich also weniger um ein religiöses Gesetz handeln, als vielmehr um ein rein weltliches, welches die Existenz der Staatsordnung sichern soll, ähnlich wie Versuche, die Staatsordnung umzustoßen, auch in anderen Ländern unter Strafe stehen. Allerdings wurde oft behauptet, dass das Verbreiten einer religiösen Irrlehre die Ehre des Propheten beleidigen würde, und diese Beleidigung der Ehre des Propheten wurde als Grund für die Bestrafung angeführt, was dazu führte, dass die Bedrohung der Staatsordnung als Grundlage der Strafe an Bedeutung verlor und die Grenze zwischen Häresie und Blasphemie verwischt wurde (Saeed 2004: 39). Hinzu kommt, dass es sich bei der Häresie nicht um ein koranisches Prinzip handelt. So findet sich eine erste Erwähnung des Begriffs erst 125 Jahre nach Beginn der islamischen Zeitrechnung im Jahr 742 n. Chr. Die *Shorter Encyclopedia of Islam* berichtet, dass „*polemics of the conservatives describe as zindic* [Häretiker] *or a „free thinker" anyone whose external profession of Islam seems to them not sufficiently sincere*" (Gibb 1974: 659). Betrachtet man diese Definition, so stellt man fest, dass der Begriff in einer weiteren Weise genutzt wurde. Das Verbrechen, das in diesem Fall als Häresie verfolgt wird, ist nämlich weniger die Verbreitung einer Irrlehre, die nach dieser Definition jedoch weiterhin verfolgt werden kann, wenn das Vertreten einer Irrlehre als nicht ausreichend islamisch und somit als nicht ausreichend ehrlicher Ausdruck einer islamischen Gesinnung verstanden wird, sondern das Vortäuschen einer islamischen Gesinnung, wo diese nicht vorliegt. Mit dieser Definition verschwimmt die Grenze zwischen Häresie und einem weiteren der Apostasie verwandten Konzept, der (religiösen) Heuchelei (*nifaq*).

Heuchelei

Die Heuchelei (*nifaq*) wird im Koran mehrfach erwähnt und beschreibt den Zustand, dass Leute nach außen hin vorgeben, zum Islam konvertiert zu sein, ohne wirklich zu glauben (z.B. Sure 2:8-10). Dieser zur Schau getragene Übertritt zum Islam erfolgte oft, um sich Vorteile in einer Welt zu verschaffen, in der Muslime gegenüber Nichtmuslimen bevorzugte Behandlung erfuhren. So war der Übertritt zum Islam in Zeiten des Kalifats die einzige Möglichkeit, politische Ämter zu erreichen, aber auch im zivilrechtlichen Bereich brachte der Religionswechsel zum Islam erhebliche Vorteile. Da schon zu Lebzeiten des Propheten erkannt wurde, dass derartige Scheinübertritte erfolgten, und diese den noch jungen islamischen Staat bedrohten, warnte Mohammed vor den Heuchlern und in Sure 9:73 des Koran wird sogar zum *Jihad* gegen die Heuchler aufgerufen. Da *Jihad* jedoch nicht mit bewaffnetem Kampf und Todesurteilen gleichzusetzen ist, bleibt aus Sicht des Koran unbestimmt, ob es eine weltliche Strafe für Heuchelei geben solle und wie diese genau auszufallen hat. Eine klare Aussage für die Anwendung der Todesstrafe lässt sich zumindest weder im Koran noch in den *Hadith* finden (Saeed 2004: 41). Nichtsdestotrotz fordern die traditionellen Rechtsschulen als Strafe für *nifaq* den Tod, weil sich die Ähnlichkeit von *nifaq* und *zandaqah* nicht von der Hand weisen lässt. In beiden Fällen wird vorgegeben, zum Islam konvertiert zu sein, ohne dass eine wirkliche Überzeugung dahinter stände. Wenn also das eine mit dem Tode zu bestrafen ist, dann muss das andere die gleiche Strafe nach sich ziehen (Saeed 2004: 41).

Unglauben

Ein letztes in diesem Zusammenhang zu erwähnendes Konzept ist der Unglauben (*kufr*). Als Ungläubiger (*kafir*) gilt, wer nicht an die Grundsätze des Islam glaubt. Im Besonderen bedeutet dies, folgende Glaubensgrundsätze nicht anzuerkennen: die Existenz und Einheit Allahs sowie die Stellung Mohammeds als Sein Prophet. Auf dieser Ebene gilt also zunächst jeder als Gläubiger, der diese Grundsätze anerkennt. Die Debatte der Rechtsgelehrten geht jedoch eine Ebene tiefer. Einige Rechtsgelehrte vertreten die Meinung, dass es nicht ausreicht, seinen Glauben an diese Grundsätze kundzutun, um als Muslim zu gelten, und so spaltet sich die islamische Rechtstradition in Schulen, die „Wort und Glaube" für ausschlaggebend halten, um die Zugehörigkeit zur Religionsgemeinschaft zu bestimmen, während andere Schulen diesem Paar noch die „Tat" als Kriterium hinzufügen. In letzterem Fall könnte jemandem, der ernsthaft von sich behauptet, Muslim zu sein, dennoch die Zugehörigkeit zum Islam abgesprochen werden, wenn sein Verhalten nicht islamischen Vorschriften entspricht (Watt 1974: 70). Welch großes Missbrauchspotenzial in dieser Praxis steckt, Leute zu Ungläubigen erklären zu können, selbst wenn diese ein Selbstverständnis als Muslime besitzen, ist offensichtlich, insbesondere, wenn man sich ins Gedächtnis ruft, dass keineswegs Einigkeit darüber herrscht, was vom Islam wirklich vorgeschrieben wird.

Strafe und Rechtfertigung

Die Strafe für Apostasie im vormodernen islamischen Recht ist der Tod. Über diesen Punkt scheinen sich die vier großen Rechtsschulen einig zu sein, auch wenn es Unterschiede in Details gibt. So glaubt z.B. die Schule der Hanafiten, dass die Apostasie eines Betrunkenen ungültig ist, während die Schulen der Malikiten, Hanbaliten und Schafiiten die Apostasie eines Betrunkenen für gültig erachten (Saeed 2004: 51). Die Todesstrafe wird vollstreckt, außer der vom Glauben Abgefallene bereut und kehrt in die Reihen der Gläubigen zurück. Je nach Schule gelten dafür unterschiedliche Rahmenbedingungen. Auch gibt es Ausnahmen, in denen auch Reue und eine Rückkehr zum Islam das Todesurteil nicht aufheben können. Entscheidend ist jedoch, dass nach der orthodoxen Auffassung lediglich der Herrscher oder sein Stellvertreter die Autorität besitzen, um die Todesstrafe für Apostasie und verwandte Vergehen zu verhängen. Diese Auffassung wird jedoch dadurch geschwächt, dass unter einem Teil der gläubigen Muslimen die Einstellung vorherrscht, dass das Leben eines Apostaten nichts mehr wert sei. Nach traditionellem islamischem Recht steht ein Tötungsdelikt an Apostaten auch nicht unter Strafe, was diese Auffassung noch verstärkt und in einem gewissen Widerspruch zu der Tatsache steht, dass offiziell nur ein Herrscher und sein Stellvertreter die Autorität besitzen, Apostasie festzustellen (Saeed 2004: 55).

Rechtfertigung aus dem Koran

Während die meisten Rechtfertigungen für die Todesstrafe bei Apostasie sich auf die *Hadith* berufen, gibt es auch Versuche, speziell aus neuerer Zeit, diese mit Hilfe von „indirekten Versen des Koran" zu belegen, wie dies z.B. Muhammad Hamidullah (1908-2002) versucht, der dafür Sure 5:54 zitiert:

> „*O you who have attained to faith! If you ever abandon your faith God will in time bring forth people who He loves and who love Him – humble towards believers, proud towards all who deny the truth [...]*" (Rahman 1996: 10)

Die offensichtliche Schwäche dieses Versuchs ist, dass der Vers zwar eindeutig Bezug auf diejenigen nimmt, die ihren Glauben verlassen, also auf Apostaten, jedoch keinerlei weltliche Bestrafung erwähnt.

Andere Versuche sind besser geeignet, um die Todesstrafe zu stützen. So beruft sich Maududi unter anderem auf folgenden Koranvers:

> „*Yet, if they repent, and take to prayer, and render the purifying dues, they become your brethren in faith: and clearly do We spell out these messages unto people of knowledge. But if they break their solemn pledges after having concluded a covenant, and revile your religion, then fight against these archetypes of faithlessness who, behold, have no pledges, so that they might desist.*" (Rahman 1996: 10)

Maududis Interpretation dieses Verses ist, dass durch den Übertritt zum Islam ein Vertrag geschlossen wird, der keinen Rücktritt erlaubt. Laut Maududis Interpretation muss jedermann bei seinem Übertritt zum Islam klar sein, dass es von diesem Schritt kein Zurück gibt. Wer den Islam verlassen möchte, bricht diesen Vertrag und hat demnach die Konsequenzen zu tragen. Auf diese Weise stellt Maududi eine Verbindung zwischen diesem Vers und dem Tatbestand der Apostasie her, die in dem Vers nicht erwähnt wird. Die weltliche Strafe hingegen wird durch den Aufruf zum Kampf eindeutig erwähnt.

Saeed bemerkt zu dieser Interpretation, dass der Vers nichts mit Apostasie zu tun hat und sich eigentlich gegen Ungläubige richtet, die Waffenruhen und Friedensverträge mit dem Propheten geschlossen hatten, um diese anschließend zu verletzen. Außerdem ist die „*interpretation adopted by Maududi to support the death penalty [...] far-fetched and has no linguistic, contextual or historical basis*" (Saeed 2004: 57). Vermutlich hat Saeed mit dieser Aussage Recht, sie kann jedoch Maududis Verständnis dieses Verses nicht erschüttern, da er als Fundamentalist, der eine wörtliche Auslegung des Koran befürwortet, genau diese Art des linguistischen, kontextuellen und historischen Verständnisses ablehnt. Saeed nimmt an dieser Stelle also eine modernistische Position ein, um die fundamentalistische Position anzugreifen, ohne dabei zu realisieren, dass dieser Angriff seine Wirkung verfehlen muss, da das, was Saeed als Schwäche sieht, von Maududi als Stärke angesehen wird. Eine geeignetere Form der Kritik an

Maududis Position wäre, darauf hinzuweisen, dass ein derartiger Vertrag nicht als Grundkonsens unter Muslimen angesehen werden kann und somit Maududis Annahmen, dass offensichtlich ein Vertrag verletzt wird, auf wackeligen Füßen steht.

Ähnlich sieht es mit einem weiteren Vers aus, der von Fundamentalisten zur Verteidigung der Todesstrafe angeführt wird (Sure 5, Vers 33):

> „*The recompense of those who make war on God and His apostle and spread corruption on earth shall but be that they shall be slain, or crucified, or that their hands and feet be cut off on opposite sides, or that they shall be banished from the land: such shall be their ignominy in this world.*"

Dieser Vers kann als äquivalent dem vorhergegangenen angesehen werden, da auch dieser Vers zwar die weltliche Strafe in expliziter Form ausbreitet, jedoch in keiner Weise die Apostasie erwähnt. Lediglich diejenigen, die gegen den Islam vorgehen, müssen mit Strafe belegt werden, und der einzige Weg, diesen Vers mit Apostasie in Verbindung zu bringen, ist, eine Abkehr vom Islam als „*make war on God and His apostle*" zu verstehen. Eine Ansicht, die nur dann haltbar sein kann, wenn der Apostat sich offen gegen seine alte Religion wendet. Sollte dies in einer Form erfolgen, die gewaltfrei ist, so könnte sich der Fundamentalist noch auf eine schwache Position zurückziehen, indem er eine Idee ähnlich Huntingtons *clash of cultures* vertritt und auch Propaganda gegen den Islam als Teil eines Kampfes der Kulturen oder Ideen ansieht. Für den Fall jedoch, dass der Apostat sich lediglich still und leise aus seiner alten Religion verabschiedet, bleibt dem Fundamentalisten kaum noch eine Möglichkeit, diesen Vers zur Rechtfertigung zu nutzen.

Ein Vers, der im Gegensatz zu den zwei letztgenannten die Apostasie ausdrücklich erwähnt, wäre folgender (Sure 16, Vers 106):

> „*As for anyone who denies God after having once attained to faith – and this, to be sure, does not apply to one who does it under duress, the while his heart remains true to his faith, but [only to] him who willingly opens up his heart to a denial of the truth – upon all such [falls] God's condemnation, and tremendous suffering awaits them ...*"

Die Erwähnung der Apostasie ("*anyone who denies God after having once attained to faith*") ist eindeutig, aber dass "*tremendous suffering*" sich auf das Diesseits bezieht und nicht auf das Jenseits und damit die Todesstrafe gemeint ist, ist zu bezweifeln, da sich der folgende Vers 16:109 auf das Jenseits bezieht und nahe legt, dass sich Vers 16:106 ebenso auf das Jenseits bezieht, was bedeuten würde, dass der Vers eben keine weltliche Strafe vorsieht (Saeed 2004: 58).

Diese ausgewählten Beispiele zeigen, dass man weder mit einem modernistischen Verständnis noch mit einem orthodoxen Verständnis des Islam eine Todesstrafe aus dem Koran heraus begründen kann. Lediglich für die Fundamentalisten, die eine wörtliche Auslegung des Koran vertreten, besteht eine geringe Aussicht auf Erfolg. Diese wird jedoch dadurch geschmälert, dass die Interpretation schon sehr weit gefasst sein muss, um das gewünschte Resultat zu erzielen, und daher fraglich ist, ob diese Position wirklich überzeugen kann.

Rechtfertigung aus dem Hadith

Nachdem der Koran keine Rechtfertigung für die Todesstrafe als Antwort auf Apostasie zu liefern scheint, bleiben die Überlieferungen aus dem Leben Mohammeds, um doch noch zu einer Rechtfertigung dieser außergewöhnlich harten Bestrafung zu kommen. Schließlich wurde bereits erwähnt, dass sich die Rechtsschulen der Sunna einig darüber sind, dass die einzige gerechte Strafe für Apostasie der Tod ist.

Den wohl gängigsten *Hadith*, der zur Rechtfertigung der Todesstrafe bei Apostasie verwendet wird, diskutiert Saeed, wobei er der Darstellung Muhammad b. Ali b. Muhammad al-Shawkanis folgt. In dem *Hadith*, der für authentisch gehalten wird, heißt es:

> *„The Prophet reportedly said: Whoever changes his religion, kill him!" (Saeed 2004: 58)*

Nimmt man dieses Wort des Propheten wörtlich, so würde dies bedeuten, dass sobald jemand irgendeine Religion angenommen hat, er diese niemals ändern dürfte, egal ob es sich bei dieser Religion um den Islam, das Christentum, den Hinduismus oder sonst eine beliebige Religion handelt. Bedenkt man nun, dass ein Übertritt zum Islam in dieser missionierenden Religion eine hochgeschätzte Handlung ist, so sieht man sofort, dass dieser *Hadith* wohl nicht wörtlich zu befolgen ist (Saeed 2004: 59). Die meisten islamischen Rechtsgelehrten gehen dementsprechend auch davon aus, dass mit *„religion"* nur die in ihren Augen einzig wahre Religion, sprich der Islam, gemeint sein kann (Saeed 2004: 59).

Aufgrund der Widersprüchlichkeit des zuvor vorgestellten *Hadith* wurden weitere Belege gesucht, die Todesstrafe für Apostasie zu begründen. Einen Beleg liefert folgender *Hadith*:

> *„The Prophet, peace be upon him, said: 'The blood of a Muslim who confesses that there is no god but Allah and that I am the messenger of Allah, cannot be shed except in three cases: a life for a life; a married person who commits illegal sexual intercourse; and the one who turns renegade from Islam (apostate) and leaves the community of Muslims.'"* (Saeed 2005: 59)

Liest man diesen *Hadith* wörtlich, so schreibt der Prophet eindeutig vor, dass, wer die Gemeinschaft der Muslime verlässt, als vogelfrei zu betrachten ist. Allerdings schreibt der Prophet keine zwingende weltliche Strafe vor, da es nicht heißt, dass desjenigen Blut zu vergießen *sei*. Er schreibt lediglich, dass desjenigen Blut vergossen werden *kann*.

Es existieren weitere *Hadith*, die zur Rechtfertigung der Todesstrafe genutzt werden können, und an dieser Stelle soll nur noch einer zitiert werden:

> *„When Mu'adh arrived [in Yemen] he declared: 'O people, I am the messenger of the Messenger of Allah (may peace be upon him) [sent] to you.' Abu Musa prepared a cushion for Mu'adh to sit on. A Jew who had become Muslim and then reverted to unbelief was then brought to Mu'adh. Whereupon Mu'adh said, three times, 'I will not sit until this man is executed according to the judgement of Allah and His Prophet'. When the man was executed, he [Mu'adh] sat down.*" (Saeed 2004: 63)

Der *Hadith* schreibt eindeutig vor, dass dieser Mann zu exekutieren sei, man erfährt jedoch nichts über den Hintergrund, so dass man zwar schließen kann, dass es lediglich aufgrund seiner Apostasie zu dem Todesurteil kommt, man ist jedoch nicht zu diesem Schluss gezwungen.

Damit bietet sich folgendes Bild: Die klassischen Juristen sind der Meinung, dass all diese Überlieferungen ein schlüssiges Bild ergeben und der Prophet für Apostasie die Todesstrafe für geboten hielt. Dies ist dann auch die orthodoxe Lehrmeinung der meisten Rechtsgelehrten der Sunna.

Die Modernisten hingegen versuchen aufzuzeigen, dass all diese Überlieferung sich nicht gegen Apostasie als solche wendet, sondern nur gegen eine Gefährdung des Staates durch Apostaten, um die Strafe aus dem Bereich des göttlichen in den Bereich des weltlichen Rechts zu verlagern, in dem Hochverrat mit dem Tode zu bestrafen ist, jedoch nicht jeder Fall von Apostasie einen Fall von Hochverrat darstellt. Im Fall des zuvor erwähnten jemenitischen Juden weist Saeed z.B. darauf hin, dass zu der Zeit, aus der die Überlieferung stammt, eine jüdische Sekte ehemaliger Muslime aktiv gegen den Islam vorging, woraus er schließt, dass es sich bei dem Verurteilten um ein Mitglied dieser Sekte handeln muss. Damit ist für Saeed klar, dass die Todesstrafe nicht für die Abkehr vom Islam, sondern für das aktive Bekämpfen des muslimischen Glaubens verhängt wurde (Saeed 2004: 63). Dies scheint ihm umso wahrscheinlicher, zumal es in einer Version des zweitgenannten *Hadith* nicht heißt „*and leaves the community of Muslims*", sondern „*leaves Islam and engages in fighting against Allah and His Prophet*" (Saeed 2004: 60). Die modernistische Position leidet dabei unter zwei Problemen: zum einen benötigt sie mehr und komplexere Annahmen als die orthodoxe Position, was nicht nur Probleme in Hinsicht auf Ockhams Rasiermesser bereitet, sondern sie gläubigen Muslimen auch als weniger wahrscheinlich erscheinen lassen kann, da zusätzliche Annahmen nötig werden. Damit fällt es ihr schwer, sich gegen die orthodoxe Position durchzusetzen, zumal beide Interpretationen historische, linguistische und kontextuelle Forschung betreiben, so dass sie sich, im Gegensatz zur fundamentalistischen Position, auf dem gleichen Schlachtfeld befinden. Zum anderen leidet die modernistische Interpretation darunter, dass unklar bleibt, ab wann ein Angriff auf den Glauben als Hochverrat und somit als weltliches Verbrechen gelten kann. Muss der Apostat zur Waffe greifen und sich gegen den Islam wenden? Reicht es, zum Christentum zu konvertieren und zu versuchen, für dieses missionieren zu wollen? Ist das Veröffentlichen von Karikaturen ausreichend, die anschließend Hunderttausende auf die Straße treiben? Die Modernisten haben an dieser Stelle noch viel Arbeit zu leisten, um ihre eigene, zumeist liberale, Weltsicht auszuarbeiten und abzusichern.

Philosophische Einordnung

Faraj wendet in der *Faridah* viel Energie auf, um zu belegen, dass es sich bei den Herrschenden in der arabischen Welt der 1980er Jahre um Apostaten handelte, da diese nicht die Regeln der Scharia befolgten, auch wenn sie als Muslime geboren wurden. Was er seinen Lesern nicht mitteilt, ist, auf welcher Grundlage er die Todesstrafe für Apostaten befürwortet. Es ist anzunehmen, dass es für Faraj selber ausreichend war, dass er die Todesstrafe durch Allah und den Propheten Mohammed befürwortet und damit für ausreichend legitimiert ansah, in Kapitel 2 wurde jedoch bereits argumentiert, dass diese theologische Rechtfertigung nicht als ausreichend angesehen werden kann. Dies muss umso mehr im Fall der Apostasie gelten, da derjenige, der sich von einer Glaubensgemeinschaft lossagt, damit genau zum Ausdruck bringt, dass er die Überzeugungen dieser Gemeinschaft nicht mehr zu 100% akzeptiert. Insbesondere die Regelung einer Religion, dass diese nicht verlassen werden kann, ist dabei eine der Überzeugungen, die der Apostat rein logisch aufgeben muss.

Wie in der Einleitung zu diesem Abschnitt bereits erwähnt, ist es in der westlichen Welt kaum mehr vorstellbar, dass das Verlassen einer Religionsgemeinschaft noch offiziell sanktioniert wird. Dies würde zudem dem Gebot der Religionsfreiheit, das ausdrücklich auch das Recht seinen Glauben aufzugeben oder zu wechseln mit einschließt, widersprechen. Dieses Gebot ist auch in Artikel 18 der *Allgemeinen Erklärung der Menschenrechte* der Vereinten Nationen festgehalten, wo es heißt:

> „*Jeder Mensch hat Anspruch auf Gedanken-, Gewissens- und Religionsfreiheit; dieses Recht umfasst die Freiheit, seine Religion oder seine Überzeugung zu wechseln, sowie die Freiheit, seine Religion oder seine Überzeugung allein oder in Gemeinschaft mit anderen in der Öffentlichkeit oder privat durch Lehre, Ausübung, Gottesdienst und Vollziehung eines Ritus zu bekunden.*“

Die *Allgemeine Erklärung der Menschenrechte* ist Teil der Normen, die jeder Staat bei Aufnahme in die Vereinten Nationen akzeptiert, ohne dass diese Erklärung ausdrücklich ratifiziert werden muss. Dies gilt auch für die islamischen Staaten, die alle Mitglieder der UN sind. Der Vollständigkeit halber sei jedoch erwähnt, dass die *Allgemeine Erklärung der Menschenrechte* am 10. Dezember 1948 mit 48 Ja-Stimmen und 8 Enthaltungen angenommen wurde, wobei eine der Enthaltungen von Saudi-Arabien stammte, die diese unter anderem mit dem Artikel 18 begründeten. Wenn aber eine rein theologische Begründung nicht als ausreichend gelten kann und der Wert der Religionsfreiheit durch ihre Aufnahme in den Kreis der allgemeinen Menschenrechte bezeugt ist, lässt sich dann eine Bedrohung von Apostaten mit dem Tode aus westlicher Sicht überhaupt rechtfertigen? Zwei Ansätze, die Erfolg haben könnten, wurden bereits erwähnt. Einerseits die Idee eines Vertrages, den jeder Moslem akzeptiert und der einen Religionswechsel verbietet, und andererseits die Idee, dass es sich bei der Apostasie um ein Verbrechen handelt, dass den Staat gefährdet und damit eine ähnliche Stellung einnimmt wie der Landesverrat im Fall der äußeren Sicherheit.

Wendet man sich zunächst der Vertragstheorie zu, wie sie etwa von Maududi vertreten wurde, so kann man festhalten, dass es nicht unplausibel ist, die Möglichkeit einzuräumen, durch eine vertragliche Regelung auf ein Recht zu verzichten. Der Moslem würde dann als Inhaber des Rechts auf Religionsfreiheit durch den Beitritt zum Islam seinen Willen bekunden, forthin auf dieses Recht zu verzichten, und auch die Todesstrafe als vertraglich festgelegte Sanktion akzeptieren. An dieser Sichtweise sind jedoch zwei Kritikpunkte anzubringen. Erstens ist nicht klar, ob es überhaupt möglich ist, elementare Grundrechte aufzugeben. Manche Philosophen, unter ihnen z.B. Thomas Hobbes (Kaufmann 1999: 29) und John Locke, sind der Meinung, dass es Rechte gibt, die so fundamental sind, dass sie auch vom Rechteinhaber nicht aufgegeben werden können. Als Beispiel wird meist das Recht auf Leben angeführt. Wenn es aber eine solche Klasse von Rechten geben sollte, so stellt das Recht auf Religionsfreiheit einen Kandidaten für ein solches dar. Das Recht auf seinen eigenen Glauben und seine eigenen Überzeugungen ist sicherlich fundamental genug. Auch sollte dem Rechteinhaber klar sein, dass, sollte er seine Überzeugung ändern, er nichts dagegen tun könnte, so dass es zumindest leichtfertig wäre, auf das Recht auf Religionsfreiheit zu verzichten, zumal wenn man die Sanktionen bedenkt. Die Existenz einer solchen Klasse von Rechten ist jedoch nicht unbestritten. Zweitens krankt die Vertragstheorie jedoch auch daran, dass ein solcher Vertrag nicht geschlossen wurde und bestenfalls hypothetisch zustande kommt. Gerade Personen, die in die Religion hineingeboren werden, haben zu keinem Zeitpunkt eine willentliche Entscheidung getroffen, ihr Recht auf Religionsfreiheit aufzugeben. Darüber hinaus zeigt die Tatsache, dass viele moderate Muslime die Todesstrafe für Apostaten ablehnen, dass diese keineswegs der Meinung sind, dass das Verbot der Apostasie einen notwendigen Teil ihrer Religion ausmacht, dem sie zustimmen müssten oder indirekt zugestimmt hätten. Die Vertragsansicht scheint also nicht geeignet, die Todesstrafe für Apostaten zu legitimieren.

Wie stellt sich die Lage bei der Legitimation durch eine Bedrohung der Staatsform dar? Fakt ist, dass die meisten Länder dieser Welt den Versuch, die bestehende Staatsform zu verändern, unter Strafe stellen. Einige Staaten, darunter die Bundesrepublik Deutschland, gehen darüber hinaus noch weiter und erlauben ihren Bürgern sogar ein individuelles Widerstandsrecht für den Fall, dass ein Umsturz der Regierungsform droht. In Artikel 20, Absatz 4 des Grundgesetzes heißt es in Bezug auf die freiheitlich demokratische Ordnung, wie sie in den Absätzen 1-3 desselben Artikels definiert werden:

> „*Gegen jeden, der es unternimmt, diese Ordnung zu beseitigen, haben alle Deutschen das Recht zum Widerstand, wenn andere Abhilfe nicht möglich ist.*"

Kann sich Faraj also auf ein ähnliches Widerstandsrecht berufen? Aus seiner Sicht stellt es sich vermutlich so dar. Sadat, der als Präsident Ägyptens die Scharia einführen sollte und dies nicht tut, hat damit die Gesellschaftsordnung von der legitimen islamischen Ordnung, wie sie Faraj zufolge einmal bestand, zu einer illegitimen Herrschaftsform verwandelt oder zumindest die illegitime Herrschaftsform weitergeführt. Faraj zufolge ist es nun die Pflicht eines jeden rechtgläubigen Moslems, dies zu korrigieren und zur ursprünglichen islamischen Herrschaftsform zurückzukehren. Die einzige Möglichkeit, die er dazu sieht, ist der Tyrannenmord.

Im Falle des Präsidenten Sadat mag diese Erzählung zumindest *prima facie* noch plausibel erscheinen, für einfache Gläubige, die den Islam verlassen, ist sie das sicherlich nicht. Ein einzelner Gläubiger, der nichts weiter tut, als seinem Glauben abzuschwören, wird schwerlich eine Bedrohung der Staatsordnung oder der inneren Sicherheit und Ordnung darstellen. Selbst wenn es sich um eine nicht zu vernachlässigende Zahl von Apostaten handeln würde, so hieße dies nicht, dass von diesen eine Bedrohung für die innere Sicherheit und Ordnung ausgehen würde. In westlichen Gesellschaften ist es Gang und gäbe, dass Personen ihre Überzeugungen und Glaubensgemeinschaften wechseln, ohne dass dies ein Problem für die innere Ordnung darstellt, und dies gilt vermutlich ebenso für die meisten islamischen Länder, nur dass die Apostaten dort aufgrund radikaler Elemente um ihre persönliche Sicherheit besorgt sein müssen. Wenn jedoch diese radikalen Elemente Massen aufwiegeln und so die Apostasie einfacher Gläubiger tatsächlich zu einem Problem für die innere Sicherheit und Ordnung werden lassen, so ist dies schwerlich denjenigen anzulasten, die eine freie Gewissensentscheidung für sich beanspruchen. Die Verantwortung liegt dann vielmehr bei denjenigen, die ihnen dies verweigern wollen.

Wenn jedoch die innere Sicherheit und der Fortbestand der Staatsform nicht ausreichen, um die Todesstrafe für einfache Apostaten zu legitimieren, kann Faraj dann wenigstens ein Widerstandsrecht im Falle des Attentats auf Präsident Sadat für sich in Anspruch nehmen? Um diese Frage zu beantworten, ist es nötig, sich die Grundlagen eines Rechts auf Widerstand in der westlichen Welt zu vergegenwärtigen. Diese werden hier in der Form wiedergegeben werden, wie sie von John Locke begründet wurden, da es sich bei Lockes Theorie um eine der bekanntesten Widerstandstheorien handelt, und weil Locke gleichzeitig die Grundlage für die meisten heutigen Widerstandstheorien legte, die oft nur in Details von Lockes Argumentation abweichen. Den meisten Theorien zum Widerstandsrecht gemeinsam ist, dass sie davon ausgehen, dass die Menschen mit Rechten geboren sind, die ihnen immanent sind. Bei Locke sind dies die Rechte auf Leben, Freiheit und Eigentum, die allen Menschen aufgrund der gemeinsamen Vernunft zueigen sind. Aufgrund dieser Rechte besitzen die Menschen im Naturzustand auch ein korrespondierendes Selbstverteidigungsrecht (Locke 1977: 203-211). Das Volk als Souverän schließt sich laut Locke nun per Gesellschaftsvertrag zusammen, um den Staat mit dem Schutz dieser Rechte zu beauftragen, wobei auch das individuelle Recht auf Selbstverteidigung eingeschränkt wird, da die Schutzfunktion von den Staatsorganen übernommen wird. Sollte der Staat in dieser Funktion dann jedoch versagen, oder, noch schlimmer, durch rechtswidrige Angriffe auf Leben, Freiheit oder Eigentum das Individuum selbst bedrohen, so liegt ein Bruch des Gesellschaftsvertrags vor und versetzt das Individuum dem Staat gegenüber wieder in den Naturzustand. Das Widerstandsrecht ergibt sich somit als Spezialfall des natürlichen Selbstverteidigungsrechts (Locke 1977: 237). So oder so ähnlich sehen auch Rawls und Nozick das Widerstandsrecht und diese Lesart ist auch mit dem deutschen Grundgesetz vereinbar, in dem es heißt, dass alle Staatsgewalt vom Volke ausgeht (GG Art. 20, Abs. 2). Womit diese Lesart jedoch nicht vereinbar ist, ist ein Widerstandsrecht im Sinne Farajs abzuleiten. Wenn nämlich das Volk als Souverän die Quelle aller Staatsgewalt und die eigentliche Legitimation der Gewaltanwendung der Schutz von individuellen Rechten ist, dann kann eine Legitimation auf dieser Basis in einem System wie dem von Faraj, der Gott als Souverän ansieht und jedes System in dem das Volk Souverän ist als „lediglich von Menschen gemacht“ ablehnt, nicht funktionieren. Das liberale, westliche Widerstandsrecht existiert nur, weil es Rückbezug auf individuelle Rechte nimmt, wie es ein fundamentalistisches, islamisches System im Sinne Farajs nicht kann. Letzteres kann sich lediglich auf Gott und seine Vorschriften berufen. Damit ist hier jedoch ein unauflösbarer Konflikt erreicht: Für liberale Denker lässt sich die Todesstrafe für Apostasie nicht rechtfertigen, da die Freiheit des Individuums Ausgangspunkt und Stärke des Systems darstellt, während dies für den Fundamentalisten eine Verirrung darstellt, da Gott allein Ausgangspunkt aller legitimen Staatsformen zu sein hat.

4.2.5 Zusammenfassung

Die *Faridah* bietet also einen ungeschönten Einblick in die internen Debatten radikaler Gruppen. Ihr Autor, Abdul Salam Faraj, wendet in ihr viel Mühe darauf

auf, zu zeigen, dass Führer, wie der ehemalige Präsident Ägyptens, Anwar al-Sadat, dadurch, dass sie nicht nach der Scharia und damit nicht nach „Gottes Gesetz“ regieren, nicht mehr als Muslime gelten können und als solche nicht legitimerweise über Muslime herrschen können. Darüber hinaus machen sie sich der Apostasie, also der Abkehr vom Islam, schuldig, welche nach dem Konsens der orthodoxen Glaubensschulen mit dem Tode zu bestrafen ist. Warum jedoch die Todesstrafe auf dieses, nach westlichem Verständnis nicht strafwürdige, Vergehen stehen sollte, ist nicht eindeutig zu beantworten. Neben einer rein theologischen Begründung, welche in der westlichen Welt als nicht ausreichend empfunden werden kann, wurde eine Vertragstheorie vorgeschlagen, nach der ein Moslem mit dem Beitritt zum Islam die Todesstrafe für Apostasie als korrekte Strafform anerkennt und sie somit legitimiert. Diese Begründung wurde jedoch aufgrund der Tatsache verworfen, dass diese Anerkennung nicht erfolgen muss und gerade bei in den Glauben hineingeborenen Personen nie stattgefunden hat. Zusätzlich ist nicht klar, ob ein elementares Recht, wie es das Recht auf Leben ist, überhaupt vom Rechteinhaber aufgegeben werden kann. Eine weitere Möglichkeit, die angeführt wurde, um die Todesstrafe in Zusammenhang mit Apostasie zu verteidigen, war die Behauptung, dass Apostasie eine Gefährdung der öffentlichen Ordnung darstellt. Diese Behauptung wurde jedoch als nicht haltbar verworfen. Eine letzte Bemühung, die Todesstrafe für Apostasie wenigstens für Staatsoberhäupter zu verteidigen, versuchte, diese durch Rückgriff auf ein Widerstandsrecht gegenüber illegitimen Herrschern zu legitimieren. Auch dieser Versuch muss jedoch aus westlicher Sicht abgelehnt werden, da sich ein Widerstandsrecht nach einer liberalen Weltsicht auf den Schutz des Selbstbestimmungsrechts der Regierten als Souverän stützt, welches von Fundamentalisten, die alleine Gott als Souverän anerkennen, nicht gewährt wird und somit nicht der Gewaltrechtfertigung dienen kann.

4.3 Abdullah Azzam, Ideologe des Dschihad: Freiheitskämpfer oder Terrorist?

4.3.1 Einleitung

Man hört oft den Spruch, dass des einen Terrorist des anderen Freiheitskämpfer sei (siehe z.B. Laqueur 1987). Dieser Spruch wird manchmal als eine reine Feststellung von Tatsachen verwendet, oft aber drückt er einen philosophischen Relativismus aus, der behauptet, dass es keinen moralischen Unterschied zwischen Freiheitskämpfern und Terroristen gibt, zumindest nicht in Bezug auf die Anwendung politischer Gewalt durch diese beiden Gruppen. Als Konsequenz bliebe dann lediglich festzustellen, dass es sich bei der Unterscheidung zwischen Freiheitskämpfern und Terroristen lediglich um eine der Perspektive, oder noch zynischer, um eine Frage des militärischen oder propagandistischen Erfolges handelte (Kaufmann 2004: 81-95). Obwohl es durchaus richtig ist, dass die Betitelung einer Gruppe als „Freiheitskämpfer" beziehungsweise „Terroristen" auch von politischen Faktoren bestimmt wird, gibt es jedoch gute Gründe, an dem Glauben festzuhalten, dass es einen moralischen Unterschied zwischen diesen beiden Gruppen gibt. Schließlich wird „Terrorist" im modernen Sprachgebrauch lediglich als negativ beladener Terminus gebraucht. Daran anschließend ist zu beobachten, dass politische Gruppierungen, die Gewalt ausüben, sich nicht als „Terroristen" verstehen und bezeichnen, sondern andere Termini bevorzugen. In der Selbstbeschreibung dieser Gruppen wird dann von „Freiheitskämpfern", „Kämpfern für die Sache" oder ähnlichem gesprochen.

Die Unterscheidung zwischen terroristischer Gewalt und anderen Formen der Gewalt findet sich auch in der juristischen Sprache wieder. Das Verteidigungsministerium der Vereinigten Staaten von Amerika definiert Terrorismus als

> „*premeditated, politically motivated violence perpetrated against non-combatant targets by sub national groups or clandestine agents, usually intended to influence an audience. [Title 22 of the United States Code section 2656f (d)]*" (Hoffmann 2006: 31)

Kernpunkte dieser Definition sind die politische Motivation und das gleichzeitige Angreifen von Nichtkombattanten, die terroristische Gewalt von anderen Formen der Gewalt unterscheidet (siehe auch Bellamy 2008: 38-41). Ohne die politische Motivation handelt es sich schlicht um kriminelle Gewalt und es ist das bewusste Angreifen von Nichtkombattanten, das terroristische Gewalt von strategischer militärischer Gewalt unterscheidet, was sich auch in den Einsatzregeln (*rules of engagement*) westlicher Armeen widerspiegelt (Ignatieff 2000: 165). Durch die Einsatzregeln soll im Falle strategischer militärischer Gewalt moralische Legitimation erzeugt werden, und ohne diese Legitimation wird Terrorismus in westlichen Demokratien oft als moralisch nicht zu verteidigen angesehen. Daraus folgt, dass manche Formen der Gewalt, wie z.B. Guerilla-Kriegsführung gegen Besatzungstruppen, manchmal als legitim angesehen werden, während terroristische Gewalt fast durchgängig verurteilt wird, da sie Taten einschließt, nämlich das gezielte Attackieren von Zivilisten, welche in der westlichen Welt als nicht zu legitimieren angesehen werden.

Im Folgenden wird die Legitimation politischer Gewalt, wie sie von Dr. Abdullah Azzam in Bezug auf den Kampf der afghanischen Mujahedin und ihrer arabischen Unterstützer gegen die Sowjetarmee in den 1980er Jahren propagiert wurde, einer Überprüfung unterzogen. Die Gewaltrechtfertigungen, die Azzam in seinen Schriften nutzt, werden unter anderem im Rahmen der Theorie des gerechten Krieges analysiert, die sich in ihrer modernen Variante auf die Verteidigung von (Menschen)rechten stützt und die bereits in Kapitel 3 vorgestellt wurde.

4.3.2 Wer war Abdullah Azzam?

Außerhalb islamistischer Kreise ist Abdullah Azzam nur Spezialisten bekannt, obwohl er eine indirekte, deswegen jedoch nicht weniger entscheidende, Rolle bei der Gründung derjenigen Terroristenorganisation spielte, die heutzutage wohl die bekannteste dieser Organisationen darstellt. Die Rede ist von al-Qaida.

Abdullah Azzam und Osama bin Laden lernten sich in Peshāwar kennen, nachdem Azzam 1983 dorthin gezogen war, um den Kampf der Mujahedin gegen die sowjetischen Truppen zu unterstützen. Zusammen gründeten die beiden Männer ein Servicebüro (*maktab al-khadamat*), das arabischen Freiwilligen dabei half, Unterkunft und Training zu finden (Kepel 2005: 93). Dieses Servicebüro würde später die Keimzelle für al-Qaida bilden, die Organisation, welche die Verantwortung für die Anschläge auf das World Trade Center in New York City am 11. September 2001 übernahm. Trotz seiner Beteiligung mit einer Organisation, die später als Terrororganisation Berühmtheit erlangen würde, ist die Rolle Azzams jedoch die eines Vordenkers und Ideologen, der den Kampf der Afghanen primär durch seine Schriften unterstützte. Was wissen wir über diesen Mann?

Abdullah Azzam wurde 1941 in *Silat al-Harithiyya* geboren, das zu der Zeit Teil des britischen Mandats Palästina war. In seiner Heimatstadt schloss er sich in der Mitte der 1950er Jahre der Muslimbruderschaft an, vermutlich durch den Einfluss eines lokalen Lehrers, der ihn auch mit den Hauptakteuren der Bewegung in Palästina bekannt machte. Zu dieser Zeit soll er die Werke Hassan al-Bannas und Sayyid Qutbs kennengelernt haben.[31]

Nach Abschluss seiner Sekundarschulausbildung studierte Azzam Agrarwirtschaft und wurde nach Erhalt seines Abschlusses Lehrer an Schulen in der Region. Zunächst trat er eine Stelle in einem Dorf namens Adir in Zentraljordanien an, um etwas später an eine Schule in Burqin, vier Kilometer östlich von Jenin, zu wechseln.

Es ist nicht bekannt, warum Azzam seine Karriere als Lehrer aufgab, aber er ging 1963 nach Damaskus, wo er ein Studium des Scharia-Rechts begann, welches er 1966 mit einem Bachelor of Arts der Universität Damaskus abschloss.

31 Die Informationen in diesem Kapitel und weitere detaillierte Informationen zum Leben Abdullah Azzams finden sich in Thomas Heghammers Beitrag in (Kepel 2005).

Seine Abschlussarbeit beschäftigte sich mit dem Scheidungsrecht im Islam und Scheidungen nach Zivilrecht. Während seiner Zeit als Student heiratete er eine junge Palästinenserin, mit der er später fünf Söhne und drei Töchter haben sollte.

Mit seinem Universitätsabschluss kehrte er zurück zu seiner Familie in der West Bank, um erneut als Lehrer zu arbeiten. In seiner Zeit in der West Bank wurde er auch direkt vom Israelisch – Arabischen Krieg im Juni 1967 betroffen und erlebte die Besetzung der palästinensischen Ländereien durch Israel direkt mit. Er musste mit seiner Familie fliehen und war fortan gezwungen in einem Flüchtlingslager al-Zarqa nordwestlich von Amman zu leben. Azzam blieb jedoch nicht lange in dem Lager und zog mit seiner Frau und seiner erstgeborenen Tochter nach Amman, wo er 1967 eine Stelle als Lehrer an einer Mädchenschule antrat.

Hagiographien von Abdullah Azzam betonen diese Zeit des „palästinensischen Jihad", an dem Azzam beteiligt war, es ist jedoch wenig Gesichertes aus dieser Zeit bekannt. Unbestreitbar ist jedoch, dass Azzam am bewaffneten Widerstand gegen die israelische Armee beteiligt war. Eine interessante Randnotiz aus dieser Zeit ist, dass sich Azzam gegen den Willen seines Vaters stellte, als er sich am palästinensischen Widerstand beteiligte. Es soll diese Tatsache gewesen sein, die den Status des Jihad als individuelle Pflicht eines jeden Moslems in Azzams Augen geprägt hat.

1968 entschied sich Azzam einen Master-Abschluss in islamischem Recht zu beginnen und er zog mit seiner Familie nach Kairo, wo er sich an der renommierten *al-Azhar* Universität einschrieb. Er erhielt seinen Abschluss 1969 mit Honors und kehrte nach Jordanien zurück, um einen Lehrauftrag an der Jordanischen Universität zu Beginn des Jahres 1970 anzutreten. Ein Jahr später erhielt er jedoch ein Stipendium für eine Promotion an der *al-Azhar* Universität und kehrte nach Kairo zurück. Es ist belegt, dass er zu dieser Zeit mit der Familie Sayyid Qutbs verkehrte und sich ein weites Netzwerk an Kontakten in der ägyptischen Islamistenszene aufbaute. Zwar ist es möglich, dass er zu dieser Zeit Ayman al-Zawahiri kennenlernte, der zu dieser Zeit ebenfalls in Kairoer Islamistenzirkeln aktiv war, dafür gibt es jedoch keinerlei Belege. 1973 endete Azzams Zeit in Kairo mit dem erfolgreichen Abschluss seiner Dissertation.

Azzam kehrte nach Amman zurück und lehrte dort für sechs Jahre an der Universität. Sein Kurs in Scharia-Recht soll zu einem der populärsten Kurse dort gezählt haben. Während seiner Zeit in Amman wurden Azzams Vorlesungen und Abendkurse immer mehr politisiert und Kassetten mit Aufnahmen seiner Vorträge begannen in der arabischen Welt zu zirkulieren. Aufgrund seiner politischen Aktivitäten wurden auch die jordanischen Sicherheitskräfte auf Azzam aufmerksam und als er realisierte, dass er in Jordanien nicht länger frei dozieren konnte, entschied er, nach Saudi Arabien zu ziehen, das zu dieser Zeit einen Ruf als sicherer Hafen für radikale islamische Intellektuelle hatte.

Mitte der 1980er Jahre begann Azzam an der King Abdul Ibn Saud Universität in Jidda zu lehren, derjenigen Universität, die auch Osama bin Laden zu dieser Zeit besuchte. Weder Azzam noch bin Laden erwähnen jedoch, dass sie sich schon zu dieser Zeit kennengelernt hätten. Im Gegenteil, beide Männer nennen als Datum ihres ersten Kontaktes die Zeit in Peshāwar 1983. Ebenfalls 1980 reiste Azzam für die traditionelle Pilgerreise nach Mekka, wo er Scheich Kamal al-Sananiri kennenlernte, der ein einflussreiches Mitglied der Muslimbruderschaft war und sich seit 1979 dem afghanischen Jihad verschrieben hatte. Sananiri besaß großen Einfluss auf die afghanischen Mujahedin, da er maßgeblich daran beteiligt gewesen war, ein Abkommen zwischen rivalisierenden Gruppen auszuhandeln, das zur Gründung der Islamic Union of Afghan Mujahedin führte, die von Abdul Rasul Sayyaf angeführt wurde. Azzam gab später an, dass es dieses Treffen mit Sananiri war, das ihn dazu brachte, sich ebenfalls dem afghanischen Jihad anzuschließen.

Nach seiner Rückkehr nach Jidda beantragte Azzam dann auch eine Versetzung nach Islamabad, wo die King Saud Universität gute Beziehungen zur neugegründeten International Islamic University unterhielt. Azzams Antrag wurde stattgegeben und er zog 1981 nach dem Ende des akademischen Jahres von Jidda nach Islamabad.

In Islamabad knüpfte Azzam Kontakte mit afghanischen Militärführern und fand seine Rolle in der als Mittler zwischen den afghanischen Mujahedin und arabischen Freiwilligen, die diese unterstützen wollten. Zunächst trugen Azzams Bemühungen jedoch nicht viele Früchte und die Zahl arabischer Freiwilliger unter den afghanischen Mujahedin war zunächst zu vernachlässigen. Nachdem Azzam jedoch 1984 seine Schrift *The Defense of the Muslim Lands* veröffentlichte, begann die Zahl der Freiwilligen zu steigen. Azzam kündigte schließlich seine Universitätsanstellung und zog nach Peshāwar, um sich ganz der afghanischen Sache widmen zu können. Es war dort in Peshāwar, dass Azzam und bin Laden sich kennenlernten und das bereits erwähnte Servicebüro gründeten. Es fiel auch in diese Zeit, dass Azzam und bin Laden von den Führern der Afghanen die Erlaubnis erhielten, ein Trainingscamp ausschließlich für arabische Freiwillige auf afghanischem Boden zu errichten.

In den Folgejahren reiste Azzam als Botschafter der afghanischen Sache durch die Welt und traf in Afghanistan Politiker, lokale Stammesführer und Warlords, aber auch Politiker in der westlichen Welt. Während dieser Zeit erhielt er seinen Spitznamen als „Pate des Jihad“ (Azzam *Join the Caravan*: Introduction). Auch heute noch werden Azzams Werke in islamistischen Kreisen gelesen und besitzen eine große Anhängerschaft. Die Bedeutung seiner Schriften auch heute noch wird auch von Gilles Kepel anerkannt, der Auszüge aus Azzams Schriften in seiner Sammlung *Al Qaeda in its own words* aufgenommen hat. Abdullah Azzam starb am 24. November 1989 durch eine Autobombe.

4.3.3 Gründe für den Jihad

Wenn es zur Anwendung von Gewalt kommt, besteht der Hauptunterschied zwischen wahrhaft politischen Bewegungen auf der einen und einfachen Kriminellen auf der anderen Seite darin, dass erstere die Legitimität ihrer Handlungen zu verteidigen versuchen. Ob sie damit Erfolg haben, steht jedoch auf einem anderen Blatt und wird der Justiz oder dem politischen System überlassen bleiben, welches sie beurteilt. In den folgenden Kapiteln wird der Versuch unternommen werden, einen selbstkonsistenten Ansatz zu finden, mit dem Azzam versucht, die Gewalt gegen die Sowjettruppen durch afghanische Mujahedin und arabische Freiwillige in Afghanistan zu legitimieren. Für diese kritische Bewertung werden die Gewaltrechtfertigungsgründe, die Azzam selbst in seinen zwei Hauptwerken *Defense of the Muslim Lands* und *Join the Caravan* nennt, herangezogen.

Das erste dieser beiden Werke ist eine Fatwa, die Azzam als Reaktion auf den Einmarsch sowjetischer Truppen in Afghanistan 1979 schrieb und die 1984 erstveröffentlicht wurde. Das Werk diskutiert verschiedene Facetten juristischer Urteile zum Thema Jihad, so z.B., unter welchen Bedingungen der Jihad als individuelle Pflicht aller Muslime zu gelten hat oder ob eine elterliche Erlaubnis vor der Beteiligung am Jihad einzuholen ist. Ebenso werden Ähnlichkeiten und Unterschiede zwischen den bewaffneten Konflikten in Palästina und Afghanistan thematisiert. Im Vorwort zur englischen Übersetzung durch „Brüder in Ribatt" wird des weiteren ein Brief Azzams zitiert, in dem er angibt, die Fatwa Scheich Abdul Aziz Bin Baz vorgelegt zu haben, zum Zeitpunkt der Erstveröffentlichung der höchste Geistliche Saudi Arabiens, der angeblich Azzams Beurteilungen zustimmt (Azzam *Defense of the Muslim Lands*: 5).

Das zweite Werk, *Join the Caravan*, wurde zuerst 1987 veröffentlicht und wiederholt einige der Urteile, die bereits in Azzams Fatwa von 1984 enthalten sind. Darüber hinaus diskutiert es praktische und strategische Überlegungen, warum der Jihad in Afghanistan, zumindest zunächst, dem Jihad in Palästina vorzuziehen ist. Die Hauptstoßrichtung des Werkes liegt in der Rekrutierung aktiver Kämpfer für die Sache der Mujahedin.

In *Join the Caravan* nennt Azzam acht Gründe für die Teilnahme am Jihad in Afghanistan:

1. Damit die Ungläubigen nicht triumphieren.
2. Eine Knappheit an Männern.
3. Furcht vor dem Höllenfeuer.

4. Die Pflicht am Jihad teilzunehmen und dem Ruf Allahs Folge zu leisten.
5. In die Fußstapfen der frommen Vorfahren zu treten.
6. Eine solide Grundlage für den Islam zu legen.
7. Die Unterdrückten eines Landstrichs zu schützen.
8. Die Hoffnung auf Märtyrertum und einen Platz im Paradies. (Azzam *Join the Caravan*: Reasons for Jihad.)

Es ist klar ersichtlich, dass nicht all diese Gründe dazu gedacht sind, die moralische Legitimität der Kämpfe in Afghanistan zu belegen. So ist zum Beispiel der zweite genannte Grund offensichtlich praktischer Natur und versucht erst gar nicht, normative Ansprüche zu erheben. Aus diesem Grund werden die von Azzam genannten Gründe zunächst in drei Kategorien eingeteilt werden, um zu identifizieren, welche von ihnen überhaupt normative Ansprüche erheben und damit dazu dienen sollen, die Anwendung von Gewalt moralisch zu rechtfertigen, und welche dies nicht tun. Die drei Kategorien, die dabei zur Anwendung kommen, sind pragmatische Gründe, theologische Rechtfertigungen und nichttheologische Rechtfertigungen und werden im Folgenden ausführlicher diskutiert werden.

Die erste Kategorie, pragmatische Gründe, erhebt keine normativen Ansprüche, versucht also gar nicht, moralische Aussagen zum Status der Gewaltanwendung zu machen. Wozu diese Gründe dienen, ist, bereits voraussetzend, dass die Kämpfe moralisch gerechtfertigt sind, den Lesern von Azzams Werken Gründe an die Hand zu geben, um selbst involviert zu werden, wenn der Leser ansonsten der Meinung sein sollte, dass es sich nicht um seinen Kampf handelt oder dass eine finanzielle Unterstützung der Sache in Afghanistan angebrachter sei, als selbst eine Waffe in die Hand zu nehmen.

Die zweite Kategorie, theologische Gewaltrechtfertigungen, setzt ein gewisses Maß an geteilten Glaubensvorstellungen voraus. Diese richten sich naturgemäß an eine nichtwestliche, nichtmoderate muslimische Leserschaft. Es wurde bereits zuvor argumentiert, dass eine solche Gewaltrechtfertigung nicht gelingen kann, es sollen jedoch hier noch einmal kurz mögliche Antworten einer moderaten muslimischen Leserschaft dargestellt werden.

Die dritte und letzte Kategorie der nichttheologischen Gewaltrechtfertigungen enthält diejenigen Argumente, die, wenngleich in religiöser Sprache formuliert, auch in nichttheologischen Termini verstanden werden können. Wie bereits zuvor argumentiert, stellen diese die interessanteste Klasse von Rechtfertigungen dar und es wird gezeigt werden, dass Azzams Vorstellungen in dieser Hinsicht in weitgehendem Einklang mit westlichen Vorstellungen von legitimer Gewaltrechtfertigung stehen. Es sollte jedoch nicht vergessen werden, dass Azzams Vorstellungswelt von seiner politischen Theologie geprägt wurde und dass eine Übersetzung in säkulare Sprache von Azzam niemals intendiert wurde. Dass es sich trotzdem um eine legitime Vorgehensweise handelt, Azzams Schriften in dieser Art und Weise zu analysieren, wurde jedoch in Kapitel 2 gezeigt.

4.3.4 Pragmatische Gründe

Wie bereits erwähnt, handelt es sich bei dem zweiten Grund in Azzams Aufzählung darum, dass man sich dem Jihad aufgrund einer „Knappheit an Männern", die in der Lage sind, Waffen zu tragen, anschließen sollte. Diese Knappheit an Männern bezieht sich dabei nicht nur darauf, dass Kämpfer benötigt werden, sondern auch dass Azzam fürchtet, dass nicht genügend Männer mit einem ausreichendem Wissen über die Lehren des Koran vorhanden sein könnten, so dass die islamischen Begräbnisriten nicht eingehalten werden können und nicht genügend qualifizierte Männer vorhanden sind, um nach der Scharia Recht zu sprechen. Es ist offensichtlich, dass es sich nicht um einen Grund mit normativen Ansprüchen handelt, da keine Aussage über den moralischen Status der Gewaltanwendung getroffen wird. Vielmehr ist es so, dass die Aussage, dass nicht genügend Männer vorhanden sind, um den Kampf zu führen, den moralischen Status des Konflikts bereits voraussetzen muss. Azzam hatte dennoch gute Gründe, diesen Punkt auf seiner Liste aufzuführen. Das Argument zielt auf diejenigen islamischen Gelehrten ab, die den Kampf in Afghanistan zwar grundsätzlich befürworten, jedoch arabischen Jugendlichen dennoch von einer aktiven Teilnahme abrieten und stattdessen indirekte Methoden befürworteten, wie zum Beispiel Geldspenden. In den Augen Azzams stellt dies eine Gefahr für den bewaffneten Widerstand dar, da die sowjetischen Truppen in seinen Augen stark genug sein könnten, die Mujahedin im Feld zu schlagen, sollten diese nicht in der Lage sein, ihre Reihen zu verstärken.

Eine weitere Befürchtung Azzams war, dass ohne junge Männer mit ausreichenden Islamkenntnissen die Chance bestand, dass nach einem Sieg über die Sowjettruppen nicht genügend Unterstützung für die Gründung eines islamischen Staates vorhanden sein könnte, so dass eine Situation wie in Ägypten eintreten könnte, wo die Muslimbruderschaft nach einem gemeinsamen Staatsstreich mit Nassers Offizieren nicht in der Lage war, einen islamischen Staat auszurufen. Nur wenn genügend „Rechtgläubige" vorhanden sind, welche die Ausrufung eines islamischen Staates befürworten, so Azzams Überlegung, ließe sich die Gründung eines solchen sicherstellen.

An diesem Punkt schließt sich der eben diskutierte zweite Grund in Azzams Liste an den sechsten Grund an, in dem es heißt, dass es notwendig ist „eine solide Grundlage für den Islam zu legen", womit Azzam die Gründung eines islamischen Staates meint. Azzam hielt die Gründung eines solchen für unerlässlich und glaubte, dass der Kampf in Afghanistan dafür eine Voraussetzung war.

„Establishment of the Muslim community on an area of land is a necessity, as vital as water and air. This homeland will not come about without an organised Islamic movement which perseveres consciously and realistically upon Jihad, and which regards fighting as a decisive factor and as a protective cover.“ (Azzam Join the Caravan: Part One.)

Azzams Überzeugung war, dass, wenn in Afghanistan die richtigen Grundlagen gelegt werden, die Entstehung eines islamischen Staates in Afghanistan unumstößlich sei, dass dafür jedoch ein hoher Preis in Blut zu bezahlen sei. Allerdings ist es auch Azzams Überzeugung, dass dieser hohe Blutzoll, den die Muslimische Gemeinschaft zu zahlen hat, sicherstellen würde, dass diese diesen Staat am Ende dafür umso höher schätzen würde.

„The Ummah which performs Jihad pays a high price, and so it harvests ripe fruits. It is not easy to lose something which was won through sweat and blood.“ (Azzam Join the Caravan: Part One.)

Der Kampf in Afghanistan wird damit für Azzam zum Teil eines ewigen Kampfes zwischen Gut und Böse, den die Kräfte des Guten nur gewinnen können, wenn sie gewillt sind, Opfer zu bringen. Durch diese Ansicht gewinnt der Jihad in Afghanistan für Azzam eine metaphysische Komponente, in der die Opferbereitschaft zur notwendigen Bedingung für den Sieg wird. Der Islam als die ewige Wahrheit muss gegen die Kräfte des Bösen verteidigt werden und damit wird die metaphysische Komponente zur Gewaltrechtfertigung genutzt. Nur wenn die Gläubigen bereit sind, mehr Opfer zu erbringen als die Ungläubigen, können sie am Ende siegreich aus diesem Konflikt hervorgehen.

„[...] jihad has occupied many pages in the Book of Allah the Almighty the Majestic, to make clear that the truth must have a power to protect it. For how many time has truth been defeated because of neglect of its possessors, and how many falsehoods have been raised by its allies and men willing to sacrifice.“ (Azzam Defense of the Muslim Lands: 12.)

Die Hoffnung, einen islamischen Staat gründen zu können, ist einer der Hauptgründe für Azzam, dem Kampf in Afghanistan Vorrang vor dem Kampf in Palästina einzuräumen, er ist jedoch nicht der einzige Grund. Zu einigen pragmatischen und strategischen Überlegungen, wie der langen Grenze zwischen Afghanistan und Pakistan (die von den Sowjettruppen niemals komplett geschlossen werden konnte) oder der Tatsache, dass die Mujahedin laut Azzam unabhängig von äußerer Unterstützung, die ihnen auch wieder entzogen werden könnte, ihren Kampf fortsetzen können, ist es die Hoffnung, dass sich ein islamischer Staat in Afghanistan leichter würde verwirklichen lassen als in Palästina, die für Azzam den Ausschlag gibt. Aus diesem Grund wird Azzam auch nicht müde, immer wieder in seinen Schriften zu betonen, dass der Kampf in Palästina von einer Allianz aus Kommunisten, Nationalisten, modernistischen Muslimen und „rechtgläubigen“ Muslimen geführt wird, so dass nach einem Sieg über Israel eher ein säkularer als ein islamischer Staat entstehen würde (Azzam *Defense of the Muslim Lands*: 24).

Zusammenfassend bleibt also festzuhalten, dass Azzam als geschickter Propagandist für eine Leserschaft geschrieben hat, die in verschiedene Richtungen gezogen wurde. Teile der Leserschaft und des religiösen Establishments bevorzugten den Kampf in Palästina gegenüber dem in Afghanistan, während andere den Kampf in Afghanistan für wichtiger, jedoch teilweise eine indirekte Beteiligung für sinnvoller erachteten. Um dieser Unsicherheit entgegen zu wirken, bot Azzam pragmatische und bodenständische Gründe für diejenigen, die sich nicht sicher waren, welcher Konflikt als wichtiger zu erachten und welche Form der Beteiligung die richtige sei. Eine moralische Beurteilung wurde jedoch nicht gegeben und war an dieser Stelle auch nicht beabsichtigt.

4.3.5 Theologische Gewaltrechtfertigungen

Zusätzlich zu den rein pragmatischen Gründen, die bereits diskutiert wurden, bietet Azzam auch solche Gründe, die als theologische Gewaltrechtfertigungen verstanden werden müssen. Für diese sind Allah und der Koran unverzichtbar, sie können jedoch nicht vollständig von den pragmatischen Gründen abgekoppelt werden. Dies liegt daran, dass, auch wenn sie ohne einen Glauben an Allah und den Koran bedeutungslos werden, diese auch eine pragmatische Funktion erfüllen. Außerdem ist oft nicht klar, wie die Gewaltrechtfertigung eigentlich funktionieren soll. Als Beispiel sei hier Punkt vier auf Azzams Liste angeführt, dass es sich beim Jihad in Afghanistan um eine individuelle Pflicht für jeden Muslimen handelt, und dieses soll im Folgenden ausführlicher diskutiert werden.

In dem Abschnitt, der sich mit Punkt vier beschäftigt, führt Azzam aus, dass ein bewaffneter Widerstand gegen Besatzungstruppen Ungläubiger seiner Ansicht nach eine individuelle Pflicht (*fard ain*) eines jeden Muslimen ist, solange noch Truppen Länder besetzen, die muslimisch sind oder jemals waren. Azzam setzt sich hier mit denjenigen islamischen Gelehrten auseinander, die den Jihad als gemeinschaftliche Pflicht (*fard kifayah*) aller Muslime ansehen. Wäre dies nämlich der Fall, dann wäre nicht mehr jeder Muslime, der in der Lage ist, Waffen zu tragen, dazu aufgerufen, sich dem Widerstand in Afghanistan anzuschließen, solange es eine Gruppe Entschlossener gibt, die Widerstand leisten. Der Unterschied zwischen *fard ain* und *fard kifayah* lässt sich an folgendem einfachen Beispiel leicht verdeutlichen:

Man stelle sich vor, dass ein Kind in einen seichten Teich gefallen ist und zu ertrinken droht. In Sichtweite des Unfalls befindet sich eine Gruppe Erwachsener, von denen jeder ohne Gefahr für sich selbst in den Teich waten könnte, um das Kind zu retten. Bei diesem Beispiel handelt es sich um ein Muster einer gemeinschaftlichen Pflicht (*fard kifayah*), da die Gruppe als Gesamtheit aufgerufen ist, das Kind zu retten. Solange jedoch einer der Erwachsenen reagiert und das Kind aus dem Teich holt, besteht für die restlichen Erwachsenen kein Anlass mehr zu handeln. Solange ein Mitglied der Gruppe die Pflicht erfüllt, ist der moralischen Verpflichtung Genüge getan und keine weiteren Handlungen der Individuen sind mehr nötig.[32] Bei einer individuellen Pflicht (*fard ain*) hingegen wäre es nicht ausreichend, darauf hinzuweisen, dass jemand anderer bereits die notwendige Handlung vorgenommen hat, da ein jedes Mitglied der Gruppe diese zu leisten hat. Ein Beispiel einer solchen Pflicht im Islam wären die fünf täglichen Gebete, bei denen es nicht ausreicht, darauf zu verweisen, dass ja bereits jemand anderes betet, da jeder Moslem diese Gebete individuell zu verrichten hat und diese auch nicht delegieren kann.

Für Azzam ist es aus zwei Gründen wichtig, den Jihad zur individuellen Pflicht zu erklären. Erstens will er möglichst viele Freiwillige für die afghanische Sache gewinnen. Der Status als *fard ain* hilft ihm dabei insofern, als dass es seiner Leserschaft, wenn sie seinen Argumenten folgen, nicht mehr möglich ist, auf die bereits in Afghanistan kämpfenden Freiwilligen zu verweisen und damit ihre eigene Untätigkeit zu rechtfertigen. Zweitens geht es Azzam in einer konservativ und patriarchalisch geordneten Gesellschaft darum, dass eine individuelle religiöse Pflicht des Islam einen höheren Stellenwert genießt als der ebenfalls vom Islam vorgeschriebene Gehorsam, den die Jungen ihren Familienoberhäuptern schulden. Ohne den Status als *fard ain* könnte sich sonst der Fall ergeben, dass ein junger Mann sich dem Kampf in Afghanistan anschließen möchte, dies aber nicht kann, da er nicht die nötige Erlaubnis seiner Eltern erhält. In Anbetracht der Tatsache, dass es sich bei den Freiwilligen in Afghanistan um eine junge Generation handelt, die weit mehr radikalisiert war als ihre Elterngeneration, kann dies sehr leicht zu einem Gewissenskonflikt für mögliche Freiwillige werden und Azzam selbst soll sich ja für die Teilnahme am bewaffneten Widerstand in Palästina gegen den ausdrücklichen Willen seines Vaters entschieden haben. Es ist also zu vermuten, dass ihm dieser Gewissenskonflikt sehr wohl bekannt ist. Für ihn sind Passagen wie die Folgende also wichtige Propagandawerkzeuge:

> „*None of the Predecessors have said that this condition is one in which Jihad is Fard Kifayah, nor have they said that the permission of parents is necessary. The sin is not lifted off the necks of the Muslims as long as any area of land (which was once Muslim) remains in the hands of the disbelievers, and none are saved from the sin except those who perform Jihad.*“ (Azzam Join the Caravan: Part One.)

32 Das angeführte Beispiel entstammt der philosophischen Tradition. In der islamischen Tradition werden zumeist das Richteramt und der Militärdienst genannt, die nach den Traditionalisten Pflichten für die Gemeinschaft, jedoch nicht den einzelnen sind. Interessanterweise bestreitet Azzam dies jedoch gerade für den Militärdienst.

Die Idee, dass es sich beim Jihad um eine individuelle Pflicht handelt, ist jedoch nicht neu. Azzam kann sich auf eine lange Tradition von islamischen Gelehrten berufen, die sich schon in den Schriften Ibn Taymiyyahs (1263-1328) zeigt, den er wie folgt zitiert:

> „*As for the occupying enemy who is spoiling the religion and the World, there is nothing more compulsory after Iman (Faith) than repelling him.*“ *(Azzam Join the Caravan: Part One.)*

Aus dem Zitat geht klar hervor, dass schon Ibn Taymiyyah den Kampf gegen Eindringlinge als individuelle Pflicht eines jeden Moslems ansieht und nicht nur für solche, die in den bedrohten Gebieten leben. Azzams zuvor zitierte Aussage hätte sich noch so auslegen lassen, aber zusammen mit dem Zitat von Ibn Taymiyyah und einem weiteren Zitat von al-Qurtubi (1214-1273) wird Azzams Ansicht eindeutig.

> „*When Jihad becomes individually obligatory because of the domination of the enemy over a piece of land, or by their occupation of a part of the Islamic heartland, then at that stage, it is obligatory on all the inhabitants of that land to go forth (and face the enemy). [...] In the same way, it is compulsory for everybody who knows of their weakness against the enemy, and knows that he could join them and help, to go out, for the Muslims are all a single hand against the enemy.*“ (Azzam Join the Caravan: Part One.)

Azzam kann dann seinem religiösen Argument, dass es sich bei dem Kampf gegen die Eindringlinge um Allahs Willen handelt, noch zusätzlichen Nachdruck verleihen, indem er seine gläubigen Leser an die angedrohte Höllenstrafe erinnert, die denjenigen droht, die nicht am bewaffneten Widerstand beteiligt sind. In Azzams Händen wird damit Sure 9:39 zu einem Propagandawerkzeug, in dem steht:

> „*Unless you march forth, He will punish you with a severe punishment, and will replace you with another people, and you will not harm Him at all and Allah has power over all things.*“ (Azzam Join the Caravan: Part One.)

Hier bleibt noch anzumerken, dass es kein Zufall ist, dass Azzam sich ausgerechnet auf Ibn Taymiyyah beruft. Ibn Taymiyyah empfand die Zeit, in der er lebte, ebenfalls als eine Zeit, in der sich die muslimische Welt im Niedergang befand, eine Empfindung, die von vielen Islamisten geteilt zu werden scheint. Politisch war das Kalifat, ein Zeichen der muslimischen Einheit und Stärke, kurz vor Ibn Taymiyyahs Lebenszeit zu Ende gegangen und die Zeit der mongolischen Invasion hatte begonnen. Aus einer religiösen Perspektive befand Ibn Taymiyyah, dass weder die Öffentlichkeit noch die islamischen Gelehrten seiner Zeit sich an die strikten Lehren des Islam hielten, was er für einen der Gründe für den sozialen und politischen Verfall hielt (Bannan 1988: 2). Genau wie Azzam war Ibn Taymiyyah in seinen Schriften dabei gezwungen, sich gegen das religiöse Establishment zu behaupten. Bannan hält Ibn Taymiyyahs Schriften deshalb auch für besonders relevant für die heutigen radikalen Bewegungen, wenn er schreibt, dass Ibn Taymiyyahs

> „*scholastic contributions to religion, philosophy, politics, and theology mark a decisive division between the traditionalists, or those who imitate the scholastic orientations of previous scholars, and the revivalists, who critique, evaluate, and even refute the works of these early scholars rather than taking them at face value. He marks a turning point in Islamic history that calls for the return of the pure heritage of Islam as it was demonstrated in the Qur'an and the Sunna (the traditions of the Prophet). Accordingly, he submitted to evaluation and criticism the work of later generations in order to see whether these works were or were not in correspondence with the early heritage of Islam. Through this critical method, he was able to evaluate, analyse, and even refute the intellectual works and the daily practice of his contemporary scholars and fellow citizens, and eventually provide a course of action, which in his view would enable Muslims to recall and revive their glorious past. A movement of revivalism or resurrection is echoed in our time, and this makes the treatment of his work of contemporary concern.*" (Bannan 1988: 1.)

4.3.6 Die inner-muslimische Debatte

Abgesehen von dem Propagandanutzen, den Azzam aus religiösen Argumenten zu ziehen weiß, sollte man nicht vergessen, dass theologische Argumente für Azzams Leserschaft, ebenso wie für ihn selbst, tatsächlich eine legitime Gewaltrechtfertigung darstellen. Die Legitimation besteht für Azzam ebenso wie für seine radikalisierte Leserschaft schlicht in der Tatsache, dass es Allahs Wille ist und Allah in deren Augen die Ursache jeglicher Legitimität darstellt. Wie ein theologisches Argument formalisiert aussehen kann, wurde bereits zuvor gezeigt, nämlich in etwa wie folgt:

P1 Es ist eine individuelle Pflicht, die Sowjetarmee zu bekämpfen, die Allah allen Muslimen auferlegt hat.
P2 Daher ist es Allahs Wille, die Freiheit Afghanistans notfalls mit Gewalt zu erreichen.
P3 Was immer Allahs Wille ist, kann Allah moralisch legitimieren.
C Es ist moralisch legitim, Gewalt gegen die Sowjettruppen in Afghanistan anzuwenden.

Sicherlich wäre ein gläubiger Moslem gezwungen, die Schlussfolgerung C zu akzeptieren, sollte er P1 akzeptieren. Die Unzulänglichkeit dieses Arguments in einer pluralistischen Welt wurde zwar bereits zuvor diskutiert, es ist jedoch nötig, hier noch auf dessen Innenwirkung, also auf eine muslimische Leserschaft, einzugehen.

Nimmt man den Erfolg, den Azzam beim Spendensammeln hatte als Maßstab – nach ungesicherten Quellen flossen in den Jahren von 1985 bis 1989 mehrere hundert Millionen Dollar als Resultat von Azzams Lobbyarbeit nach Peshāwar (Kepel 2005: 95) – so muss man schlussfolgern, dass Azzam mit seinen Argumenten einen Nerv getroffen hat. Auch behauptete die islamistische Internetseite www.azzam.com (inzwischen abgeschaltet), die nach Abdullah Azzam benannt war, dass

„*[t]oday, there is not a single land of jihad worldwide, not a mujahid fighting along God's path, that Abdallah Azzam's life, teachings, and works have not inspired.*" (Kepel 2005: 82)

Azzam gelang es demnach, tausende von jungen Muslimen dazu zu inspirieren, zu den Waffen zu greifen und die afghanische Sache zu unterstützen und

„*[b]y the time an assassin set off the bomb that killed Azzam in Peshawar, in November 1989, he was already a legendary figure in Islamist circles, thanks to his writings, his charisma, and his uncontested status as a pioneer of Arab engagement in the Afghan jihad. Almost twenty years later, Azzam is still an icon of the Islamist movement, and among radicals his stature is matched only by Osama bin Laden's." (Kepel 2005:82)*

Obwohl Azzam sicherlich ein hervorragender Kenner des Koran war, war seine Sicht der Dinge jedoch nicht unumstritten in der muslimischen Welt. Azzam setzt in seinen Schriften oft Jihad mit dem bewaffneten Kampf gleich, eine Methodik, die viele Gegner besitzt. Tatsächlich ist in der sunnitischen Tradition der Begriff „Jihad" mehr als nur ein Synonym für religiösen Kampf. Traditionell wird zwischen verschiedenen Stufen des Jihad unterschieden, als deren niedrigste Stufe der bewaffnete Kampf angesehen wird.

„*Classical Muslim scholars have noted that there are three forms of jihad. There is the jihad of the heart. This is the struggle fought within the individual, the struggle for self-purification against one's own weaknesses, against the inner evil. This struggle is often described as the 'greater jihad'. There also is the jihad of the tongue or the 'word'. Finally, there is the struggle by the hand.*" (Kennedy 1999: 10)

Insbesondere moderate oder liberale Muslime würden Azzam entgegnen, dass er das Prinzip des *Idschtihad*, einer Art der individuellen, logischen Schlussfolgerung in Bezug auf das islamische Recht[33], welche die Re-Interpretation religiöser Texte des Islam auch unter Berücksichtigung des historischen Kontext erlaubt, ebenso vernachlässigt wie andere radikale Exegeten des Islam. Das Prinzip des Idschtihad erlaubt es moderaten Muslimen in der heutigen Zeit

„*[to] bridge the gap between text and context through rational interpretation.*

33 Für eine detaillierte Darstellung des *Idjtihad* sei der Eintrag in der *Encyclopedia of Islam* empfohlen.

> *Moderate Muslims believe in peace, underscore that Islam (the word is a conjugation of the Arabic term for peace salam)*[34] *is a religion of peace, mercy and toleration. Moderate Muslims advocate democracy, religious tolerance, interfaith relations, peaceful co-existence and education.*
>
> *Moderate Muslims have a very idealistic view of the Islamic duty of Jihad. They argue, based on a tradition of Prophet Muhammad, that Jihad is essentially a struggle to purify the self and to establish social justice. The highest form of Jihad, Jihad-e-Akbar (The superior Jihad) is struggle against the self to improve and excel in moral and spiritual realm. The lowest form of Jihad is the military Jihad that is essentially defensive and constrained by strict ethics of engagement. They correctly point out that terrorism, or Hirabah (war against society), is strictly forbidden by Islamic scholars. They however do maintain that Muslims can and must struggle for justice and freedom while strictly obeying Islamic and international norms of just warfare. For Muslim moderates Islam is a religion of peace without being pacifist.*“ (Khan 2003: 419)

Dieser Druck auf Azzams Gewaltrechtfertigungsstrategie lässt sich nicht dadurch beseitigen, dass er auf den Koran als unfehlbares Regelwerk zeigt. Wenn moderate Muslime darauf zielen, diese Quelle im Lichte „rationaler Interpretation“ zu verstehen, dann muss Azzam, wenn er sich mit diesen auseinandersetzen möchte, Unterstützung für seine Thesen finden, die sich nicht alleine aus dem Zitieren der in seinen Augen unfehlbaren Quellen gewinnen lässt.

4.3.7 Nichttheologische Gewaltrechtfertigungen

Nachdem also bereits solche Argumente diskutiert wurden, die nicht darauf abzielen, moralische Ansprüche zu erheben, ebenso wie solche Argumente, die in einer pluralistischen Welt nicht dazu in der Lage sein dürften, sollen zum Ende dieses Kapitels diejenigen Argumente untersucht werden, die in der Lage sein könnten, eine Brücke zwischen den Kulturen und Glaubensgemeinschaften zu schlagen. Der folgende Abschnitt wird versuchen zu zeigen, dass sich derartige Argumente in Azzams Schriften tatsächlich finden lassen. Es soll hier jedoch nochmals darauf hingewiesen werden, dass Azzam diese nicht als säkulare Argumente intendierte und sicherlich selbst davon ausging, dass Allahs Wille ausreichend legitimierender Grund war. Da eine Übersetzung jedoch möglich ist, soll diese hier dennoch unternommen werden, zumal ja bereits zuvor argumentiert wurde, dass die Intention des Autors nicht ausschlaggebend ist, wenn es darum geht, derartige Gewaltrechtfertigungsstrategien zu identifizieren und gemeinsame Positionen zu erarbeiten.

---

34 Es sollte an dieser Stelle darauf hingewiesen werden, dass sich das arabische Wort *islam* nicht unmittelbar aus dem Wort für Frieden *salam* ableiten lässt, auch wenn dies von Apologeten immer wieder behauptet wird.

Welche Rechtfertigungen bietet Azzam also, die nicht nur säkular verständlich sind, sondern darüber hinaus mit westlichen Konzepten des legitimen Nutzens von politischer Gewalt vereinbar sind?

Eine davon ist Selbstverteidigung gegen einen bewaffneten Angriff.

> „*There is agreement among scholars of Tafseer, Hadith and Usool (religious principles) that when the enemy enters an Islamic land or a land that was once part of the Islamic lands, it is obligatory on the inhabitants of that place to go forth to face the enemy.*“ (Azzam Join the Caravan: Part One)

Die Situation, wie sie hier von Azzam beschrieben wird, nämlich dass „*the enemy enters an Islamic land*“, scheint ein klarer Fall eines bewaffneten Angriffes durch einen Aggressor auf ein anderes Land, hier als „Islamic land“ bezeichnet, zu sein. Die Kämpfe in Afghanistan können also durchaus als ein legitimer Fall bewaffneter Selbstverteidigung gegen einen Akt der Aggression durch ein anderes Land angesehen werden. Nicht nur würde ein solcher von den meisten Personen als moralisch legitim angesehen, er wäre auch im Einklang mit der UN Charta, die in Artikel 51 ausdrücklich sagt, dass „*nothing in the present Charter shall impair the inherent right of individual or collective self-defence if an armed attack occurs against a Member of the United Nations [...]*“. Beschäftigt man sich mit der Moralität und nicht der Legalität einer derartigen Selbstverteidigungshandlung, so argumentiert z.B. Brian Orend, dass ein Staat sein Recht auf territoriale Integrität und politische Souveränität dann verliert, wenn er ungerechtfertigterweise einen Akt der Aggression gegen einen anderen Staat begeht. Gewaltsame Selbstverteidigung wird damit zur legitimen Option für den angegriffenen Staat. Orend verteidigt, was er das „Core Principle of Aggression“ (CPA) nennt, nämlich dass

> „*the commission of aggression by any aggressor A, against any victim V, entitles V – and/or any third-party vindicator T, acting on behalf of V – to employ all necessary means to stop A, including lethal force, provided that such means do not themselves violate human rights.*“ (Orend 2006: 37)

Azzams Aussagen wären mit CPA vereinbar. Die Sowjetunion als Aggressor gegen die Opfer in Form der afghanischen Bevölkerung erlaubt den afghanischen Mujahedin und einer dritten Partei in Form arabischer Freiwilliger den Einsatz aller notwendigen Mittel gegen die Sowjettruppen, inklusive der Anwendung tödlicher Gewalt.

Das CPA zugrunde liegende Argument, warum ein Akt der Aggression einen Staat seine Rechte auf territoriale Integrität und politische Souveränität verlieren lässt, basiert auf der Verletzung grundlegender Menschenrechte. Judith Jarvis Thomson hat dargelegt, was es ist, das im Notfall erlaubt, einen Aggressor moralisch völlig gerechtfertigt zu töten, da er andererseits das Recht auf Leben seines

Opfers verletzen würde, das Recht, auf dem in gewisser Weise alle anderen Rechte aufbauen (Thomson 1991).

Ist es jedoch gerechtfertigt, Azzam eine ähnliche Grundlage für ein Recht auf Selbstverteidigung zu unterstellen? Punkt sieben in Azzams Liste beruht auf dem Schutz der Unterdrückten. Er diskutiert dies in einem Abschnitt ausführlicher:

> *„What then do you think about the millions of Muslims who are being humiliated with dreadful persecution, and are living the lives of cattle? They cannot repel attacks on their honour, lives and properties. Nay, such man cannot even have his own way in growing his beard because it is an obvious sign of Islam. Nor, in fact, is he free to have his wife wear the long garments required by Islam because it is a crime for which he may be seized anywhere and at any time. Nor can he teach the Quran to three Muslim youths in the mosque because it is an illegal gathering according to the law of the ignorant. Nay, in some of the countries which are called Islamic, he cannot even have his wife cover her hair, nor can he prevent the intelligence officers from taking his daughter by the hand in the depths of night, under the cover of pitch darkness, to wherever they wish.“* (Azzam Join the Caravan: Part One)

Wenn man sich diese Passage durchliest, so kann man eindeutig einen Appell an Rechte erkennen, die wir als westliche Leser unzweifelhaft als Menschenrechte bezeichnen würden. Zum einen wäre da ein Recht auf körperliche Unversehrtheit, dann ein Recht auf Besitz oder ein Recht auf Versammlungsfreiheit. Diese sind jedoch mit Vorsicht zu genießen, da Azzam selbst das Wort „Menschenrecht“ ebenso wenig verwendet wie das Wort „Recht“ allein. Darüber hinaus ist es gut möglich, dass er Menschenrechte als ein „westliches Konzept“ abgelehnt hätte, welches er als solches nicht akzeptieren wollte. Nichtsdestotrotz appelliert er an genau diese Rechte, um den Kampf gegen die Sowjettruppen in Afghanistan zu rechtfertigen. Es scheint deshalb nicht abwegig, anzunehmen, dass er den Kampf in Afghanistan auch als Kampf für eine gewisse Art Rechte führt, welchen die Rechteinhaber selbst nicht führen können. Auch wenn es in den Ohren mancher Menschen zynisch klingen mag, den Kampf islamischer Widerstandskämpfer in Afghanistan mit Menschenrechten zu legitimieren, wenn man bedenkt, dass nach dem Sieg der Taliban Afghanistan als Land bekannt war, in dem Menschenrechte auf grausamste Art und Weise missachtet wurden. Generell scheint es akzeptiert, zu sagen, dass ein Kampf für Menschenrechte nicht als legitim betrachtet werden kann, außer diese Rechte werden auch nach Ende der Kampfhandlungen eingehalten. Man sollte jedoch nicht vergessen, dass Azzam das Ende des afghanischen Widerstandes nicht mehr miterlebte und auch nie für die Taliban arbeitete, deren Zeit erst nach dem Abzug der Sowjetarmee begann. Sein Appell an ein Recht auf Leben und so weiter sollte also durchaus ernst genommen werden, da er keinerlei Verbindung zu den Gräueltaten der Taliban nach deren Erfolg besaß. Wenn Azzam den Koran zitiert, so sollte man ihm dies als ernsthafte Besorgnis um den Schutz der Unterdrückten anrechnen, solange das Gegenteil nicht gezeigt werden kann.

> *„Among the incentives for the Islamic Jihad is the protection of those who are weak and oppressed in the land, and lifting injustice off them.*
>
> *„What is the matter with you, that you fight not in the Path of Allah, while the weak and oppressed from among the men, women and children who are saying, 'Our Lord! Take us out of this town, whose people are oppressors, and give us from You one who will protect us, and give us from You one who will help us!'" [Quran 4:75]*
>
> *How can there be relaxation, and how can the Muslims be calm, when the Muslim women are with the oppressing enemy?"* (Azzam Join the Caravan: Part One)

Man kann nicht oft genug betonen, dass man nicht den Fehler machen sollte, Azzam ein westliches Verständnis von Menschenrechten zu unterstellen. Der Punkt ist hier, dass Azzam anscheinend davon ausgeht, dass es gewisse Dinge gibt, die man Personen nicht antun kann oder darf, was einem westlichen Verständnis negativer Rechte gleicht, so dass man durchaus sagen kann, dass er davon ausgeht, dass Personen gewisse Rechte besitzen, die jedoch nicht mit den westlichen Menschenrechten übereinstimmen müssen, von denen aber manche gleich sein werden. Der dabei entstehende Überlapp ist dabei ausreichend, um davon auszugehen, dass Azzams Gewaltrechtfertigung auf einer Verteidigung von Rechten, wie z.B. dem Recht auf Leben basiert (siehe Abb. 1).

Eine Frage, die dabei unweigerlich aufgeworfen wird, ist die, wer als ein ordentliches Subjekt von Rechten in Azzams Theorie verstanden werden kann. Im Besonderen stellt sich die Frage, ob Frauen in Azzams Augen ordentliche Rechteinhaber sein können. Die Frage wird im Besonderen dadurch noch interessanter, als Azzam in einem der zuvor zitierten Abschnitte so klingt, als wäre der Akt der Unterdrückung, über den Azzam sich empört, nicht eine Verletzung der Rechte der Frau, der es unter sowjetischer Besatzung nicht erlaubt war, die strikten Kleidungsvorschriften des fundamentalistischen Islam zu erfüllen, sondern ein Angriff auf die Ehre des Mannes. Andererseits schreibt Azzam über die Unterdrückten und eine Verpflichtung, diesen zu helfen, wobei er speziell Frauen mehrfach erwähnt. Diese Betonung auf Unterdrückung der Frauen durch die Sowjets würde jedoch implizieren, dass es die Verletzung eines Rechts der Frauen war, die den Einsatz von Gewalt rechtfertigt, und damit müssten Frauen als ordentliche Rechteinhaber in Frage kommen. Die Frage ist aufgrund der geringen Datenlage wohl nicht zu entscheiden, eine mögliche Lösung wäre jedoch, anzunehmen, dass Frauen und Männer beide ordentliche Rechteinhaber darstellen können, wobei Azzam davon ausgeht, dass die Rechte der Männer umfassender sind als diejenigen der Frauen.

Wenn man davon ausgeht, dass die Legitimation von Gewalt aufgrund von Menschenrechten oder einer Teilmenge der Menschenrechte geschieht, dann ergibt sich jedoch eine weitere wichtige Konsequenz, die weitere Hinweise darauf liefern kann, ob es angebracht ist, Azzam eine derartige Gewaltrechtfertigungsstrategie zu unterstellen. Wenn nämlich Menschenrechte oder eine Teilmenge derselben dazu dienen, den Einsatz von Gewalt zu legitimieren, dann ist der Einsatz dieser Gewalt immer noch an Bedingungen geknüpft, die, wenn nicht eingehalten, auch wieder zum Verlust der Legitimation führen können. So ist z.B. der moralisch legitime Einsatz von Gewalt zum Zwecke der Selbstverteidigung an die Auflage geknüpft, dass beim Einsatz dieser Gewalt durch den Gewaltanwender selbst keine Rechte verletzt werden (zumindest kein Recht von der Bedeutung des Rechts auf Leben). Schließlich ist es nur konsequent zu fordern, dass wenn ein Recht X als Begründung für einen Gewalteinsatz fungiert, dieses Recht X nicht von demjenigen, der sich darauf beruft, selbst verletzt wird. Diese Auflage findet sich auch in Orends CPA.

Durch eine Untersuchung, ob Azzam bereit ist, ähnliche Prinzipien zu vertreten, ließe sich demnach ein weiteres Indiz für die These finden, dass es ihm in irgendeiner Form um die Verteidigung von Rechten geht. Westliche Theorien zum gerechten Krieg versuchen, die Auflage, beim Einsatz von Gewalt die Rechte anderer nicht zu verletzen, dadurch zu berücksichtigen, dass zwischen solchen Zielen unterschieden wird, die gerechtfertigterweise angegriffen werden dürfen und solchen, die nicht angegriffen werden dürfen. In Orends CPA nimmt diese Unterscheidung die Form dessen an, was hier das „Schadensprinzip" genannt werden soll. In Übereinstimmung mit diesem Prinzip gelten diejenigen Personen als „unschuldig" und damit als solche Ziele, die nicht angegriffen werden dürfen, die nicht an der Ausübung von Schaden beteiligt sind (Orend 2006: 110). Lassen sich ähnliche Prinzipien in Azzams Schriften finden? In einem Text mit Titel *Morals and Jurisprudence of Jihad* schreibt Azzam, dass „*it is forbidden to kill those who do not fight ... It is forbidden to combat those who are unarmed, who cause no harm, and from whom sedition is not feared, like children, women, the helpless, those who pay tribute, monks, and hermits*" (Kepel 2005: 128-129). Dies ist eine genaue Entsprechung des „Schadensprinzips", wie es von Orend und anderen westlichen Vordenkern der Theorie vom gerechten Krieg vertreten wird.[35] In der zitierten Passage werden ausdrücklich diejenigen erwähnt, die keinen Schaden anrichten („*who cause no harm*") und somit keine Gefahr darstellen. Des Weiteren werden von westlichen Autoren schon seit den Anfangstagen der Theorie vom gerechten Krieg immer wieder Methoden der Kriegsführung und Waffen als unmoralisch gebrandmarkt, wenn diese keine Unterscheidung zwischen legitimen und illegitimen Zielen zulassen. Eine juristische Definition derjenigen Waffen, die heute als nicht zulässig gelten, findet sich z.B. in den Genfer und Haager Konventionen. Azzam kennt gleichsam Strategien, die nicht eingesetzt werden dürfen. Er schreibt, dass „*it is forbidden to waste money, cut down trees, or burn houses ... It is forbidden to inflict punishment after combat and to*

35 Ein weiteres Beispiel findet sich in (Walzer 2000: 142).

mutilate corpses.“ (Kepel 2005: 129) Leider gibt Azzam keinen Grund an, weshalb diese Strategien unzulässig sind, so dass hier nur spekuliert werden kann, dass es sich dabei um Methoden handelt, die diejenigen treffen, die keine Gefahr darstellen und somit nicht ausreichend diskriminieren.[36]

Interessanterweise führt die Tatsache, dass Azzam sich an ähnliche Spielregeln hält wie westliche Autoren, zu ähnlichen Problemen, wenn es darum geht, den Einsatz von Gewalt in der realen Welt mit all ihren Unzulänglichkeiten und Tücken der Kriegsführung zu verteidigen. Als Resultat entwickelt Azzam dann auch Strategien, die einem aus der Theorie vom gerechten Krieg vertraut sind. Was mit Unzulänglichkeiten und Tücken gemeint ist, zeigt sich z.B., wenn man an das „Schadensprinzip“ denkt. Nimmt man dieses Prinzip ernst, so könnte man meinen, dass es unmöglich ist, überhaupt noch den Einsatz von Gewalt in der realen Wert moralisch zu verantworten, da es dabei fast unweigerlich zu einer Gefährdung Unschuldiger kommt. Im Besonderen wird dies der Fall sein, wenn eine Seite Strategien einsetzt wie diejenigen, ihre militärischen Ziele mit zivilen zu vermischen oder menschliche Schilde zum Schutz ihres Militärs einzusetzen. Wie mit solchen Fällen umzugehen ist, ist eine schwierige Frage, wenn man nicht einem Pazifismus das Wort reden möchte, der jede Art der Selbstverteidigung ablehnt.[37] In der Tradition der Theorie vom gerechten Krieg wurde von Thomas von Aquin die Duplex-Effectus-Lehre oder Lehre vom Doppeleffekt (DDE) entwickelt, um das absolute Tötungsverbot mit erlaubter Selbstverteidigung in Einklang zu bringen, welche ausführlich in Kapitel 3 erläutert wurde und hier nur noch einmal verkürzt in Erinnerung gerufen werden soll.

Die DDE versucht zu argumentieren, dass es trotz eines absoluten Tötungsverbots gerechtfertigt werden kann, einen Angreifer mit tödlicher Gewalt zu stoppen, vorausgesetzt (1) der Tod Unschuldiger ist nicht beabsichtigt, sondern wird lediglich vorhergesehen, (2) die Gewaltanwendung dient ultimativ einem guten Zweck und (3) der Tod Unschuldiger ist nicht instrumentell notwendig oder geeignet, den guten Zweck zu verwirklichen.[38] Sind all diese erfüllt, so wird dann argumentiert, kann es manchmal legitim sein, z.B. ein Wohngebiet zu bombardieren, wenn sich dort ein wichtiges militärisches Ziel befindet, das nötig ist, einen ansonsten gerechtfertigten Krieg zu gewinnen. Als Begründung wird dann angeführt, dass der Tod der Zivilisten, zu dem es bei dem Bombardement

36 Es soll an dieser Stelle nicht der Eindruck entstehen, dass die Restriktionen der Kriegsführung, die Azzam hier propagiert, neu wären, vielmehr handelt es sich dabei um Bestandteile des „klassischen“ islamischen Kriegsrechts.

37 Ein interessantes Gedankenexperiment zum Thema menschlicher Schilde, wenn diese auf beiden Seiten eingesetzt werden, findet sich in (Nozick 1974: 35).

38 Manchmal werden noch weitere Bedingungen hinzugefügt. So kennt *The New Catholic Encyclopedia* vier Bedingungen, die an anderer Stelle in dieser Arbeit erwähnt sind.

kommen kann, nicht beabsichtigt war, sondern lediglich ein unbeabsichtigtes, aber vorhergesehenes Nebenprodukt des eigentlich beabsichtigten legitimen Ziels (nämlich der Zerstörung der militärischen Anlage), war. Des Weiteren wird behauptet, dass die Zerstörung des militärischen Ziels notwendig war, um den Krieg zu gewinnen, der sich sonst noch länger hingezogen und damit vermutlich noch mehr zivile Leben gefordert hätte, womit der Angriff einem guten Zweck gedient hat. Auch sind die toten Zivilisten nicht Mittel zum Zweck, da sie nicht instrumentell nötig waren, um die militärische Einrichtung zu zerstören.

An dieser Stelle soll weder zu Gunsten der DDE noch gegen die DDE argumentiert werden. Vielmehr ist an dieser Stelle entscheidend, dass Azzam ein ähnliches Prinzip zu vertreten scheint, wenn er den Fall menschlicher Schutzschilde diskutiert. Er schreibt: „*it is permitted to shoot them [die menschlichen Schilde, SS] aiming for the Kuffar [Ungläubige, SS]*" (Azzam *Defense of the Muslim Lands*: 20). Damit erkennt Azzam ausdrücklich an, dass ein Problem besteht, wenn menschliche Schutzschilde ins Spiel kommen, gleichzeitig aber argumentiert er ähnlich der DDE, dass es moralisch gerechtfertigt werden kann, wenn diese getroffen werden, vorausgesetzt, sie werden nicht absichtlich, sondern aus Versehen getroffen. Sie können also nicht direkt angegriffen werden, aber wenn sie zu Schaden kommen, und dies lediglich absehbar, aber nicht intendiert ist, dann ist es moralisch zu verteidigen.

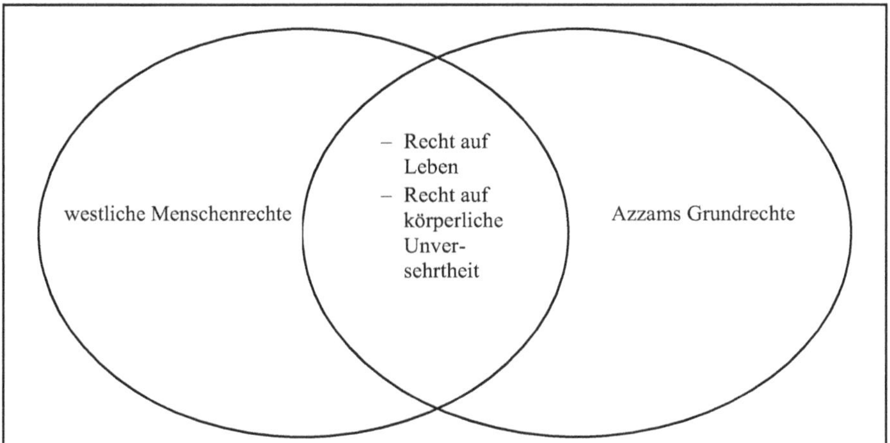

Abbildung 1: Vergleich eines westlichen Konzepts von Menschenrechten mit einem Grundrechtekonzept, wie es Azzam zugesprochen werden kann.

Zusammenfassend kann man also festhalten, dass es eine sinnvolle Annahme darstellt, wenn man Azzam Selbstverteidigung und die Verteidigung einer Art

Rechte als Grundlage seiner Gewaltrechtfertigung unterstellt. Dies wäre auch im Einklang mit westlichen Theorien, speziell der Theorie vom gerechten Krieg, die zunächst ebenso wie Azzams Schriften in einem religiösen Kontext entwickelt wurden. Erst nach und nach hat sich die Theorie vom gerechten Krieg von diesen Wurzeln emanzipiert und zu ihrer heutigen Form gefunden, die als komplett säkular dargestellt werden kann. Dies war jedoch von den Kirchenvätern niemals intendiert und so bleibt auch festzuhalten, dass die Rechte, die wir Azzam unterstellen können, nicht mit den Menschenrechten im westlichen Sinne identisch sind, jedoch einen ausreichenden Überlapp mit diesen besitzen, um die Idee zu stützen, dass diese in moralisch legitimer Weise mit Waffengewalt verteidigt werden können. Hinweise, dass sich Azzam eine derartige Motivation tatsächlich unterstellen lässt, finden sich z.B. in der Tatsache, dass ein westlicher Leser unschwer ein Recht auf körperliche Unversehrtheit und ein Recht auf Leben in den Beschreibungen Azzams wieder erkennen wird, ebenso wie in der Anerkennung eines Prinzips, welches wir das „Schadensprinzip" nennen können, und welches besagt, dass diejenigen, die nicht aktiv an Kämpfen beteiligt sind, keine erlaubten Ziele darstellen, was für Azzam zu ähnlichen Problemen im Hinblick auf die Möglichkeit einer legitimen Kriegsführung in realen Situationen führt, wie sie auch aus der Theorie vom gerechten Krieg bekannt sind.

4.3.8 Azzam und 9/11

Wie bereits in der Einleitung zu diesem Kapitel bemerkt wurde, liegt einer der Gründe, wieso Abdullah Azzam von nicht unbedeutendem Interesse ist, darin, dass islamistische Bewegungen sich nach wie vor auf Azzam berufen und dessen Gewaltrechtfertigungen übernommen haben oder zumindest ihre eigenen Ideen in einer Traditionslinie mit Azzam sehen. Die bekannteste dieser Gruppen stellt im Moment sicherlich al-Qaida mit ihren Anführern, dem (kürzlich verstorbenen) Osama bin Laden und dessen vormaligem Stellvertreter und angeblich zur neuen Nummer Eins der Bewegung aufgerückten Ayman al-Zawahiri dar. Letzterer bemühte sich ausdrücklich darum, seine Bewunderung für „*the martyr as we regard him*" (Mansfield 2006: 41) auszudrücken. Al-Qaidas meist beachtete Aktionen sind sicherlich die Anschläge auf das World Trade Center in New York am 11. September 2001. Diese waren es auch, die den Islamismus als reale oder eingebildete Bedrohung den meisten Bürgern der westlichen Welt zu Bewusstsein gebracht haben. Die Frage, die hier nun kurz diskutiert werden soll, ist die, ob ein solcher Angriff sich mit den Gewaltrechtfertigungsstrategien Azzams in Einklang bringen lassen würde. Sollte dies nicht der Fall sein, so gibt dies Hinweise darauf, dass ein

Transformationsprozess in den Gewaltrechtfertigungsstrategien beim Übergang von Azzam zur nächsten Generation Radikaler stattgefunden haben muss.

Es wurde bereits argumentiert, dass Azzam unterstellt werden kann, dass er das „Schadensprinzip" akzeptiert. Nach diesem hätten all solche Personen als illegitime Ziele zu gelten, die nicht daran beteiligt sind, Muslimen Schaden zuzufügen. Die Frage, die sich nun stellt, ist die, ob sich dieses Prinzip mit einem Angriff auf ein ziviles Ziel wie die Türme des World Trade Center vereinbaren lässt?

Man könnte versucht sein zu sagen, dass dies natürlich nicht der Fall ist, da zivile Ziele nicht direkt an Kampfhandlungen beteiligt sind. Diese Antwort greift jedoch zu kurz, da ein Prinzip wie das „Schadensprinzip" unter einem Problem leidet. Aus sich selbst heraus beantwortet es nämlich die Frage, was genau als „Schaden zufügen" zu gelten hat, nicht. Man kann also fragen, wie direkt eine Person mit Kampfhandlungen verbunden sein muss, um als jemand zu gelten, der „Schaden verursacht"? Die Strategie, die al-Qaida in Hinsicht auf diese Frage verfolgte, war nicht, zu behaupten, dass die Angriffe in New York den Tod von Zivilisten nur als Nebenprodukt in Kauf nehmen mussten, wie dies vielleicht zu erwarten gewesen wäre. Schließlich ist dies eine Strategie, die von westlichen Mächten regelmäßig angeführt wird, wenn z.B. im Nahen und Mittleren Osten Zivilisten zu Schaden kommen. Stattdessen argumentierte al-Qaida, dass die getöteten Zivilisten eben nicht unschuldig gewesen waren, sondern dass diese daran beteiligt waren, Muslimen „zu schaden" und daher selbst legitime Ziele darstellten. Ayman al-Zawahiri versucht seine Leser davon zu überzeugen, dass die amerikanische Zivilbevölkerung dadurch, dass sie Steuern an ihre Regierung zahlt, aus denen unter anderem auch der Militärhaushalt beglichen wird, und dadurch, dass diese Regierung in freien Wahlen an die Macht kam, mitverantwortlich waren an dem Schaden, den Akte dieser Regierung verursacht haben. Für Zawahiri ist diese Mitverantwortung ausreichend, um auch Zivilisten zu legitimen Zielen zu erklären.

> *„It also transpires that in playing this role, the western countries were backed by their peoples, who are free in their decisions. It is true that they may be largely influenced by the media decision and distortion, but in the end they cast their votes in the elections to choose the governments that they want, pay taxes to fund their policy, and hold them accountable about how this money is spent.*
>
> *Regardless of method by which these governments obtain the votes of the people, voters in the western countries ultimately cast their votes willingly. These peoples have willingly called for, supported, and backed the establishment of and survival of the State of Israel."* (Mansfield 2006: 198-199)

Obwohl diese Ansicht nicht mit den gängigsten Versionen der Theorie vom gerechten Krieg vereinbar sein dürfte, bei denen die Immunität von Nichtkombattanten einen starken Vorbehalt gegenüber der Anwendung politischer Gewalt darstellt, so findet sie sich doch bei zumindest einigen westlichen Autoren wieder. Die aktuellste Form eines ähnlichen Arguments findet sich z.B. in Virginia Helds Buch *How Terrorism is Wrong: Morality and Political Violence*, in dem die Autorin schreibt, dass „*especially in the case of a democracy, where citizens elect their leaders and are ultimately responsible for their government's policies, it is not clear that citizens should be exempt from the violence those policies may lead to while the members of their armed services are legitimate targets*" (Held 2008: 20). Diese Position soll demnach einer näheren Untersuchung unterzogen werden, was in einem der folgenden Kapitel geschehen wird. An dieser Stelle soll zunächst geprüft werden, ob sich Azzam ein entsprechend weit gefasster Begriff des „Schadenzufügens" unterstellen lässt.

Unglücklicherweise hat sich Azzam nicht explizit zu diesem Thema geäußert. Seine Position muss daher als kohärentes Bild, welches sich aus ähnlichen Fällen ergibt, rekonstruiert werden. Es wurde bereits erwähnt, dass Azzam diejenigen für von direkten Angriffen ausgenommen betrachtet, die nicht an Kämpfen beteiligt sind. Auch hier besteht jedoch das Problem, wann genau jemand als nicht mehr an Kämpfen beteiligt zu gelten hat und wann nicht. In Azzams Schriften finden sich jedoch zwei Abschnitte in einer Schrift mit Titel *Morals and Jurisprudence of Jihad*, die Licht auf die Angelegenheit werfen können.

In einem dieser beiden Abschnitte untersucht Azzam die Frage, ob Alte, Kranke, Blinde und Schwache angegriffen und getötet werden dürfen. Er kommt dabei zu dem Schluss, dass auch Mitglieder dieser Gruppen getötet werden dürfen, vorausgesetzt, dass sie „*can be useful to the unbelievers*" (Kepel 2005: 130). Auch hier besteht jedoch erneut das Problem, dass nicht definiert ist, ab wann jemand als „nützlich" zu gelten hat. Bedenkt man jedoch, dass er an anderer Stelle schreibt, dass „*it is forbidden to kill those who do not fight*" und „*it is forbidden to combat those who are unarmed*", so scheint die einzige konsistente Auslegung dieser Aussagen die zu sein, dass er damit lediglich anerkennt, dass auch Kinder und Alte eine Gefahr darstellen, wenn sie Schusswaffen tragen. Diese Erkenntnis hat sich schließlich auch bei Warlords durchgesetzt, die Kinder als Soldaten einsetzen und sie mit halbautomatischen Gewehren ausrüsten. Bedenkt man zusätzlich, dass der Koran zu einer Zeit geschrieben wurde, in der mit Hieb- und Stichwaffen gekämpft wurde, und in der auch der Einsatz von Pfeil und Bogen von der Körperkraft des Schützen abhing, da die Durchschlagskraft eines Pfeils direkt von der Zugkraft des Schützen abhängt, so kann man davon ausgehen, dass Azzam lediglich eine Anpassung der koranischen Lehren an die moderne Waffentechnik vorgenommen hat, bei der die Körperkraft des Schützen keine Rolle mehr spielt. Azzam scheint also lediglich zur Kenntnis genommen zu haben, dass im Mittelalter Alte und Schwache für einen ausgebildeten Kämpfer auch dann keine ernstzunehmende Gefahr darstellten, wenn sie eine Waffe führten, was heute nicht mehr der Fall ist. Dafür, dass er so weit gehen wollte, das Ausfüllen eines Wahlzettels als „an Kämpfen beteiligt zu sein“ zu bewerten oder jemanden, der einen Stift in einer Wahlkabine führt als „nicht mehr unbewaffnet“ anzusehen, gibt es jedoch keinen Hinweis.

In einem weiteren Abschnitt, der sich mit kommunistischen Frauen in Afghanistan beschäftigt, schreibt Azzam, dass

> *„communist women in Afghanistan [...] must be killed, whether they participate in combat, give their opinion, or do not participate, whether they are isolated or not, and whether they are single or in a group, because their doctrine is inimical to Islam and harmful to Islam and Muslims“* (Kepel 2005:130).

An diesem Abschnitt ist bemerkenswert, dass Azzam ausdrücklich schreibt, dass es keine Rolle spielt, ob Kommunistinnen in Afghanistan an Kampfhandlungen beteiligt sind, im Widerspruch zu seinen zuvor bezogenen Positionen. Allerdings ist ebenso bemerkenswert, dass er sich ausdrücklich nur auf Kommunistinnen *in Afghanistan* bezieht und nicht auf Kommunistinnen generell. Wäre es ausreichend, dass sie einer Doktrin anhängen, die dem Islam gegenüber feindlich gesinnt ist, so stellt sich die Frage, wieso dann diese Einschränkung? Will man seine Aussagen in Einklang bringen, so ist eine Möglichkeit, davon auszugehen, dass es eine Rolle spielt, dass sie sich bereits in umkämpftem Gebiet befinden. Man könnte Azzam also unterstellen, dass er Kommunistinnen in Afghanistan als indirekt in die Kämpfe involviert ansieht, unabhängig davon, ob sie sich tatsächlich an Kampfhandlungen beteiligen. Dies wäre z.B. dadurch möglich, dass er davon ausgeht, dass Kommunistinnen die sowjetischen Truppen entweder durch Hilfstätigkeiten unterstützen oder durch Propagandaarbeit als verlängerter Arm der sowjetischen Truppen zu gelten haben. Dies ist jedoch Spekulation. Wofür es keinen Beleg gibt, ist, dass Azzam die Bürger eines Staates auch in deren eigenem Staatsgebiet für ausreichend in Kampfhandlungen involviert hält, um sie zu legitimen Zielen zu erklären. Im Gegenteil, seine Beschränkung auf Kommunistinnen in Afghanistan scheint eher darauf hinzudeuten, dass die Beteiligung daran Muslimen „Schaden zuzufügen“ nicht über das eigentliche Schlachtfeld auszudehnen oder dies zumindest nur in engen Grenzen zu verstehen ist. Ein Angriff auf Zivilisten, wie denjenigen Personen, die Opfer der Anschläge auf das World Trade Center wurden, lässt sich meines Erachtens nicht mit Azzams Theorie rechtfertigen. Eine Ausweitung des Jihad von dem nahen auf den fernen Feind wäre demnach als eine spätere Entwicklung und als weiterer Radikalisierungsschritt zu verstehen.

4.3.9 Zusammenfassung

Zum Abschluss dieses Kapitels bleibt also festzuhalten, dass, obwohl Azzams Schriften auch unter heutigen Radikalen noch weite Verbreitung finden, ein weiterer Radikalisierungsschritt stattgefunden haben muss. Azzam begründet die Anwendung politischer Gewalt, so wie auch die meisten gegenwärtigen Theoretiker des Jihad, hauptsächlich mit einem göttlichen Gebot, was bereits in vorhergehenden Kapiteln als unzureichend bewertet wurde. Darüber hinaus kann man Azzam jedoch auch eine Gewaltrechtfertigung zuschreiben, die mit der Theorie vom gerechten Krieg vereinbar ist. Diese würde auf einer Verteidigung von grundlegenden (Menschen-)Rechten basieren, auch wenn Azzam selbst diese Begriffe nicht verwendet. Hinweise für diese Ansicht finden sich jedoch in den Restriktionen, die er einer legitimen Anwendung politischer Gewalt gegenüber „Unschuldigen" auferlegt, welche Ausdruck in einer Art „Schadensprinzip" finden und zu ähnlichen Rechtfertigungsproblemen führen, wie sie auch die Doppeleffektlehre versucht zu umgehen. Sollte dem jedoch so sein, so muss sich zwischen Azzam und der Nachfolgegeneration von Jihadisten eine Verschiebung der Bewertung ereignet haben, die es al-Qaida erlaubte, Akte wie den Angriff auf das World Trade Center 2001 zu rechtfertigen, welche mit Azzams Gewaltrechtfertigungsstrategien nicht zu vereinbaren sind.

4.4 Ayman al-Zawahiri: Terrorismus und Immunität von Zivilisten

4.4.1 Einleitung

Bei den Angriffen auf die Türme des World Trade Center in New York am 11. September 2001 kamen beinahe 3000 Menschen ums Leben, die meisten davon Zivilisten, die entweder in den Bürotürmen arbeiteten oder diese einfach nur als Touristenattraktion besuchten. Durch die bewusste Auswahl dieses Ziels setzte al-Qaida eine Strategie um, die bereits in einem Buch des ägyptischen Mediziners Dr. Ayman al-Zawahiri mit dem Titel *Knights under the Prophet's Banner*, welches zu Beginn des selben Jahres erschienen war, in Grundzügen umrissen war. Bereits zu dieser Zeit galt al-Zawahiri als die Nummer Zwei des Terrornetzwerks und oft als der strategische Kopf hinter dessen Operationen (Mansfield 2006: 13). In seinem Buch argumentiert Zawahiri, dass die Bevölkerung westlicher Staaten dadurch, dass sie Steuern zahlen und in einem demokratischen Prozess ihre Regierung wählen, für die Taten dieser Regierungen mitverantwortlich zu machen sind (Mansfield 2006: 198-199). In den Augen Zawahiris ist diese Mitverantwortung ausreichend, um auch die Zivilbevölkerung zu legitimen Angriffszielen für direkte Angriffe zu erklären. Zawahiri rechtfertigt dies damit, dass sich die Vereinigten Staaten von Amerika in seinen Augen in einem Krieg mit der muslimischen Welt befinden, zu dessen aktiven Teilnehmern die Zivilbevölkerung wird, da sie ihre Regierung durch Wahlen und Steuern unterstützt. Osama bin Laden machte sich diese Argumentation in seinem Brief an das amerikanische Volk im folgenden Jahr ebenfalls zu eigen (McMahan 2009: 232-233).

Zawahiris und bin Ladens Ansicht wird im Westen im Allgemeinen nicht geteilt und leidet unter einigen offensichtlichen Schwächen in Bezug auf die Attentate vom 11. September. So ist unter anderem schwer nachzuvollziehen, wie sich dieses Argument auf die bei den Angriffen getöteten Kinder anwenden ließe, nachdem diese schließlich weder wahlberechtigt sind noch in irgendeiner Form irgendeine Regierung unterstützt haben. Auch wurden bei den Attentaten Bürger von Staaten getötet, die in keinem Zusammenhang mit dem Krieg stehen, den Zawahiri zwischen den Vereinigten Staaten und der muslimischen Welt ablaufen sieht. Sieht man jedoch einmal über diese offensichtlichen Schwächen hinweg, so ergibt sich eine Frage, die es durchaus verdient, in das Interesse einer philosophischen Untersuchung gerückt zu werden. Zawahiris Hauptargument, dass Bürger unter Umständen durch die Unterstützung ihrer Regierung zu legitimen Zielen werden könnten, speziell in Demokratien, bei denen die Unterstützung durch das Volk für eine Regierung von relativ höherer Bedeutung ist als etwa in einer Diktatur, verdient durchaus einen zweiten Blick. Interessanterweise entscheiden sich Zawahiri und bin Laden durch diese Argumentationsform, nicht etwa zu behaupten, dass die getöteten Zivilisten nur das unglückliche Nebenprodukt eines anderweitig notwendigen und gerechtfertigten Angriffs darstellen, wie dies so oft getan wird, wenn durch Handlungen westlicher Streitkräfte Menschen zu Tode kommen. Man denke nur an das Unwort vom *Kollateralschaden*, das aus der heutigen Kriegsberichtserstattung kaum noch wegzudenken ist. Stattdessen haben sich die Führer von al-Qaida dazu entschieden, zu behaupten, dass die Zivilisten eben nicht als unschuldige Unbeteiligte zu gelten haben und dass sie genau deshalb legitime Angriffsziele darstellen. Dies ist sicherlich nicht im Einklang mit geltendem internationalem Recht, welches auf einer strikten Unterscheidung von zivilen und militärischen Zielen besteht, es ist jedoch eine Haltung, die auch von westlichen Autoren manchmal vertreten wird. Virginia Held schreibt z.B., dass

> „*[especially] in the case of a democracy, where citizens elect their leaders and are ultimately responsible for their government's policies, it is not clear that citizens should be exempt from the violence those policies may lead to while the members of their armed services are legitimate targets. If a government's policies are unjustifiable and if political violence to resist them is justifiable [...], then it is not clear why the political violence should not be directed at those responsible for these policies*" (Held 2008: 20).

Um der Frage, ob und unter welchen Umständen Zivilisten von direkten Angriffen ausgenommen bleiben sollten, wenn die Mitglieder der Streitkräfte eines Landes für die Politik desselben geradezustehen haben, die nötige Aufmerksamkeit zu schenken, soll im folgenden Kapitel erneut untersucht werden, was es ist, das es erlaubt, moralisch gerechtfertigt zu töten, und worin genau der moralische Unterschied zwischen Zivilisten und Mitgliedern der Streitkräfte besteht.

Um Zawahiris Argument dabei die bestmöglichen Karten zu geben, sollen einige Annahmen gemacht werden. So soll hier des Argumentes wegen davon ausgegangen werden, dass es sich tatsächlich bei den Aktionen al-Qaidas um eine gerechtfertigte Selbstverteidigung gegen die Vereinigten Staaten gehandelt hat, und es soll so getan werden, als wären tatsächlich nur volljährige amerikanische Bürger bei den Attentaten zu Opfern geworden. Ich denke, dies sind die stärksten Annahmen, die man Zawahiri zugestehen kann. Sollte sich im Folgenden sein Argument also als nicht stichhaltig erweisen, so ist getrost davon auszugehen, dass dies daran liegt, dass es generell nicht haltbar ist. Bei dieser Untersuchung wird es entscheidend sein, eine Bedingung x zu finden, die für all diejenigen gilt, die legitime Angriffsziele darstellen, und es muss gezeigt werden können, dass dieses x eine Eigenschaft *aller* Zivilisten ist.

4.4.2 Wer ist Ayman al-Zawahiri?

Ayman al-Zawahiri wurde 1951 als Spross einer einflussreichen Familie in Kairo geboren.[39] Auf der Seite seines Vaters finden sich darunter so bedeutende Persönlichkeiten wie ein Großonkel, der oberster Imam der *al-Azhar* Universität in Kairo war, einer der herausragendsten sunnitischen Lehranstalten, an der bereits al-Zawahiris Groß- und Urgroßvater wichtige Posten bekleideten. Sein Vater, Rabi al-Zawahiri, war ein bedeutender Professor der Pharmakologie und weitere Onkels und Cousins al-Zawahiris waren ebenso einflussreiche Mediziner. Auf Seiten seiner Mutter, Omayama Azzam, konnte al-Zawahiri ebenfalls auf eine einflussreiche Familiengeschichte zurückblicken, in der sich unter anderem Abd al-Wahab Azzam, einer der Gründer der King Saud University in Riad, oder der erste Generalsekretär der Arabischen Liga, Abdul Rahman Azzam, finden. Omayamas Familie führt ihre Abstammung sogar auf den Propheten Mohammed zurück. Obwohl Ayman als Kind in solch einflussreichen Zirkeln aufwuchs, so

39 Die Informationen in diesem Abschnitt sind der Biographie von Stephane Lacroix *Ayman al-Zawahiri, Veteran of Jihad* aus (Kepel 2008: 147-170) entnommen, in der sich weitere Details aus dem Leben Zawahiris finden lassen.

wird dennoch berichtet, dass sich die Familie nicht an den weitgehend verwestlichten Lebensstil ihrer Nachbarn anpasste.

Von Ayman wird berichtet, dass er bereits 1966, im zarten Alter von fünfzehn Jahren, seine erste geheime Widerstandszelle gegründet haben soll, welche das Ziel verfolgte, das ägyptische Regime zu stürzen und eine islamische Regierung an die Macht zu bringen. Der Auslöser dafür könnte die Verurteilung zum Tode und die anschließende Hinrichtung von Sayyid Qutb gewesen sein, die einen Einschnitt in der Entwicklung der ägyptischen Islamistenszene markierte und einen Schwenk zu einem gewaltbereiteren Vorgehen mit sich brachte. Das darauffolgende Jahr 1967 markierte einen weiteren Einschnitt in der ägyptischen Gesellschaft, nachdem die arabischen Armeen von Israel vernichtend geschlagen wurden. Damit sahen immer größere Teile der Gesellschaft die westlichen Gesellschaftsmodelle, wie Sozialismus und Nationalismus, als gescheitert an und suchten nach einem neuen Halt, den sie teilweise im Islamismus fanden, der als einziger eine neue Perspektive zu bieten schien und in den kommenden Jahren immer populärer wurde. Der Versuch des ägyptischen Präsidenten Sadat, sich von der nationalistisch orientierten Politik seines Vorgängers Nasser zu distanzieren, wozu er sich der Unterstützung islamistischer Kreise bedienen wollte, beschleunigte diesen Prozess noch. Es wird berichtet, dass Zawahiris Untergrundgruppierung 1974 bereits vierzig Mitglieder zählte, bevor sich diese mit anderen Gruppen zu *al-Jihad* zusammenschloss. Führer dieser Gruppe war Abdul Salam Faraj, der Autor der Schrift *Die vergessene Pflicht* (arab. *al-Faridah al-Gha'ibah*, engl. *The Absent Imperative* oder auch *The Neglected Duty*), die im Zuge der Ermordung Sadats 1981 weites Interesse erregte. Die Gründung von *al-Jihad* sollte für den weiteren Verlauf von Zawahiris Karriere als Islamist noch von großer Bedeutung sein, da die Mitgliedschaft in dieser Vereinigung schließlich zu seiner Verhaftung mit Folterung und, unabhängig davon, zu einer Rivalität um die Deutungshoheit innerhalb ägyptischer Islamistenkreise mit der *islamischen Gruppe* (arab. *al-Gama'a al-Islamiyya*) von Karam Zuhdi führte, die ihn sein Leben lang begleiten würde. Zunächst jedoch schloss Faraj ein Abkommen mit der *islamischen Gruppe*, die sich zu einer Massenbewegung entwickelte. Diese Koalition war es auch, die schließlich die Ermordung Sadats am 6. Oktober 1981 plante und ausführte. Dieses Attentat folgte noch einer Strategie, die versuchte, führende Politiker auszuschalten, um dadurch einen Staatsstreich herbeizuführen, ohne dass dabei Unbeteiligte zu Schaden kommen sollten. Diese Strategie sollte Zawahiri später revidieren.

In Folge des Attentats, welches insofern erfolgreich war, dass Sadat ausgeschaltet wurde, jedoch sein Ziel einer Machtübernahme durch die Islamisten verfehlte, wurden zahlreiche islamistische Aktivisten festgenommen, darunter auch Zawahiri. Die folgenden drei Jahre verbrachte Zawahiri in Gefangenschaft und wurde während dieser Zeit wiederholt Opfer grausamer Folterpraktiken. Dies wird unter anderem der Tatsache zugeschrieben, dass die Behörden Zawahiris Rolle, der mit der Ermordung Sadats direkt nichts zu tun hatte, völlig falsch einschätzten und glaubten, er halte Informationen zurück (Kepel 2008: 152). Diese Erfahrung führte dazu, dass Zawahiri 1992 ein Buch mit dem Titel *Black Book: Torturing Muslims under President Hosni Mubarak* veröffentlichte, welches sich auf Berichte von Amnesty International sowie arabisch-sprachige Zeitungsartikel stützte. Mit der Veröffentlichung dieser Schrift bewies Zawahiri bereits, dass er die Abläufe der Medienwelt verstand, was sich später in dem präzisen Timing und der Auswahl des Ziels für die Attentate vom 11. September 2001 widerspiegelte. In der Einleitung zu *Black Book* schreibt Zawahiri daher auch über seinen eigenen Fall:

> „*We will not include our won testimony here, although what we saw with our own eyes, and even felt in our won flesh, may be worse than what we have mentioned. Still, we have preferred to let foreigners and journalists speak, for they cannot be described as extremists working to shatter social peace and threaten national unity*“ (Kepel 2008: 152).

In seiner Zeit in Gefangenschaft durchlebte Zawahiri die Erfahrung Qutbs, seines spirituellen Vaters, am eigenen Leib und entwickelte sich zu einem der tatsächlichen Führer der ägyptischen Extremisten. Während seines Prozesses übernahm er zum ersten Mal die Rolle des Sprechers der Bewegung, die er auch später für al-Qaida ausfüllen sollte. Aus dem Käfig, in dem alle Angeklagten während des Prozesses saßen, wendete er sich in englischer Sprache an die anwesende Weltpresse, um das ägyptische Regime Hosni Mubaraks anzuklagen.

> „*Now, we want to speak to the whole world. Who are we? Who are we? Why [did] they bring us here, and what [do] we want to say? About the first question: We are Muslims. We are Muslims who believe in their religion, both in ideology and practice, and hence we tried our best to establish an Islamic state and an Islamic society. [...] We are not sorry, we are not sorry for what we have done for our religion, and we have sacrificed, and we stand ready to make more sacrifices. [...] We are here – the real Islamic front and the real Islamic opposition against Zionism, communism, and imperialism ... And now, as an answer to the second question: Why did they bring us here? They bring us here for two reasons. First, they are trying to abolish the outstanding Islamic movement ... and secondly, to complete the conspiracy of evacuating the area in preparation for the Zionist infiltration. [...] We suffered the severest inhuman treatment. They kicked us, they beat us, they whipped us with electric cables, they shocked us with electricity! And they used the wild dogs! And they used the wild dogs! And they hung us over the edges of the doors with our hands tied at the back! [...] They arrested the wives, the mothers, the fathers, the sisters, and the sons! [...] So where is democracy? Where is freedom? Where is human rights? Where is justice? Where is justice? We will never forget! We will never forget!*“ (Kepel 2008: 153-154).

Nach seiner Haftentlassung 1984 zog Zawahiri nach Saudi Arabien, da ihm bewusst gewesen sein muss, dass er unter Beobachtung der ägyptischen Sicherheitskräfte stand, wo er zunächst als Arzt in einer Klinik in Jidda arbeitete, bevor er aus ideologischen Gründen weiter nach Peshāwar und anschließend Afghanistan zog. In Peshāwar machte er Bekanntschaft mit Abdullah Azzam, zu dem Zeitpunkt der wichtigste arabische Islamistenführer und Theoretiker des Jihad gegen die Sowjettruppen. Er schloss sich jedoch nicht dessen Netzwerk an, sondern richtete sein Augenmerk stattdessen auf den jungen Osama bin Laden. Innerhalb kurzer Zeit gelang es ihm, Mitglieder seiner Organisation in wichtige Positionen in bin Ladens Netzwerk zu befördern, auch um bin Laden von dessen Mentor Azzam zu entfremden (Kepel 2008: 155). Bin Laden wurde damit zum Gegenstand eines Machtkampfes zwischen Azzam und Zawahiri, in dem Zawahiri auch nicht davor zurückschreckte, Gerüchte über seinen Widersacher zu verbreiten, wie dem, dass Azzam ein amerikanischer Spion sei. Als Azzam am 24. November 1989 durch eine Autobombe getötet wurde, wurden dann auch Gerüchte laut, dass Zawahiri hinter diesem Attentat stecke.

Nach dem Ableben Azzams arbeiteten bin Laden und Zawahiri eng zusammen, zu diesem Zeitpunkt schien ihre Zusammenarbeit jedoch mehr organisatorischer als ideologischer Natur zu sein, da Zawahiri nach wie vor den Kampf gegen den „nahen Feind", also die als unislamisch angesehenen arabischen Herrscher, bevorzugte, während bin Laden sein Augenmerk bereits auf den „entfernten Feind" gerichtet hatte. Dies änderte sich erst 1998, als Zawahiri eine Fatwa bin Ladens mitunterzeichnete, die sich gegen „Juden und Kreuzzügler" richtete, worin ein klarer ideologischer Schnitt zu seiner vorhergehenden Ansicht bestand, dass der Weg zu einem islamischen Staat über Kairo führen müsse.

In den folgenden Jahren wurde Zawahiri als Osama bin Ladens rechte Hand bekannt und erschien mit diesem in einem Video nach den Anschlägen auf das World Trade Center. In den Jahren 2003 und 2004 äußerte sich Zawahiri zehnmal per Videobotschaft, worin er zu verschiedenen Themen Stellung nahm. Auch in der Folgezeit äußerte sich Zawahiri immer wieder per Videobotschaft, so auch in einem Bekennervideo nach den Anschlägen auf die U-Bahn in London am 7. Juli 2005. Nach dem Tod Osama bin Ladens am 2. Mai 2011 soll Zawahiri die Führung al-Qaidas übernommen haben. Sein Aufenthaltsort ist gegenwärtig nicht bekannt.

4.4.3 Zivilisten als Unschuldige

Um Zawahiris Position zu verstehen, muss zunächst der Status von Zivilisten geklärt werden. Zivilisten werden oft als Unschuldige angesehen und das Verbot eines direkten absichtlichen Angriffs auf diese ist fest in den internationalen Gesetzen und Konventionen zur Kriegsführung verankert. Die Regierenden von über 100 Staaten müssten mit Strafverfolgung vor einem internationalen Gerichtshof rechnen, würden sie solche Angriffe veranlassen (Bellamy 2008: 37). In unserem alltäglichen Sprachgebrauch scheint es dabei oft so, als wäre es diese Tatsache, dass sie als unschuldig zu gelten haben, die es verbietet, Zivilisten direkt und absichtlich anzugreifen. Im Gegenzug werden Soldaten im Normalfall als moralisch legitime Ziele angesehen, die während Kampfhandlungen ohne eine Verletzung von deren Rechten getötet werden dürfen, obwohl es im zivilen Leben ein strenges Tötungsverbot gibt. Folgt man der Vermutung, dass der Grund für diesen Unterschied in dem Status von Zivilisten als Unschuldige liegt, so ist man gezwungen zu behaupten, dass Zivilisten als Unschuldige nichts getan haben, das es nahe legt, dass diese in einem anderweitig gerechtfertigten Krieg legitimerweise angegriffen werden dürfen, während Soldaten etwas getan haben müssen, das diese den Status als Unschuldige verlieren lässt. Wenn jedermann ein Recht auf Leben besitzt, außer er hat etwas getan, das ihn dieses Recht verlieren lässt, dann ist davon auszugehen, dass Zivilisten eben nichts getan haben, das diesen Tatbestand erfüllt, wohingegen Soldaten einen Akt begangen haben müssen, der sie ihr Recht auf Leben verlieren lässt, welches sie als Menschen sonst ebenso besitzen würden wie Zivilisten. Im Folgenden wird jedoch gezeigt werden, dass dies nichts mit Schuld zu tun hat.

Unschuld wurde von Michael Walzer als ein Begriff beschrieben, der auf solche Personen angewendet wird, die „*have done nothing, and are doing nothing, that entails the loss of their rights*“ (Walzer 2000: 34 und 41). Dies bedeutet also, dass eine Person so lange als unschuldig, und damit als verbotenes Ziel, zu gelten hat, solange sie nicht eine Tat *A* begeht, die den Verlust eines bestimmten Rechtes nach sich zieht, wie zum Beispiel des Rechts auf Leben. Ein gängiges Beispiel für solch eine Tat wäre ein ungerechtfertigter Angriff auf einen Unschuldigen, durch den der Angreifer sein Recht auf körperliche Unversehrtheit und möglicherweise sogar sein Recht auf Leben verwirkt, wenn die einzige Möglichkeit, das Opfer zu retten, darin besteht, den Angreifer zu töten. Im alltäglichen Sprachgebrauch wird dann oft so gesprochen, als wäre die Tatsache, dass sich der Angreifer eines Vergehens gegen das Opfer *schuldig macht*, ausschlaggebend dafür, dass man ihm seinerseits kein Unrecht tut, wenn das Opfer in Notwehr Gewalt anwendet oder wenn er durch dritte, Polizeikräfte etwa, angegriffen wird. Wäre diese Darstellung korrekt, dann müssten folglich alle Soldaten Taten begangen haben, die sie schuldig werden lassen, so dass sie alle ihr Recht auf Leben verlieren.

Nun muss man zunächst darauf hinweisen, dass hier zwei verschiedene Dinge von Walzer beschrieben werden. Einerseits beschreibt er eine Situation, in welcher die rechtsauflösende Handlung in der Vergangenheit stattgefunden hat und dazu führte, dass der Soldat Schuld auf sich geladen hat, welche zu korrektiver Gewalt gegen diesen bemächtigt. In dieser Sicht der Dinge handelte es sich bei der

Kriegsführung also gewissermaßen um eine Strafmaßnahme, die der Vergeltung und Sühne dient. Einer der Väter des internationalen Rechts, Hugo Grotius (1583-1645), sah diese Rechtfertigung auch tatsächlich in seinem Regelwerk vor. Als gelernter und praktizierender Rechtsanwalt muss er vom Strafrecht seiner Zeit beeinflusst worden sein, und er glaubte fest daran, dass die „Berichtigung eines vergangenen Schadens“ einen Grund zur Gewaltanwendung darstellte, vorausgesetzt dieser Schaden bestand tatsächlich nach wie vor unberichtigt (Orend 2006: 18). Heutzutage ist es jedoch so, dass Bestrafung vom internationalen Recht nicht mehr als Kriegsgrund akzeptiert wird, auch wenn der Reflex, nach Bestrafung zu rufen, ein menschlicher ist und so schreibt Habermas auch über den 11. September, dass „die Sprache der Vergeltung, in der nicht nur der amerikanische Präsident auf das Unfassbare reagierte, einen alttestamentarischen Klang [erhielt]“ (Habermas 2001: 10). Nichtsdestotrotz müssen Streitfälle um Schäden, die in der Vergangenheit zugefügt wurden, heute mit Mitteln unterhalb der Gewaltschwelle aus der Welt geschafft werden. Zu diesem Zwecke wurden zahlreiche internationale Verträge geschlossen, Organisationen gegründet und sogar internationale Gerichtshöfe ins Leben gerufen. Und auch, wenn immer wieder darauf hingewiesen wird, dass in der internationalen Ordnung der Leviathan fehlt, der die Einhaltung der beschlossenen Normen garantieren könnte, so funktioniert das System doch zumindest leidlich gut. Interessant ist auch, dass diese Form des Rechtsverständnisses im internationalen System mit nationalem Recht besser übereinstimmt. Bedenkt man die Begründung für individuelle Notwehr, die es jemandem unter bestimmten Umständen erlaubt, sein Leben zu schützen, wenn notwendig sogar mit tödlicher Gewalt, so wird dies ausdrücklich nicht als Vergeltung verstanden, sondern darf lediglich einer andauernden Bedrohung gelten, die abgewehrt werden muss. Um Schadensfälle aus der Vergangenheit zu regeln, müssen Gerichte angerufen werden, und der Staat besitzt ein Gewaltmonopol, welches ausdrücklich keine Selbstjustiz zulässt.

Der bedeutendste Einwand gegen Schuld als dasjenige, welches den Einsatz von Gewalt gegen Soldaten moralisch rechtfertigt, scheint jedoch zu sein, dass, wenn Fragen von Schuld und Unschuld verhandelt werden, dies individuelle Kategorien sind, die für jedes Individuum neu festgestellt werden müssten, wenn man nicht einer Kollektivschuld das Wort reden möchte. Es gibt jedoch keinen Grund anzunehmen, dass jedes Mitglied bestimmter Streitkräfte in Akte verstrickt ist, die dazu führen würden, dass er persönliche Schuld auf sich lädt und daher zu einem legitimen Ziel wird. Zwar ist es sicherlich der Fall, dass Infanteristen und Kanoniere im Feld direkt feindliche Ziele beschießen, ein Akt, der von der Sorte sein könnte, die zu persönlicher Schuld führt, und damit dazu, dass diese dann ihre Rechte verlieren. Dies ist es jedoch nicht, wie der Rechtsverlust in den verbreitetsten Versionen der Theorie vom gerechten Krieg oder im internationalen Recht verstanden wird. Ganz im Gegensatz gehen diese im Allgemeinen davon aus, dass es Soldaten durchaus erlaubt ist, feindliche Kräfte im Feld zu attackieren, und wenn ihnen dies erlaubt sein sollte, warum sollte sich daraus eine persönliche Schuld mit einem resultierenden Rechtsverlust ergeben? Auch ist offensichtlich, dass dies keine Bedingung ist, die von allen uniformierten Mitgliedern der Streitkräfte erfüllt wird. Ein Soldat könnte in der Feldküche beschäftigt sein, für die Rechtsabteilung arbeiten oder in irgendeiner anderen Form Serviceaufgaben erledigen, die nicht dazu führen, dass er persönlich Akte ausführt, die so geartet sind, dass er ausreichend Schuld auf sich lädt, um zum legitimen Angriffsziel zu werden. Gleichwohl werden auch solche Mitglieder der Streitkräfte nach gängigem Moralverständnis und gängiger Rechtsprechung als rechtmäßige Ziele angesehen.

Hinzu kommt, dass auch Zivilisten Kriegsschuld auf sich laden können, zum Beispiel indem sie einen ungerechten Kriegseinsatz als freiwillige Helfer unterstützen. Nehmen wir einmal an, dass eine Zivilperson sich freiwillig meldet, um in einer Munitionsfabrik auszuhelfen, da sie davon ausgeht, dass dies die beste Möglichkeit für sie darstellt, einen Kriegseinsatz zu unterstützen und dass dies darüber hinaus tatsächlich ausreichend ist, um ein Maß an persönlicher Schuld auf sich zu laden, das sie zu einem legitimen Angriffsziel werden lässt. Nach konventionellem Denken wird dabei auch oft zugestanden, dass sie als Arbeitskraft in einer Munitionsfabrik ein legitimes Ziel darstellt, jedoch nur, solange sie sich an ihrem Arbeitsplatz aufhält, nicht aber in ihrer Freizeit. Sollte eine Kategorie persönlicher Schuld oder Unschuld jedoch daswelche sein, das sie zum erlaubten Ziel macht, so wäre die Unterscheidung nicht zu rechtfertigen. Die Schuld, die jemand möglicherweise durch die Unterstützung eines ungerechten Krieges auf sich lädt, ändert sich schließlich nicht mit dem aktuellen Aufenthaltsort. Wenn sie also als ausreichend schuldig zu gelten hätte, dann wäre sie nicht nur in der Munitionsfabrik schuldig, sondern auch nach Dienstschluss in ihrer Freizeit. Auch würde niemand so weit gehen zu sagen, dass die Tatsache, dass einige wenige Zivilisten in Munitionsfabriken und ähnlichen Anlagen arbeiten, eine ausreichende Begründung darstellt, alle Zivilisten zu moralisch erlaubten Angriffszielen zu erklären. Die britische *Bombercommand* mag im zweiten Weltkrieg noch so argumentiert haben, heute ist diese Art des Arguments jedoch weithin als inakzeptabel anerkannt. Die weithin akzeptierte Lehrmeinung ist, dass es Aufgabe von Gerichten ist, individuelle Schuld festzustellen, und eine resultierende Bestrafung festzulegen, wofür es ordentlicher rechtsstaatlicher Abläufe bedarf. Alex Bellamy hat dies auf die folgende Formel gebracht:

„*... unless one believes that private individuals and groups have a right summarily to determine an individual's guilt or innocence and execute them without due process – a belief that, thankfully, is not shared very widely – the relative moral guilt or innocence of an indi-*

vidual is irrelevant to the question of whether they can be justly attacked" (meine Hervorhebung) (Bellamy 2008: 39).

Wenn also Mitglieder der Streitkräfte zu den erlaubten Zielen gehören, auch wenn sie keine persönliche Schuld auf sich geladen haben, und wenn Zivilisten, auch wenn sie persönliche Schuld auf sich geladen haben, dennoch keine erlaubten Ziele darstellen, dann scheint es eindeutig zu sein, dass Schuld und Unschuld nicht die richtige Kategorie darstellen, um Gewaltanwendung gegen Zivilisten (oder auch ganz allgemein) zu rechtfertigen.

In der Tat hat Judith J. Thomson überzeugend argumentiert, dass die individuelle Schuld oder Unschuld eines Angreifers bei der Frage nach der Legitimität gewaltsamer Selbstverteidigung gegen diesen keine Rolle spielt. Um ihr Argument zu untermauern, hat sie das Beispiel eines unschuldigen Angreifers vorgeschlagen, dem wir keinerlei moralisches Fehlverhalten vorwerfen können, gegen den wir uns dennoch notfalls gewaltsam zur Wehr setzen dürfen (Thomson 1991). Genauer nutzt Thomson einen Freund, der vorübergehend wahnsinnig wird, in ihrem Beispiel:

Man stelle sich vor, dass eine Freundin, ohne dass dies irgendjemandem bewusst wäre, an einer seltenen Krankheit leidet, die sie in einen Gewaltrausch verfallen lässt, wenn sie Mangos isst. Besagte Freundin kommt nun zum Abendessen vorbei und zur Nachspeise serviert der Gastgeber Mangos, da diese Freundin einmal erwähnt hat, dass sie noch nie Mango probiert hat. Nachdem die Freundin nun die Mango gegessen hat, verfällt sie in den Gewaltrausch und attackiert den Gastgeber mit einem Messer. Die einzige Chance, die der Gastgeber nun besitzt, um sein Leben zu retten, ist, seine Freundin mit notfalls tödlicher Gewalt zu stoppen.

Wie bereits zuvor erwähnt, argumentiert Thomson, dass es nicht eine Frage von Schuld oder Unschuld in einem moralischen Sinn ist, die es dem Gastgeber erlaubt, notfalls tödliche Gewalt anzuwenden. Wie könnte man auch davon sprechen, dass die Freundin moralisch verwerflich gehandelt hat? Ex Hypothese weiß die arme Frau nichts von ihrer seltenen Krankheit, so dass man ihr den Verzehr von Mangos nicht vorwerfen kann, und nach dem Verzehr der Mangos wird sie von einem Wahnsinn befallen, über den sie keine Kontrolle hat. Die Alternative, die Thomson bietet, ist, dass es die Tatsache ist, dass diese Freundin im Begriff ist, ein fundamentales Recht ihres Gastgebers zu verletzen, was es diesem erlaubt, Gewalt einzusetzen. Durch den Angriff auf das Recht des Gastgebers, so Thomson, verliert die Freundin ihr eigenes Recht auf körperliche Unversehrtheit, was sie zum legitimen Angriffsziel in diesem tragischen Fall werden ließe.

Im folgenden Abschnitt wird gezeigt werden, dass sich in der Unterscheidung zwischen Unschuldigen und Nichtkombattanten, wie sie in der heutigen juristischen Literatur gemacht wird, ein Hinweis auf ein besseres Kriterium zur Unterscheidung dessen, wer ein legitimes Angriffsziel darstellt, gefunden werden kann. Zur Zeit Vitorias (1492-1546) war es noch üblich, davon zu sprechen, dass *Unschuldige* von direkten Angriffen auszunehmen sind (Pagden 2003: 304). Die Genfer Konventionen und die Haager Landkriegsordnung hingegen sprechen von *Nichtkombattanten* anstelle von *Unschuldigen.* Der Terminus des Kombattanten wurde als juristischer Fachbegriff eingeführt und ist zum Beispiel in Sektion I, Artikel 1 der Haager Landkriegsordnung von 1899 definiert. Er bezeichnet dabei all diejenigen Personen, die zur Kriegsführung berechtigt sind, und damit in den Einflussbereich der Kriegsordnung fallen. In der Haager Landkriegsordnung sind dies definitionsgemäß die uniformierten Mitglieder der ordentlichen Streitkräfte, oder Mitglieder von Milizen und Freiwilligencorps, sofern diese offen ihre Waffen und auf eine Distanz erkennbare Embleme tragen, die sie als Mitglieder einer bewaffneten Gruppierung auszeichnen.[40] Kombattanten bilden diejenige Gruppe, die zur Kriegsführung berechtigt ist, aber auch ohne weitere Ansehung ihrer persönlichen Schuld als legitimes Angriffsziel gilt.

4.4.4 Kombattanten, Zustimmung und das „Schadensprinzip"

Wenn alle uniformierten Mitglieder der Streitkräfte als Kombattanten und somit als legitime Ziele zu gelten haben, so stellt sich die Frage nach dem warum? Was unterscheidet Kombattanten von Nichtkombattanten, das im moralischen Sinne relevant ist, und für alle Mitglieder aus der jeweiligen Gruppe gilt?

Eine Ansicht, die in der Literatur vertreten wird, ist die eines vertragstheoretischen Ansatzes.[41] Nach diesem Ansatz entscheiden sich Mitglieder der Streitkräfte dazu, sich zum Dienst zu verpflichten, und durch diese Entscheidung, so das Argument, geben sie ihre Zustimmung dazu, erlaubterweise angegriffen und möglicherweise sogar getötet zu werden. Nunmehr ist es auch so, dass es durchaus Sinn macht, davon auszugehen, dass Personen, die sich zum Militärdienst entscheiden, die Risiken einer Verpflichtung bewusst sein sollten, dennoch ist diese Position nicht unproblematisch.

Erstens verpflichtet sich nicht jedes Mitglied der Streitkräfte notwendigerweise aus einem reinen freien Willen. Da sind zum einen wirtschaftliche Zwänge, die jemanden dazu drängen könnten, sich dem Militär anzuschließen, weil er sonst keine Arbeit findet. Zum anderen gibt es immer noch Wehrpflichtigenarmeen, deren Mitglieder unter Androhung von Sanktionen gegen sie selbst oder ihre Familien zum Dienst an der Waffe gezwungen werden. Auch ist es so, dass die

40 Eine interessante Ausnahme bilden medizinisches Personal sowie Militärpriester, die aufgrund ihrer Funktion von manchen Bestimmungen der Landkriegsordnung ausgenommen sind. Diese Anomalie wird zu einem späteren Zeitpunkt noch von Interesse sein.

41 Man siehe zum Beispiel die Diskussion in (McMahan 2009: 51-60).

angeblich freiwillige Zustimmung zum Dienst an der Waffe im internationalen Recht keine Rolle spielt, und auch moralisch ist es fraglich, ob es wirklich eine Rolle spielen sollte, ob ein Soldat sich freiwillig gemeldet hat oder zum Dienst gezwungen wurde. Für die Frage nach einer persönlichen Schuld mag dies einen entscheidenden Unterschied machen, für die Frage, ob ein Kombattant ein legitimes Angriffsziel darstellt, sollte dies jedoch nicht der Fall sein. Der Grund für diese Einschätzung liegt darin, dass sich für den Fall, dass zwischen Kombattanten unterschieden werden müsste, je nachdem ob sie freiwillige oder gezwungene Kombattanten sind, höchst problematische Konsequenzen ergeben würden. Man stelle sich nur einmal vor, im 2. Weltkrieg hätten die Alliierten zwischen solchen deutschen Soldaten unterscheiden sollen, die sich aus persönlicher Überzeugung dazu entschieden hatten, für Nazi-Deutschland zu kämpfen, und solchen, die aus Furcht vor dem Regime Dienst taten. Eine solche Unterscheidung ist schlicht nicht realisierbar, was zu zwei möglichen Schlüssen führt. Entweder schließt man daraus, dass selbst ein aggressives Regime, wie das Nazi-Deutschlands, nicht mit Waffengewalt bekämpft werden darf, oder man schließt daraus, dass die Unterscheidung zwischen Freiwilligen und Verpflichteten nicht moralisch relevant ist. Die zweite Option scheint dabei vernünftiger, da man ansonsten sagen muss, dass ein polnischer Soldat, der sein Heimatland gegen die Invasion Deutschlands verteidigte, den deutschen Soldaten Unrecht antat, da diese unter Umständen nicht darin eingewilligt hatten, in diesem Krieg zu legitimen Zielen zu werden. Als moralisches Urteil scheint dies dann doch zu grotesk.

Zweitens muss man bei der Analyse dessen, wozu angeblich zugestimmt wird, Vorsicht walten lassen. Schließlich ist es plausibler davon auszugehen, dass Soldaten, wenn überhaupt, in ein *Risiko,* getötet zu werden, einwilligen, und nicht darin, tatsächlich getötet zu werden. Um zu verdeutlichen, was damit gemeint ist, sei das Beispiel eines Polizisten genannt, der, wenn er dem Polizeidienst beitritt, ebenfalls bereit sein muss, dass *Risiko* auf sich zu nehmen, von Verbrechern angegriffen zu werden. Es ist jedoch nur das Risiko, das er bereit sein muss zu tragen. Er muss nicht so weit gehen, tatsächlich darin einzuwilligen, seine Rechte in Bezug auf körperliche Unversehrtheit oder Leben einzuschränken. Ganz im Gegenteil, wenn Verbrecher Polizisten angreifen, dann gehen wir normalerweise davon aus, dass es sich dabei um ein Fehlverhalten handelt, welches auch die Rechte der beteiligten Polizisten verletzt. Wir würden es schließlich für absurd halten, wenn ein Verbrecher bei einer Gerichtsverhandlung anmerken würde, dass es zwar falsch war, zum Beispiel eine Bank zu überfallen, jedoch versichert, unschuldig im Bezug auf den Angriff auf Polizisten zu sein, nicht weil ein solcher Angriff nicht stattgefunden hätte, sondern weil Polizisten, um Polizisten sein zu können, damit einverstanden sein müssten, möglicherweise von Verbrechern angegriffen zu werden, was nur möglich ist, wenn sie ihre

Rechte auf körperliche Unversehrtheit und Leben durch ihre Zustimmung einschränken, womit der Angriff durch die Verbrecher keine Rechtsverletzung mehr darstellen würde. Diese Argumentation würden wir wohl eher nicht gelten lassen wollen.

Drittens ist auch für den Fall, dass tatsächlich *alle* Soldaten eingewilligt hätten, ihre Rechte in der zuvor beschriebenen Art durch ein Vertragsverhältnis einzuschränken, nicht klar, dass dies überhaupt ausreichend wäre. Rechtssysteme auf der ganzen Welt kennen Regeln, die es verbieten, eine Person zu töten, selbst wenn die ausdrückliche Zustimmung der betroffenen Person vorliegt. Ein Fall, der es zu internationaler Bekanntheit gebracht hat, ist der von Armin Meiwes, besser bekannt als der German Cannibal.[42] Meiwes nutzte das Internet, um einen Freiwilligen zu finden, der darin einwilligen würde, von ihm getötet und anschließend verspeist zu werden. Meiwes wurde schließlich in dem 42-jährigen Bernd Brandes fündig. Obwohl die Internetkorrespondenz zwischen den beiden Männern eindeutig belegt, dass es sich um ein einvernehmliches Tötungsdelikt handelte und sogar ein Video mit der Einwilligung des Opfers sowie der Tat selbst existiert, wurde Meiwes des Mordes angeklagt und zu lebenslänglicher Haft verurteilt. In der Urteilsbegründung wurde unter anderem darauf hingewiesen, dass es nach deutschem Recht nicht zulässig ist, Menschen zu töten, unabhängig davon, ob deren ausdrücklicher Wunsch vorliegt oder nicht. Auf ähnliche Weise haben Moralphilosophen oft das Recht auf Selbstmord bestritten. So argumentierte zum Beispiel John Locke, dass das Recht auf Leben ein so fundamentales Recht darstelle, dass selbst der Rechteinhaber selbst dieses nicht aufgeben kann. Zwar gibt es auch diejenigen Philosophen, die im Gegenzug für ein Recht auf Selbstmord plädiert haben, David Hume wäre zu diesen zu zählen, die Sachlage scheint jedoch zu kontrovers, um davon auszugehen, dass ausgerechnet ein Prinzip wie das der Angreifbarkeit von Kombattanten, welches so breite Zustimmung zu finden scheint, auf einem Prinzip beruhen soll, das höchst umstritten ist.

Wenn es also unwahrscheinlich ist, dass das internationale Recht auf normativ wackeligen Füßen steht, weil es sich nicht aus einer Vertragstheorie herleiten lässt, sollte die Schlussfolgerung daraus dann lauten, dass sich die Unterscheidung zwischen Zivilisten und Soldaten, die das internationale Recht hoch hält, nicht moralisch verteidigen lässt? Diese Schlussfolgerung wäre an dieser Stelle sicherlich verfrüht. Schließlich findet sich in der Literatur ein weiterer Ansatz, wie sich der Unterschied normativ rechtfertigen ließe. Nach dieser Version wäre der Unterschied, dass ein Soldat ausgebildet ist, Waffen zu nutzen, und damit für andere zu einer Gefahr wird. Diese Gefahr, die von einem Soldaten in Kriegszeiten

42 Über den Fall vom 9. März 2001 wurde in allen großen deutschen Zeitungen ausführlich berichtet. Darüber hinaus erlangte er jedoch auch international große Beachtung. Eine Darstellung findet sich unter anderem unter http://www.msnbc.com/id/4039034 (zuletzt besucht 21. März 2011).

ausgeht, ist dann letztlich auch der Grund, warum er ein legitimes Angriffsziel darstellen sollte. Für Zivilisten hingegen gilt, dass diese zwar möglicherweise

> „*[...] inwardly approve, or even have voted in favour of, an unjust war effort, they nevertheless remain externally non-threatening. They do not bear arms effectively, nor have they been trained to kill, nor have they been deployed against the lives and vital interests of the opposing side. Civilians, whatever their internal attitude, are not in any external sense dangerous people*“ (Orend 2006: 112-113).

Zuvor bereits wurde dieses „Schadensprinzip“ angesprochen. Nach diesem wäre jede Person, die in Kriegszeiten aktiv daran beteiligt ist, anderen Schaden zuzufügen, ein legitimes Angriffsziel, da der Akt des Schadens die Schaden zufügende Person eines Teils ihrer Rechte beraubt. Zuvor wurde auch schon erwähnt, dass die Stärke dieses Ansatzes darin liegt, dass sie mit unserem Verständnis von individueller Gewaltanwendung übereinstimmt, so wie dies in Thomsons Analyse erklärt wurde. Anderen Schaden zuzufügen, verletzt deren Rechte und die Schaden zufügende Person würde dann als Resultat ihrerseits die Rechte verlieren, die den verletzten Rechten in ihrer Art ähnlich sind. Wenn dieses Argument eine Unterscheidung zwischen Soldaten und Zivilsten stützen soll, dann muss also die Gefährdung, die von Soldaten ausgeht, erstens mehr sein, als nur eine potentielle Bedrohung, da wir im zivilen Leben auch nicht jeden, der an der Waffe ausgebildet ist und damit potenziell eine Gefahr darstellt, als vogelfrei erklären, solange er nicht Handlungen unternimmt, die über eine reine Ausbildung an der Waffe hinausgehen, und zweitens so geartet sein, dass die Aussagen, die über Zivilisten und Soldaten getroffen werden, für alle Mitglieder dieser beiden Gruppen gelten.

Im Folgenden wird gezeigt werden, dass beide Bedingungen nicht erfüllt sind. Bedenkt man die Größe und Komplexität von modernen Armeen, so ist offensichtlich, dass nicht jeder einzelne uniformierte Soldat in seinem täglichen Dienst Waffen trägt oder direkt daran beteiligt ist, anderen Soldaten Schaden zuzufügen. Moderne Armeen verfügen über eine große Zahl an Service- und Verwaltungspersonal, für die dies nämlich nicht der Fall ist. Man bedenke Mechaniker, die den Fuhrpark betreuen und statt der Waffe mit Schraubenschlüsseln hantieren, Köche, die den Rest der Truppe mit warmen Mahlzeiten versorgen und deren Waffe der Kochlöffel ist, oder Verwaltungsangestellte, die für alles vom Einkauf bis zur Organisation des Solds zuständig sind. Diese wären zwar uniformierte Mitglieder der Streitkräfte und damit nach internationalem Recht legale Ziele, jedoch nicht direkt an der Bekämpfung feindlicher Truppen beteiligt. Dies bedeutet aber, dass, wenn zum Beispiel ein Marineschiff unter Beschuss gerät, der Schiffskoch ebenso ein legales Ziel darstellt wie der Richtschütze, der eine der Bordkanonen bedient. Man kann jedoch vom Schiffskoch schwerlich behaupten, dass er direkt an der Bekämpfung feindlicher Schiffe beteiligt wäre, was moralisch notwendig wäre, um ihn zu einem gerechtfertigten Ziel werden zu lassen. Um diesem Problem zu begegnen, könnte man nun natürlich argumentieren wollen, dass er indirekt am Schaden beteiligt ist, der anderen Schiffen zugefügt wird. Schließlich ist er derjenige, der dadurch, dass er die Verpflegung zubereitet, die Kampfkraft der Truppe mit erhält. Wenn man jedoch gewillt ist, diesen Schritt von direkter zu indirekter Beteiligung zu gehen, dann stellt sich sofort die Frage, ob dies dann nicht auch für jeden Zivilisten gilt, der Nahrungsmittel an Militärbasen verkauft und ob damit nicht auch diese Zivilisten zu legitimen Zielen werden müssten? In anderen Worten stellt sich damit die Frage, wo die moralisch relevante Unterscheidung zwischen einem Schiffskoch an Bord eines Marinekreuzers und einem Pizzajungen liegt, der Pizzas an eine Militärbasis liefert?

Brian Orend versucht das Problem zu lösen, indem er versucht, die Unterscheidung daran festzumachen, ob der Service, der erbracht wird, für einen Kombattanten (und damit ein legitimes Ziel) als *Soldat* notwendig ist oder als *Mensch* benötigt wird. Darauf aufbauend versucht er dann zu argumentieren, dass derjenige, der eine Serviceleistung von ersterer Natur erbringt, als an dem Schaden, den der Soldat anrichtet (wenn auch möglicherweise nur indirekt) beteiligt ist, während derjenige, der Serviceleistungen von zweiter Natur erbringt, als nicht beteiligt und damit als illegitimes Ziel zu gelten hat (Orend 2006: 114-115). Um sein Argument weiter auszuführen zitiert er Michael Walzer, der schreibt, dass „*the relevant distinction is [...] between those who make what the soldiers need to fight and those who make what the need live like all the rest of us*" (Orend 2006: 114). Diese Unterscheidung mag zwar *prima facie* einleuchtend erscheinen, sie kann jedoch nicht vollständig sein, wenn sie nicht schlicht falsch ist. Betrachtet man nämlich das Beispiel des Marinekreuzers erneut, so ist offensichtlich, dass die vorgeschlagene Unterscheidung in diesem Fall nicht funktioniert. Der Schiffskoch erbringt durch seine Arbeit schließlich eine Leistung, welche die Soldaten als Menschen benötigen und nicht nur als Soldaten. Nach der Unterscheidung, wie sie von Orend und Walzer vorgeschlagen wird, blieben der Schiffskoch und vermutlich eine ganze Reihe anderen Personals auf dem Schiff verbotene Ziele für einen Angriff und damit wäre ein Angriff auf das Schiff als Ganzes nicht mehr legitim, wenn man nicht *Kollateralschaden* oder ein ähnliches Prinzip bemühen möchte. Es ist jedoch nicht so, dass das allgemeine Verständnis der Situation so geartet ist, dass der Koch als illegitimes Ziel nur zufällig mit zum Opfer wird. Im allgemeinen Verständnis ist der Koch ebenso ein legitimes Ziel wie der Rest seiner Kameraden, inklusive der Richtschützen an Bord.

Das zuvor beschriebene Problem bleibt also zunächst bestehen. Einerseits liefert die Tatsache, dass jemand daran beteiligt ist, anderen Menschen körperlichen Schaden zuzufügen, einen moralisch relevanten Anhaltspunkt, warum er legitimerweise zum Ziel von Gewalt werden darf, andererseits gilt dies nicht für alle uniformierten Mitglieder einer Armee. Dieses Problem könnte dann zwar dadurch gelöst werden, dass man eine indirekte Beteiligung als ausreichend ansieht, die dann aber die Unterscheidung zwischen Zivilisten und Armeeangehörigen aufheben würde, da diese nicht so fein säuberlich funktioniert, wie dies von Orend oder Walzer gedacht wurde. Nimmt man die enge Verwobenheit moderner Gesellschaften und Wirtschaften, so ließe sich mit dem Argument der indirekten Beteiligung vermutlich eine gesamte Bevölkerung (oder zumindest sehr große Teile derselbigen) zu legitimen Zielen erklären, was sicherlich als unbefriedigendes Resultat zu gelten hat. Im Folgenden soll deshalb argumentiert werden, dass Orend und Walzer auf dem richtigen Weg zu einer gelungenen Rechtfertigung waren, dass ihre Analyse jedoch unvollständig war. Durch das „Schadensprinzip“ lässt sich immerhin eine Verbindung herstellen, die erklärt, wieso manche Armeeangehörige legitimerweise zum Ziel von Gewalt werden. Es wird im Anschluss daran nun gezeigt werden, dass mit einem weiteren Prinzip, welches sich an der strafrechtlichen Form der Mittäterschaft orientiert, tatsächlich eine Unterscheidung zwischen Zivilisten und Soldaten aufrechterhalten lässt.

4.4.5 Mittäterschaft

Im Strafrecht wird die Form der Mittäterschaft verwendet, um die Verantwortlichkeit all derjenigen zu fassen, die an der Durchführung eines Verbrechens beteiligt waren, auch wenn nicht jeder einzelne Beteiligte eine Strafnorm verletzt. Ein einfaches Beispiel wäre ein Bankraub, der von Tätern A, B und C begangen wird. Nehmen wir an, dass alle drei gemeinschaftlich einen Plan aushecken, um eine Bank auszurauben, wobei As Aufgabe ist, mit einer Pistole in die Bank zu stürmen, Bs Aufgabe darin besteht, das Fluchtfahrzeug zu fahren, und Cs Aufgabe ist, an einer Straßenecke nach der Polizei Ausschau zu halten und A und B zu warnen. In diesem Beispiel ist einfach zu sehen, was As Verbrechen ist. Er ist derjenige, der die Bank betritt und eine Waffe hält und sich somit des bewaffneten Raubüberfalls schuldig macht. Bei B und C ist die Sachlage jedoch nicht so klar, obwohl eindeutig ist, dass sie an dem Überfall beteiligt sind. Betrachtet man jedoch die Handlungen von B und C, so muss man sagen, dass diese an und für sich keine Straftaten darstellen. B fährt lediglich ein Auto, was unter normalen Umständen völlig legal wäre, wäre es nicht der Fall, dass dieses Auto als Fluchtfahrzeug nach einem Banküberfall genutzt würde, und C steht lediglich an einer Straßenecke, was schwerlich eine Straftat darstellt. Um zu beschreiben, was genau B und C falsch gemacht haben, benötigen wir ein Konstrukt, dass die Handlungen des Autofahrens und des an der Straßenecke Stehens mit dem bewaffneten Raubüberfall verbindet. Im Strafrecht ist dieses Konstrukt die Mittäterschaft. Will man zeigen, dass mehr an Bs und Cs Handlungen ist, als man zunächst vermuten mag, ist es notwendig festzustellen, dass ein gemeinsamer Tatplan vorliegt, so schreibt es zumindest § 25 Abs. 2 StGB vor. Im englischen *Common Law* wird in diesem Fall von *mens rea* (Lat. schuldiger Geist) gesprochen, welche die *prima facie* nicht strafwürdigen Handlungen von B und C mit der eigentlichen Straftat (im *Common Law* als *actus reus* – Latein für schuldiger Akt – bezeichnet) erst in Verbindung bringt. Nur durch die Herstellung dieser Verbindung lässt sich zeigen, dass B und C ebenfalls als Täter zu gelten haben.

Für eine Mittäterschaft müssen also zwei Bedingungen vorliegen, die notwendig und zusammen hinreichend sind. Erstens muss eine primäre Straftat vorliegen, die eine Strafrechtsnorm verletzt. Im Beispiel des Banküberfalls wäre dies dadurch gegeben, dass A die Bank mit vorgehaltener Waffe betritt und einen Raubüberfall begeht. Zweitens muss ein gemeinsamer Tatplan vorliegen, der einen gemeinsamen Zweck etabliert, der alle Handlungen, die zu dem Bankraub notwendig, jedoch für sich genommen nicht strafbar sind, mit der primären Straftat verbindet. Ein Tatplan mit dem gemeinsamen Zweck, das Geld der Bank zu erbeuten, würde diese Bedingung erfüllen und damit A, B und C zu gemeinsamer Täterschaft führen.

Das Konstrukt der Mittäterschaft wird natürlich auch in anderen Fällen verwendet, in denen es nützlich ist, eine Verbindung zwischen verschiedenen strafbaren Handlungen herzustellen, die von mehreren Individuen begangen wurden. Ein Beispiel für solch einen Fall wäre, wenn es im Nachhinein unmöglich ist festzustellen, welcher Täter aus einer Gruppe genau für eine bestimmte Handlung verantwortlich ist. Man stelle sich einen Angriff einer Gruppe von Personen auf ein Opfer vor, wobei dieses schwere Verletzungen davonträgt, sich jedoch nicht mehr feststellen lässt, welcher Täter genau welche Verletzung verursacht hat. Wenn es nicht klar ist, ob Täter A oder Täter B derjenige war, der dem Opfer die Nase gebrochen hat, während beide auf ihr Opfer einschlugen, dann würde das Prinzip des „im Zweifel für den Angeklagten" eigentlich streng genommen verlangen, dass man beide laufen (oder zumindest mit geringeren Strafen davon kommen) lassen muss, wenn sich nicht mehr zuordnen lässt, welcher der beiden Täter eine Verletzung verursacht hat, speziell, wenn beide behaupten, jeweils selbst zu keiner der schweren Verletzungen des Opfers beigetragen zu haben. Das Konstrukt der Mittäterschaft dient in solch einem Fall dazu, dies zu verhindern und beide für schuldig zu erklären. Durch das Konstrukt ist es am Ende unerheblich, wer genau welchen Schlag geführt und damit welche Verletzung zugefügt hat, wenn es sich einfach nicht mehr aufklären lässt. Beide Täter werden in solch einem Fall für die Verletzungen des Opfers zur Verantwortung gezogen werden.

Auch soll an dieser Stelle nicht verschwiegen werden, dass ein Mittäterschaftsansatz für die Beurteilung von Kriegsverbrechen bereits genutzt wurde. So hat der Internationale Gerichtshof für das ehemalige Jugoslawien die politischen und militärischen Führer der bosnischen Serben aufgrund von Mittäterschaft für die Kriegsverbrechen, die zwischen 1991 und 1999 begangen wurden, inklusive des Völkermordes in Bosnien-Herzegowina, zur Verantwortung gezogen. Die Richter urteilten in diesen Fällen, dass die politische und militärische Führung, welche die Tötungen schließlich nicht eigenhändig ausführte, *mens rea* mit den Soldaten im Feld teilte, und dass sie aufgrund dieser Tatsache mitverantwortlich zu zeichnen haben.

Wie aber könnte das Konstrukt der Mittäterschaft genutzt werden, um eine Unterscheidung zwischen Kombattanten und Nichtkombattanten in einem moralisch relevanten Sinne zu etablieren? Der Weg führt über die Frage, wann ein gemeinsamer Tatplan vorliegt, was wiederum mit dem Vorliegen eines gemeinsamen Handlungszwecks einhergeht. Sicherlich macht es Sinn, davon auszugehen, dass alle Mitglieder einer Armee einen gemeinsamen Zweck verfolgen, der an die Tatsache gebunden ist, dass sie alle Mitglieder derselben Streitkräfte sind. Der Begriff „Mittäterschaft" kann hier allerdings leicht missverstanden werden, da er als Begriff aus dem Strafrecht eine Schuld impliziert, was hier nicht intendiert ist, da eine schuldhaftes Vergehen in einem strafrechtlichen Sinne nicht vorliegt. Nichstdestotrotz besitzen alle Streitkräfte einen gemeinsamen Daseinszweck. Dieser liegt auch mit Sicherheit darin, dass es um eine gemeinsame Kampf- oder Verteidigungsbereitschaft geht, da dies die Kernaufgabe von Streitkräften ist. Soldaten werden dafür ausgebildet und bezahlt, kampfbereit zu sein. Durch den Beitritt zu einer Armee erklärt jedes Mitglied der Streitkräfte seine Bereitschaft, sich an diesem gemeinsamen Handlungszweck zu beteiligen. Wenn dem aber so ist, dann macht es in einem Konstrukt der „Mittäterschaft" Sinn, jedem Soldaten einen Teil der Verantwortung an diesem Zweck zuzuschreiben, der primär im Zufügen von Schaden gegenüber anderen Streitkräften zu verorten sein wird. Dies gilt auch dann, wenn ein bestimmter Soldat nicht direkt an Kampfhandlungen beteiligt ist oder in seiner bestimmten Funktion keine direkte Gefahr für die Soldaten anderer Streitkräfte darstellt. Auf diese Weise ist auch der Schiffskoch auf einem Marinekreuzer in den Zweck der Streitkräfte eingebunden, da er seinen Dienst verrichtet, um das Schiff und seine Besatzung als solche einsatzbereit zu halten. Damit erfüllt er eine Rolle, die der des Fluchtfahrers nicht unähnlich ist. Der Fahrer des Fluchtfahrzeugs hat selber keinen bewaffneten Raubüberfall begangen, aber er ist trotz allem für den Erfolg des Banküberfalls wichtig. Wenn also der Fahrer des Fluchtfahrzeugs für den gesamten Banküberfall mitverantwortlich zeichnet und die entsprechenden Folgen zu tragen hat, warum sollte dann nicht auch der Schiffskoch für die Folgen des militärischen Unternehmens mitverantwortlich zeichnen, zumal er ja nicht ein beliebiger Koch ist, sondern einer, der sich dem Militär angeschlossen hat.

In Hinsicht auf die notwendigen Bedingungen stellte sich die Lage dann dergestalt dar, dass eine primäre Handlung vorliegt, die den Einsatz von Gewalt legitimiert. Diese Handlung liegt in dem Zufügen von körperlichem Schaden, dem Kernanliegen jeglicher Streitkräfte. Auf dieses kann Thomsons Argument in Bezug auf individuelle Notwehr ebenso angewendet werden wie Orends „Schadensprinzip". Die zweite Bedingung, dass ein gemeinsamer „Tatplan" vorliegt, kann so interpretiert werden, dass sich dieser in einem gemeinsamen, der Unternehmung Streitkräfte ureigenen Zweck findet, der in dem Zufügen dieses Schadens liegt. Damit wären die beiden notwendigen Bedingungen erfüllt, die zusammen hinreichend sind, und damit wäre das erreicht, was aus Orends und Walzers Theorien nicht abzuleiten war, nämlich dass jeder Soldat ein legitimes Angriffsziel darstellt, wobei sich die Legitimität letztendlich aus der Rechtsverletzung durch das Unternehmen Militär bezieht.

Dies würde nun auch erklären, wieso einige wenige Gruppen innerhalb der uniformierten Mitglieder von Streitkräften ausdrücklich davon ausgenommen werden, als legitime Ziele zu gelten. Im Speziellen sind dies Militärgeistliche und medizinisches Personal. Wendet man ein der Mittäterschaft ähnliches Prinzip an, so lässt sich problemlos erklären, wieso diese Gruppen nicht angegriffen werden dürfen, andere aber schon. Der Grund liegt nämlich, wie bereits zuvor gezeigt, nicht darin, dass die Beteiligung am körperlichen Schaden anderer bei Medizinern und Geistlichen nur indirekter Natur wäre, da dies schließlich auch bei Köchen und Verwaltungsangestellten der Fall wäre. Auch geht es nicht darum, dass medizinischer oder geistlicher Beistand Dinge sind, die von Soldaten als Menschen benötigt werden und nicht nur in ihrer Rolle als Soldaten, da auch dies auf die Dienstleistungen eines Kochs in Militärdiensten zutreffen würde. Der Grund ist vielmehr, dass sowohl Militärgeistliche als auch medizinisches Personal ihre Rolle anders definieren als der Rest der Truppe. Zumindest in deren Selbstverständnis liegt ihre Aufgabe eben nicht darin, das Militär als solches am Laufen zu halten. Es ist zwar richtig, dass Sanitäter durch die Hilfe, die sie Verwundeten zukommen lassen, auch die Kampfkraft des Militärs erhalten, schließlich ist ein ordentlich medizinisch versorgter Soldat vermutlich eher wieder einsatzbereit, im Selbstverständnis des Sanitäters ist dies jedoch nicht der ausschlaggebende Grund, einem Verwundeten Hilfe zu leisten. Der Sanitäter würde, wenn er gefragt würde, vermutlich eher antworten, dass der Grund für sein Handeln etwas damit zu tun hat, dass er Leid reduzieren oder Schmerzen lindern wolle oder etwas Vergleichbares. Diese Ansicht lässt sich auch dadurch untermauern, dass medizinisches Personal, zumindest in der Theorie, bereit ist, jedem Verwundeten zu helfen, unabhängig davon, auf welcher Seite er gekämpft hat. Daran ändert sich auch nichts, wenn man in diese Überlegung mit einbezieht, dass es in der Realität durchaus sein kann, dass ein bestimmter Sanitäter im Ernstfall dazu neigt, seine Kameraden bevorzugt zu behandeln. Im Prinzip sind medizinische Einheiten bereit, allen Verwundeten Hilfe zu leisten, auch wenn dies möglicherweise bedeuten würde, die eigenen Kriegsanstrengungen indirekt zu hintertreiben.

Auch schützen die zuvor erwähnten Einschränkungen individuelle Mitglieder der Streitkräfte davor, für Handlungen in Mithaftung genommen zu werden, die nicht zum allgemein anerkannten Grundzweck des Militärs gehören. So kann man durchaus davon ausgehen, dass von den meisten Soldaten das Kriegsrecht als bindend anerkannt wird und somit Kriegsverbrechen nicht unter den gemeinsamen Zweck fallen, zu dem sich die Mitglieder einer Armee zusammen gefunden haben, auch wenn jedem bekannt sein müsste, dass solche Dinge gelegentlich vorfallen. Diejenigen Soldaten, die sich an geltendes Kriegsrecht halten, sind dementsprechend nicht mitverantwortlich zu machen für Gräueltaten, die von einer Minderheit begangen werden, da kein gemeinsamer Tatplan vorliegt.

Was aber ist nun mit Zivilisten? Während es eine sichere Annahme scheint, dass jegliches militärisches Personal (die zuvor angeführten Spezialfälle ausgenommen) einem gemeinsamen Zweck zuarbeiten, so ist dies für Zivilisten keineswegs der Fall, womit auch der moralisch relevante Unterschied in Hinsicht auf deren Status als legitimes oder illegitimes Ziel benannt wäre. Was könnte ein solches Ziel sein, das allen Zivilisten gemeinsam ist und das auch noch gleichzeitig eine direkte Verbindung zu einer Handlung beinhaltete, die so geartet ist, dass sie den Verlust einiger Rechte nach sich zieht? Sicherlich liegt ein solches Ziel nicht darin, einen Krieg zu führen. Man wird kaum eine Bevölkerung finden, die zu 100% einen solchen unterstützt. Selbst in hochgradig fanatisierten Gesellschaften, wie sie etwa im Deutschland der Nazizeit vorgelegen haben könnte, wird diese Bedingung nicht erfüllt werden. Es wird schwierig sein, einen ausreichenden Grund zu finden. Dem Autor zumindest ist kein Ziel bekannt, dass von allen Bewohnern einer Nation geteilt würde und die notwendige Rechtsbeschneidung verursacht. Das Zahlen von Steuern und die Beteiligung an Wahlen sollten sicherlich nicht als solche gelten, da Steuern für eine Vielzahl von Maßnahmen nötig sind und nicht nur für die Kriegsführung. Ebenso kann die Beteiligung an Wahlen nicht als ausreichend angesehen werden, da immer die Möglichkeit besteht, gegen die Regierung zu stimmen, und zweitens, selbst wenn ein Wähler für eine bestimmte Regierung gestimmt haben sollte, so ist es immer noch der Fall, dass Regierungen für eine Vielzahl von Dingen nötig sind, nicht nur für die Kriegsführung. Wenn also ein Bürger Steuern zahlt und sich an demokratischen Wahlen beteiligt, so heißt das noch lange nicht, dass damit ein gemeinsamer Tatplan mit der Regierung existieren würde, da ein bestimmter Bürger Kriegsführung unter Umständen dezidiert ablehnt, auch wenn er für eine Regierung gestimmt hat, die nun Krieg führt. Dies ist auch der Grund, warum

Zawahiris Argument am Ende scheitern muss, selbst wenn man die eingangs schon erwähnten, offensichtlichen Fehler hinsichtlich des 11. September zunächst unbeachtet lässt. Individuelle Zivilisten mögen eine Mitschuld an einem Krieg tragen und dafür auch zur Rechenschaft gezogen werden können, da dies jedoch nicht für alle Zivilisten zutrifft, muss diese Schuld auch individuell festgestellt werden und kann nicht einfach verallgemeinernd zugeteilt werden. Bei Kombattanten ist dies nicht der Fall, da diese über den gemeinsamen Zweck der Kriegsführung gewissermaßen einen gemeinsamen Tatplan besitzen.

4.4.6 Mittäterschaft ohne gemeinsamen Tatplan?

Nach der Diskussion des vorangegangenen Kapitels ist eine interessante Frage die, ob sich Mittäterschaft auch ohne gemeinsamen Tatplan denken lässt. Diese Mittäterschaft würde sich dann vermutlich eher in Unterlassung als in direkten Handlungen widerspiegeln. So lässt sich Zawahiris Argument auch so verstehen, dass er die Angriffe auf das World Trade Center nicht dadurch rechtfertigen wollte, dass die US-Bürger ihre Regierung aktiv unterstützten, sondern es könnte sein, dass er sie einer Unterlassung beschuldigt. So könnte man etwa argumentieren, dass mehr öffentlicher Druck vielleicht dazu geführt hätte, dass die US-Regierung den ersten Golfkrieg 1990/91 nicht begonnen hätte und damit keine Truppen in den Irak und damit in ein islamisches Land geschickt hätte.[43] Wäre dies der Fall, so könnte man Zawahiri unterstellen, dass es in seinen Augen die Unterlassung dieser Proteste und somit eine indirekte Unterstützung der Regierung war, die amerikanische Zivilisten für die Taten ihrer Regierung mitverantwortlich werden lässt. Um die Möglichkeit einer derartigen Gewaltrechtfertigung zu diskutieren, soll im Folgenden ein Beispiel dienen, das von Jürgen Rödig erdacht wurde.

> *Holzfäller.* Ein Holzfäller arbeitet alleine im Wald, als er aus Unachtsamkeit unter einem umgestürzten Baum eingeklemmt wird. Der Baum ist so schwer, dass der Holzfäller alleine nicht in der Lage ist, diesen anzuheben. In der Tat braucht es zwei weitere Personen, um den Holzfäller aus seiner misslichen Lage zu befreien. Wie der Zufall so spielt, ist jedoch ein Wilderer in der Gegend, der die verzweifelten Schreie des Holzfällers ebenso hören kann, wie ein Philosoph, der gerade einen Waldspaziergang unternimmt und über den Sinn des Lebens nachsinnt. Unglücklicherweise für den Holzfäller befürchtet der Wilderer, Ärger zu bekommen, sollte er dem Holzfäller zur Hilfe eilen, schließlich ist seine Tätigkeit im Wald illegal und so beschließt der Wilderer, die Hilferufe zu ignorieren. Auch der Philosoph entscheidet sich seines Weges zu gehen, da er denkt, dem Sinn des Lebens ein Stück näher ge-

43 Natürlich geht es Zawahiri nicht um ein derart isoliertes Ereignis sondern vielmehr um einen allgemeineren Krieg der USA gegen die Muslime. Dieses zur Veranschaulichung genutzte Beispiel sei deshalb auch mit der nötigen Vorsicht genossen.

kommen zu sein, so dass er seine Überlegungen nicht an einer solch kritischen Stelle unterbrechen möchte. Da die einzigen beiden möglichen Retter unbeirrt ihrer Wege gehen, bleibt der arme Holzfäller unter dem Baum eingeklemmt und verstirbt (Rödig 1969: 136).

Schaut man sich dieses Beispiel an, so stellt sich ein starkes Gefühl ein, dass jemand für den Tod des Holzfällers zur Verantwortung gezogen werden sollte, da das Beispiel bewusst so konstruiert war, dass der Tod des Holzfällers leicht zu vermeiden gewesen wäre. Die Frage, wer genau zur Verantwortung zu ziehen ist und auf welcher Grundlage, ist jedoch nicht so ohne weiteres zu beantworten. Konfrontiert man den Philosophen mit den Folgen seines Handelns, so kann er sich auf den Standpunkt zurückziehen, dass er sich keinesfalls der unterlassenen Hilfeleistung schuldig gemacht hat, da es nichts gab, das er hätte tun können, um das Leben des Holzfällers zu retten. Schließlich wäre der Holzfäller auch zu Tode gekommen, wenn der Philosoph den Rufen nachgegangen wäre und den Eingeklemmten gefunden hätte. Dadurch, dass der Baum zu schwer war, um ihn alleine zu heben, bestand niemals eine Chance für den Philosophen alleine, den Holzfäller zu retten. Nachdem es nichts in seiner Macht stehende zu tun gab, so argumentiert der Philosoph nun, besteht kein kausaler Zusammenhang zwischen seiner Entscheidung weiterzugehen und dem unglücklichen Tod des Holzfällers. Ohne eine Entscheidung des Wilderers, ebenfalls auf die Hilferufe zu reagieren und dem Holzfäller zur Hilfe zu eilen, eine freie Entscheidung des Wilderers, auf die der Philosoph keinerlei Einfluss hatte, musste jede mögliche Handlungsweise des Philosophen bezüglich der Rettung des Holzfällers folgenlos bleiben. Nachdem es aber keinen Sinn macht, etwas Unmögliches zu verlangen, setzt ein moralisches „sollen“ immer ein tatsächliches „können“ voraus und da dieses nicht gegeben war, so der Philosoph, trage er keinerlei Verantwortung am Tod des Holzfällers. Interessanterweise hat nicht nur der Philosoph damit ein gutes Argument vorgetragen, warum er keine Folgelasten für den Tod des Holzfällers tragen sollte, darüber hinaus steht diese Verteidigung in ihrer spiegelbildlichen Variante dem Wilderer ebenso offen. Dies mag absurd erscheinen, aber so lange, wie eine der beiden Personen die vom anderen unabhängige und nicht zu beeinflussende Entscheidung trifft, nicht auf die Hilferufe zu hören, hätte die jeweils andere Person zwar willens sein können zu helfen, sie wäre aber niemals dazu in der Lage gewesen. In jeder Darstellung der Vorkommnisse um den Tod des Holzfällers ist nur die Unterlassung einer der beiden Personen vonnöten, um den Tod des Holzfällers zu erklären. Dementsprechend gibt es auch keine kausale Erklärung für den Tod des Holzfällers, in der die Entscheidung einer der beiden beteiligten Personen *alleine* ausreichende wäre, um den Fortgang der Geschichte zu ändern. Aus dieser Beschreibung des Vorgangs jedoch ergibt sich, dass keine der beiden Personen für den Tod zur Verantwortung gezogen werden kann, da Verantwortung Kausalität voraussetzt.[44] Es scheint so, dass, wenn überhaupt jemand (oder etwas) moralisch verantwortlich gemacht werden kann, es das Duo von Wilderer und Philosoph gemeinsam ist, da sie zusammen den Holzfäller hätten retten können. Es wäre dann gewissermaßen eine kollektive Entität aus Wilderer und Philosoph, welche die Verantwortung zu tragen hätte. Dies ist nicht völlig abwegig, da wir ja auch juristische Personen wie zum Beispiel Staaten und Firmen ebenso kennen, wie eine kollektive Verantwortung, die sich aus dem Konstrukt der Mittäterschaft ergibt. Wieso also sollte dies hier nicht der Fall sein?

In den Fällen, in denen eine kollektive Verantwortung vorliegt, lässt sich diese eigentlich nur aus einem gemeinsamen Handlungsplan ableiten. Sei es koordiniertes Vorgehen im Sinne einer geschäftlichen Unternehmung oder ein konkreter Tatplan für ein Verbrechen. In all diesen Fällen ist entscheidend, dass tatsächlich Absprachen die gemeinsame Unternehmung betreffend ebenso stattfinden wie eine persönliche Entscheidung, daran beteiligt zu sein. Im strafrechtlichen Sinne wurde dies bereits als *mens rea* benannt. Der interessante Aspekt am *Holzfäller*-Beispiel ist aber gerade, dass *mens rea* dort nicht vorliegt. Der Wilderer und der Philosoph haben keine Absprachen getroffen und auch kein gemeinsames Ziel verfolgt. Zu keiner Zeit bestand eine Übereinkunft darüber, den Holzfäller sterben zu lassen. Es ist sogar so, dass davon ausgegangen werden kann, dass keiner der beiden von der Existenz des jeweils anderen wusste, was es noch unplausibler macht, von den beiden als einer kollektiven Einheit auszugehen. Die Situation war ja gerade so konstruiert, dass die beiden völlig unabhängig voneinander agierten und dass zu keinem Zeitpunkt eine Möglichkeit bestand, die Entscheidung des jeweils anderen zu beeinflussen. Damit stellt sich aber wieder die Frage, wo die Verantwortung ohne Kausalität herkommen sollte (Jörden 2004).

Zawahiris Argument scheint in allen wesentlichen Merkmalen auf einer ähnlichen Situation zu beruhen, wie sie in *Holzfäller* konstruiert wurde. Zivilisten, die sich untereinander nicht kennen, nicht notwendigerweise ein gemeinsames Ziel im Leben verfolgen und als jeweils einzeln Handelnde keinerlei Einfluss auf den Lauf der Ereignisse haben, sollen für etwas verantwortlich gemacht werden, auf das sie höchstens als Kollektiv Einfluss hätten nehmen können. Dafür, dass ein koordinierter Versuch unternommen wurde, ein solches Kollektiv zu formen, gibt es jedoch keinen Anlass. Genau wie im Beispiel *Holzfäller* kann die kollektive Verantwortung, die bestehen mag oder auch nicht, jedoch auf keinen Fall auf

---

44 Ähnlich sieht auch Matthias Kaufmann die Unterscheidung zwischen Moral und Recht unter anderem in der Tatsache, dass man moralisch „*nur für das gelobt oder getadelt [wird], für das man auch persönlich verantwortlich ist*“, was für rechtliche Haftbarkeit nicht gilt (Kaufmann 1999: 47).

das Individuum heruntergebrochen werden. Damit stellen die Zivilisten aber auch keine legitimen Angriffsziele dar. Zwar mag es der Fall sein, dass eine primäre Handlung erfolgte, die von der Art ist, dass sie den Verlust bestimmter Rechte nach sich ziehen kann, so zumindest kann man den Konflikt zwischen der arabischen Welt und dem Westen interpretieren, wenn man denn möchte, es fehlt jedoch die Verbindung, die diesen Rechtsverlust an jedes Individuum überträgt. Interessanterweise kam Virginia Held, die sich 2008 so skeptisch äußerte und Zawahiris Argument zumindest eine theoretische Chance einräumte, in einem ihrer früheren Aufsätze zu einem ähnlichen Schluss. Sie schrieb: „*From the judgement 'Collectivity C ought (ought not) to have done A', judgements of the form 'Member M of C ought (ought not) to have done A' cannot be derived*" (Held 1970: 474-475). Sollte dies korrekt sein und es wurde zuvor so argumentiert, dass dem so ist, dann ist es unmöglich, Zivilisten in einem Land eine individuelle Schuld aufzubürden, zumindest keine, die ausreichend schwerwiegend wäre, um sie für legitime Angriffsziele zu halten.

4.4.7 Zusammenfassung

Zawahiri hatte argumentiert, dass es ausreicht, Steuern zu zahlen und an einer Wahl teilzunehmen, um zu einem erlaubten Ziel für direkte Angriffe zu werden. Diese Ansicht findet im Westen nicht viele Unterstützer, aber sie fordert die Frage heraus, warum die Mitglieder der Streitkräfte eines Landes für Handlungen ihrer Regierung verantwortlich gemacht werden können sollten, wenn dies für die Bevölkerung, die ja als Souverän gilt, nicht der Fall ist. Gängige Theorien der Gewaltrechtfertigung antworten darauf, dass dies deshalb der Fall ist, da Soldaten anderen Personen Schaden zufügen, was bei Zivilisten nicht der Fall ist. In Hinblick auf solche Mitglieder der Streitkräfte, die selbst nicht daran beteiligt sind anderen Schaden zuzufügen, kann dies jedoch nur als halbe Erklärung gelten. Will man, um dem Problem zu begegnen, nun argumentieren, dass auch solche Mitglieder der Streitkräfte daran beteiligt sind anderen Schaden zuzufügen, wenn auch nur indirekt, so muss ein Kriterium benannt werden, wo das indirekte Schaden zufügen endet. Das Kriterium, dass in diesem Zusammenhang zumeist genannt wird, nämlich der Versuch einer Unterscheidung dessen, was Soldaten als Soldaten brauchen, und dessen, was sie als Menschen benötigen, funktioniert jedoch nicht so, wie es sich die Vertreter der Theorie vom gerechten Krieg versprechen, da auch Militärköche etwa einen Dienst anbieten, den Soldaten als Menschen benötigen. Als Alternative wurde hingegen vorgeschlagen ein Prinzip ähnlich der Mittäterschaft anzuwenden, bei dem über einen gemeinsamen Zweck ein Zusammenhang zwischen denjenigen Soldaten, die Tatsächlich an Kampfhandlungen beteiligt sind, und solchen, die nur unterstützende Tätigkeiten ausführen, hergestellt wird. Für Zivilisten lässt sich ein solcher gemeinsamer Zweck nicht finden, womit auch Zawahiris Behauptung abgelehnt wird.

5. Schluss

Der Drang, das eigene Verhalten für moralisch gerechtfertigt zu halten und dies Anderen gegenüber auch begründen zu wollen, gilt für Islamisten genauso wie für andere Menschen. Beweis dafür sind die unzähligen Kommuniqués, die z.B. al-Qaida, aber auch andere radikale Gruppen, regelmäßig veröffentlichen. In diesen versuchen sie einerseits, ihren Anhängern, andererseits aber auch ihren Gegnern und Unbeteiligten, zu versichern, dass sie in der Tat moralisch gerechtfertigt handeln. Dies steht im Gegensatz zu der Beobachtung, dass die Taten dieser Gruppen in der westlichen Welt fast durchgängig negativ bewertet und als illegitim abgelehnt werden. Diese Arbeit beschäftigte sich denn auch mit der Frage, die sich aus diesem Spannungsfeld ergibt, wie mit einander widersprechenden Ansprüchen über den moralischen Status von politischer Gewalt umzugehen ist.

Dazu wurde zunächst die theologische Gewaltrechtfertigung untersucht, die versucht politische Gewaltanwendung durch Hinweis auf den Willen einer bestimmten Gottheit zu legitimieren. Diese wurde jedoch abgelehnt, da sie erstens in einer multikulturellen und multireligiösen Welt nicht die Voraussetzung besitzt, von allen Menschen (zumindest *idealiter*) gleichermaßen akzeptiert werden zu können. Ein Christ oder Hinduist wird eben die Existenz des islamischen Gottes notwendig anders beurteilen als ein Moslem und somit schon die Grundvoraussetzung für die theologische Gewaltrechtfertigung nicht teilen. Zweitens wurde an der theologischen Gewaltrechtfertigung kritisiert, dass selbst gemäß dem Fall, dass sich die Parteien über die Existenz der Gottheit einig sind, der wahre Wille derselben nicht objektiv verifizierbar ist. Drittens wurde angemerkt, dass darüber hinaus in der Tradition von Platons *Euthyphron* Kritik an der Einstellung geübt werden kann, dass Gottheiten überhaupt in der Lage sind, den moralischen Status von Handlungen durch ihren Willen zu beeinflussen.

Nach der Ablehnung der theologischen Gewaltrechtfertigung wurde in einem nächsten Schritt ein Kriterium entwickelt, welches die Akzeptabilität religiös fundierter Weltanschauungen (und damit auch Gewaltrechtfertigungen) für Anders- und Ungläubige beschreibt. Hier wurde das Gegensatzpaar der politischen Theologie und der politischen Philosophie in der Tradition von Leo Strauss eingeführt, auch wenn speziell der Begriff der politischen Theologie im deutschen Sprachraum auf Carl Schmitt zurückgeht. Die Durchdringbarkeit mit Hilfe der

Vernunft ohne Rückgriff auf Offenbarungsereignisse und die damit verbundene, zumindest prinzipielle universelle Akzeptabilität wurde hier als entscheidender Vorteil der politischen Philosophie in einer faktisch multireligiösen Welt angesehen und somit die Übersetzbarkeit politischer Theologien in säkulare Sprache als Kriterium für die Akzeptabilität Anders- und Ungläubiger vorgeschlagen.

Darauf folgend wurde die Theorie vom gerechten Krieg als diejenige westliche Theorie vorgestellt, die nicht nur wahrscheinlich die längste Tradition besitzt, sondern auch heute als am ehesten konsensfähige Theorie in Bezug auf legitime Gewaltanwendung in der westlichen Welt gelten muss. Nach einem kurzen historischen Überblick wurde dann spezielles Augenmerk auf die *iusta causa* Bedingung der Theorie vom gerechten Krieg gerichtet, da diese Bedingung, die einen ausreichenden Grund für Gewaltanwendung fordert, als die eigentliche Gewaltrechtfertigung angesehen wurde. Diese wurde als Rechtetheorie interpretiert, bei der es das Faktum einer Verletzung elementarer Rechte ist, das einen Rechtsverletzer seine Rechte verwirken lässt und im Gegenzug die Gewaltanwendung gegen diesen erlaubt. Da diese Interpretation jedoch nicht unumstritten ist, wurde im Anschluss die Doppeleffektlehre Thomas von Aquins diskutiert, die als Alternative oder Ergänzung zur *iusta causa* Bedingung als Rechtetheorie gelten kann. Dabei wurde sowohl auf deren Stärken als auch deren Schwächen hingewiesen. Im Anschluss wurden schließlich zwei Positionen diskutiert, die im Rahmen einer moralphilosophischen Abhandlung nicht ausgeklammert werden dürfen, und zwar sind dies die Position, dass bei der organisierten Gewaltanwendung eine moralische Bewertung grundsätzlich fehlplatziert ist bzw. die Position, dass eine organisierte Gewaltanwendung niemals zulässig sein kann. Beide Positionen wurden abgelehnt, da sie einer komplexen Welt, in der moralische Urteile auch über organisierte Gewaltanwendung abgegeben werden und in der Gewalt sich leider manchmal nicht vermeiden lässt, nicht gerecht werden.

Nachdem dergestalt die Grundlage zu einem Verständnis akzeptierter Gewaltrechtfertigung in der westlichen Welt gelegt wurde, folgte eine Diskussion von Meilensteinen der islamistischen Gewaltrechtfertigungsstrategien. Diese beginnt mit Sayyid Qutb, der im Anschluss an Sabine Damir-Geilsdorf, der vermutlich besten deutschsprachigen Qutb-Kennerin, als Wegbereiter bezeichnet wird. Qutbs Gewaltrechtfertigungsstrategie ist nicht einfach zugänglich, da er unter Zensurbedingungen schrieb. Um diesen Nachteil zu kompensieren, wurde Qutbs politische Theologie ausführlicher beleuchtet, als nur in einer eng verstandenen Gewaltrechtfertigungshinsicht. Dabei wurde Qutbs Freiheitsverständnis als positive Freiheit identifiziert, die es Staat und Gesellschaft ermöglichen, weitgehende Eingriffe in die Privatsphäre eines jeden Individuums zu nehmen, wobei dies von Qutb jedoch nicht als Schwäche interpretiert wird, sondern ausdrücklich gewünscht ist. Aus diesem Freiheitsverständnis entwickelt Qutb ein

Gleichheitsverständnis, welches einem liberalen, westlichen Ansatz gleichen könnte, würde er sich nicht zu sehr in Traditionen verhaftet zeigen, die für seine Theorie jedoch nicht wirklich entscheidend sind und ohne größere Folgen für sein Theoriegebäude aus diesem entfernt werden könnten. Aus diesem Gleichheitsverständnis wiederum entwickelt Qutb ein Politikmodel, dass als Demokratie zu bezeichnen eine Übertreibung darstellen würde, jedoch Elemente enthält, die eine Konsultation zwischen Herrschern und Beherrschten vorsehen. Darüber hinaus sind die Herrscher zur Sorgfalt verpflichtet. Der größte Unterschied zu einer westlichen Demokratie besteht dabei jedoch in der Tatsache, dass Gott alleine als Souverän angesehen wird und nicht das Volk, wie in der westlichen Welt liberaler Demokratien. Aus dieser Tatsache ergibt sich dann auch die Gewaltrechtfertigung bei Qutb, da der Kampf für soziale Gerechtigkeit und insbesondere für eine Durchsetzung der göttlichen Staatsordnung, auch gewaltsam erfolgen darf.

Der nächste Autor, der diskutiert wurde ist Abdul Salam Faraj, der die Gruppe leitete, die für die Ermordung Sadats verantwortlich war. Für Faraj liegt der legitimierende Grund für politische Gewalt in der Tatsache, dass er die Herrscher islamischer Staaten seiner Zeit als vom Glauben abgefallen und somit als Apostaten ansieht. Ob Faraj hinterfragte, wieso Apostasie mit dem Tode bestraft werden sollte, ist dabei nicht bekannt. In dieser Arbeit wurden einige Strategien untersucht, die sich jedoch letztlich als aus westlicher Sicht unbefriedigend herausstellten. Die erste solche Strategie geht auf Maududi zurück und behauptet, dass jeder Gläubige mit Beitritt zum Islam einen Vertrag eingeht, der einen späteren Austritt nicht mehr erlaubt und als korrekte Strafe für einen Vertragsbruch den Tod vorsieht. Gegen diese lässt sich jedoch einwenden, dass erstens weder ein solcher Vertrag faktisch explizit geschlossen wurde, besonders wenn man an Kinder denkt, die in die Religion hinein geboren wurden, dass zweitens nicht klar ist, ob ein solcher Vertrag moralisch zulässig wäre und drittens, dass eine große Zahl an Muslimen, welche die Todesstrafe als Bestrafung für Apostasie ablehnen, auch die Existenz eines derartigen Vertrages bestreiten müssen. Die zweite Strategie, die identifiziert wurde ist, zu behaupten, dass Apostasie eine Bedrohung für die öffentliche Ordnung darstellt, die ausreichend ist, um die Todesstrafe zu rechtfertigen. Dies wurde jedoch für unglaubwürdig befunden. Als dritte und letzte Strategie wurde, zumindest für den Fall der Gewaltanwendung gegen gehobene Staatsdiener, die Möglichkeit eines Widerstandsrechts diskutiert, wie es auch in der westlichen Welt in vielen Ländern gewährt wird und fester Bestandteil der liberalen Tradition ist. Auch diese Möglichkeit wurde jedoch verworfen, da sich dieses zumindest in der westlichen Welt immer auf das Volk als Souverän und somit auf das Individuum und seine Rechte zurück bezieht, was Farajs fundamentalistisches System nicht kann, da es nicht das Volk, sondern alleine Gott als Souverän ansieht.

Als dritter Meilenstein der islamistischen Gewaltrechtfertigung wurden die Schriften Abdullah Azzams einer eingehenden Diskussion unterzogen. Hierbei wurden die von Azzam genannten Rechtfertigungen zunächst drei Kategorien zugeordnet. Die erste Kategorie, pragmatische Gewaltrechtfertigungen, versucht dabei erst gar nicht, moralische Aussagen zu treffen, sondern gibt generelle Überlegungen wider, wie der Kampf zu organisieren sei, um zu den von Azzam gewünschten Zielen zu führen. Der moralische Status, als legitimer Gewaltanwendung wird dabei immer bereits von Azzam vorausgesetzt. Die zweite Kategorie, theologische Gewaltrechtfertigungen, greift auf Offenbarungstatsachen zurück und wird deshalb im Anschluss an die Diskussion in Kapitel 2 zur theologischen Gewaltrechtfertigung abgelehnt. Als dritte Kategorie wurden nicht-theologische Gewaltrechtfertigungen vorgeschlagen und es stellte sich heraus, dass diese am interessantesten, da weitgehend mit westlichen Konzepten vereinbar, waren. Besonders die Verteidigung von elementaren Rechten, wie dem Recht auf Leben oder auf körperliche Unversehrtheit, werden dabei von Azzam, im Einklang mit der Interpretation der *iusta causa* Bedingung als Rechtetheorie, zur Gewaltrechtfertigung angeführt. Dabei wurde argumentiert, dass, auch wenn Azzam nicht im westlichen Sinne einem Konzept der Menschenrechte anhängt, ihm dennoch ein Rechteverständnis zugesprochen werden kann, dass eine Schnittmenge mit den Menschenrechten besitzt. Dies führt dann bei Azzam zu ähnlichen Problemen, wie z.B. der Notwendigkeit der Diskrimination zwischen erlaubten und unerlaubten Zielen, wie sie auch in der Theorie vom gerechten Krieg existieren. Sogar ein Konzept ähnlich der Duplex-Effectus-Lehre kann Azzam zugesprochen werden. Abschließend wurde in diesem Abschnitt gefragt, ob sich Anschläge, wie diejenigen auf das World Trade Center mit Azzams Theorie vereinbaren lassen. Dies wäre nach wie vor möglich gewesen, da das Schadensprinzip alleine, das Azzam unterstellt wurde, nicht definiert, was als „Schaden zufügen" zu gelten hat, und ob es unter Umständen indirektes Zufügen von Schaden mit einschließt. Dafür wurden jedoch keine Anhaltspunkte gefunden.

Als vierter und letzter Meilenstein wurde die Theorie von Ayman al-Zawahiri diskutiert, der ausdrücklich auch Angriffe auf Zivilisten befürwortet. Dabei verwendet er zunächst eine Selbstverteidigungsrhetorik, ähnlich der von Azzam, um aber dann das „Schaden zufügen" ausdrücklich so weit gefasst zu verstehen, dass Zivilisten, die Steuern zahlen und sich an demokratischen Wahlen beteiligen, schon als indirekt an dem Schaden beteiligt zu gelten haben, den ihre Regierung andernorts verursacht. Es wurde untersucht, ob sich diese Ansicht als haltbar herausstellen kann, was schließlich verneint wurde, da für Zivilisten weder direkt noch indirekt gilt, dass alle von ihnen am Schaden zufügen beteiligt sind, wie dies nötig wäre, um sie pauschal zu legitimen Zielen zu erklären. Es wurde im Anschluss daran darauf hingewiesen, dass jedoch auch nicht alle Soldaten direkt oder indirekt daran beteiligt sind, anderen Schaden zuzufügen, woraufhin ein Konstrukt ähnlich der Mittäterschaft im Strafrecht bemüht wurde, um alle Soldaten moralisch für den durch ihre Armee verursachten Schaden haftbar zu machen. Dies, so wurde argumentiert, war jedoch abhängig von einem gemeinsamen Tatplan oder einer gemeinsamen Absicht, wie sie Zivilisten nicht unterstellt werden kann, so dass sich auch daraus keine generelle Haftung von Zivilisten ableiten lässt.

Betrachtet man die Gewaltrechtfertigungsstrategien, die vorangegangen sind, so scheint es, als ließen sich diese in die Form eines Entscheidungsbaumes bringen und in ein Schema einordnen. Abbildung 2 zeigt eine graphische Darstellung dieses Entscheidungsbaumes. Folgt man dem präsentierten Schema, so wäre die erste Entscheidung, die im Hinblick auf eine bestimmte Gewaltrechtfertigungsstrategie zu treffen ist die, ob es sich um eine normative Rechtfertigung handelt, die Ansprüche bezüglich des moralischen Status einer Handlung erhebt, oder ob es sich um eine pragmatische Rechtfertigung handelt, die dies nicht tut. Im Falle Azzams wurde gezeigt, dass dieser auch solche Rechtfertigungen aufgenommen hatte, die keine moralischen Ansprüche erhoben, sondern diese voraussetzten. Dies ist jedoch keineswegs inkonsistent, sondern lediglich den verschiedenen Verwendungen des Wortes „rechtfertigen" geschuldet. Denn einerseits kann „sich rechtfertigen" lediglich bedeuten, dass man sich erklärt und Gründe für sein Handeln angibt, in welchem Falle auch rein pragmatische Gründe gute Gründe darstellen können. Dies war jedoch nicht die Art von „Rechtfertigung", die Gegenstand dieser Arbeit sein sollte. Andererseits kann „rechtfertigen" jedoch auch bedeuten, dass jemand etwas als berechtigt hinstellen möchte und behauptet, dass es „richtig" oder „gut" sei. In diesem Fall würden mit der „Rechtfertigung" normative Ansprüche vertreten. Dies ist denn auch die erste Ebene des Entscheidungsbaumes, wobei die pragmatischen Gründe hier nicht weitergeführt werden, da es derer zu viele gibt, so dass sie hier unmöglich auch nur annähernd vollständig angeführt werden könnten und darüber hinaus stehen diese auch nicht im Interesse dieser Arbeit.

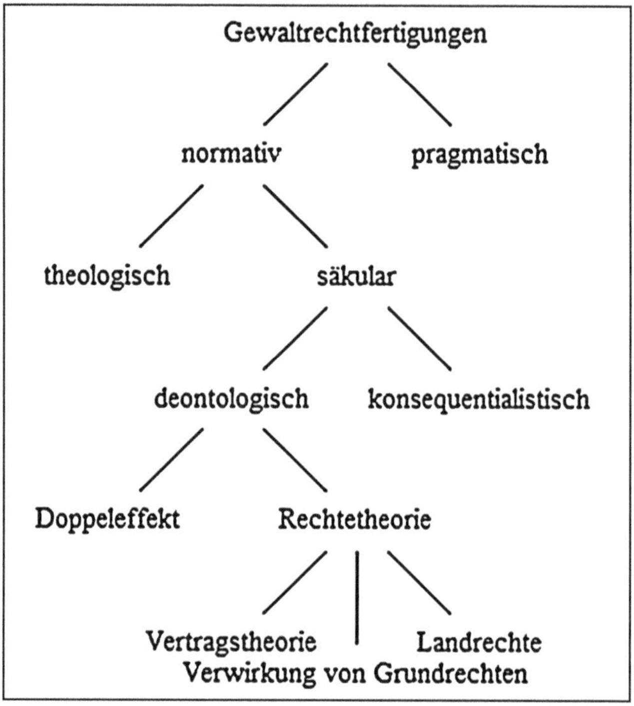

Abbildung 2: Versuch einer Taxonomie für Gewaltrechtfertigungen.

Die nächste Entscheidung, die zu treffen ist, ist diejenige, ob man eine normative Gewaltrechtfertigung auf Basis von theologischen oder säkularen Überlegungen versuchen möchte. Der Grund dafür ist, dass, wenn man sich entschieden hat, moralische Überlegungen anzustellen, die Quelle der Moral bestimmt werden muss. Dabei handelt es sich um eine metaethische Fragestellung. Die *Stanford Encyclopedia of Philosophy* definiert Metaethik dabei als

> „*the attempt to understand the metaphysical, epistemological, semantic, and psychological, presuppositions and commitments of moral thought, talk, and practice. As such, it counts within its domain a broad range of questions and puzzles, including: [...] If there are moral facts, what is their origin?*“ (Sayre-McCord 2008)

In erster Instanz kann dieser Ursprung religiöser oder säkularer Natur sein. Hierzu wurde in Kapitel 2 argumentiert, dass eine theologische Gewaltrechtfertigung internalistisch überaus stabil ist, jedoch externalistisch nicht überzeugen kann, speziell nicht Anders- und Ungläubige. Sollte man sich dann für eine säkulare Moraltheorie entschieden haben, so stellt sich anschließend die Frage, welche der beiden großen Gruppen von Theorien man zur Gewaltrechtfertigung heranziehen möchte. Hier gibt es, zumindest wenn man Moraltheorien untersucht, die Handlungen bewerten, zunächst lediglich zwei Möglichkeiten: deontologische Theorien, also solche, die sich auf eine erste Regel oder ein erstes Prinzip berufen, oder konsequentialistische Theorien, welche die Folgen einer Handlung zur Bewertung derselben heranziehen. Darüber hinaus gibt es noch weitere Theorien, die normalerweise unter dem Begriff *aretaisch* geführt werden (von griech. arete – Tugend), die sich nicht darauf konzentrieren, welche Handlungen man ausführen darf bzw. soll, sondern darauf, was man für ein Mensch sein sollte (Hursthouse 2010). Diese Theorien wurden im Zuge der pazifistischen Alternative angesprochen, zu einer Rechtfertigung von Gewaltanwendung scheinen sie jedoch eher ungeeignet, weswegen sie auch hier nicht weiter diskutiert werden.

Entscheidet man sich für einen konsequentialistischen Zugang, wie er etwa bei interessensbasierten Eigentumstheorien eine gewisse Rolle spielt,[45] so endet die moralische Fragestellung hier und man hat sich fortan mit den Fakten zu beschäftigen. Wenn man nämlich behauptet, dass die Folgen *X* einer Handlung einem konsequentialistischen Zugang zufolge nämlich erstrebenswerter sind als die Folgen *Y* seiner Alternative, so ist aus moralischer Hinsicht hier alles gesagt und nun ist nur noch zu prüfen, ob dies auch faktisch stimmt. Dieser Punkt wurde hier im Zusammenhang mit den Landrechten am Heiligen Land erreicht, wo sich die Geschichte so verworren darstellt, dass schwer zu beurteilen ist, wem welche Eigentumsrechte zugesprochen werden sollten.

Alternativ kann man deontologische Ansätze verfolgen. Diese werden in der *Stanford Encyclopedia of Philosophy* folgendermaßen definiert:

> „*[Deontological] theories judge the morality of choices by criteria different than the states of affairs those choices bring about. Roughly speaking, deontologists of all stripes hold that some choices cannot be justified by their effects – that no matter how morally good their consequences, some choices are morally forbidden. On deontological accounts of morality, agents cannot make certain wrongful choices even if by doing so the number of wrongful choices will be minimized (because other agents will be prevented from engaging in similar wrongful choices). For deontologists, what makes a choice right is its conformity with a moral norm. Such norms are to be simply obeyed by each moral agent; such norm-keepings are not to be maximized by each agent. In this sense, for deontologists, the Right has priority over the Good. If an act is not in accord with the Right, it may not be undertaken, no matter the Good that it might produce (including even a Good consisting of acts in accordance with the Right).*“ (Alexander 2008)

Die Regeln oder Prinzipen, denen gefolgt wird können dabei so einfach sein, wie die Regel des fünften Gebots, „Du sollst nicht töten“, oder komplexere Formen annehmen wie Kants kategorischen Imperativ. Die beiden Formen deontologischer

45 Eigentumstheorien als Gewaltrechtfertigungsstrategien sind in (Schnelle 2011) ausführlicher diskutiert.

Theorien, die uns zuvor begegnet sind, waren dabei einerseits die Doppeleffektlehre des Thomas von Aquin und andererseits Rechtetheorien, bei denen die Regel war, dass bestimmte Rechte nicht verletzt werden dürfen und zu ihrer Verteidigung Gewaltgebrauch rechtfertigen. Diese bildeten letztendlich die Gewaltrechtfertigungsgrundlage bei allen hier betrachteten islamistischen Autoren, wobei diese nicht jedes Mal konsistent durchgeführt wurden. Auch variierte das Recht, welches als Grundlage der Gewaltrechtfertigung herangezogen wurde. Zum einen wurde ein Vertragsrecht bemüht (Maududis Versuch, die Todesstrafe bei Apostasie zu rechtfertigen), zum anderen wurden Grundrechte bemüht, deren Verteidigung erlaubt war, da der Angreifer seinerseits, durch seinen Angriff, seine Rechte verwirkte. Dies konnte manchmal als gelungen angesehen werden (Azzams Verteidigung des Widerstandes gegen die Sowjettruppen in Afghanistan) und manchmal als gescheitert gelten (Zawahiris Versuch, Zivilisten eine Rechtsverletzung zuzusprechen). Auch wurden Landrechte zur Gewaltrechtfertigung bemüht (Passagen in Azzams Werken) und der Versuch gestartet, ein Widerstandsrecht zu begründen (Faraj). Die Vielzahl an Rechten, die hier in Frage kommt, kann demnach hier auch nicht vollständig wiedergegeben werden und in der Abbildung sind nur einige Beispiele genannt.

Was bleibt also als Fazit dieser Arbeit? Wohl nur, dass eine Vielzahl von Gewaltrechtfertigungsstrategien existiert, die konsistent durchgeführt werden können. Da jedoch früher oder später immer Faktenwissen eine Rolle spielen wird, so wird immer eine Einzelfallprüfung in Bezug auf eine bestimmte Behauptung, zu Recht Gewalt anzuwenden, notwendig sein. Für diese Einzelfallprüfungen wurden in dieser Arbeit einige Kriterien entwickelt, die eine Richtschnur liefern können, wenn es darum geht, diese tatsächlich durchzuführen. Für einige wenige Meilensteine in der Geschichte des radikalen politischen Islam wurde dies auch hier durchgeführt, wobei die Gewaltrechtfertigungsstrategie der jeweiligen Autoren manchmal auch für westliche Leser akzeptabel erscheinen konnte und manchmal nicht.

Dies mag nach einem mageren Fazit klingen, wenn jedoch den Menschen im Westen bewusst wäre, dass nicht jede Form der politischen Gewalt durch Islamisten automatisch illegitim ist, und dass darüber hinaus berechtigte Klagen über Missstände in der arabischen Welt bestehen, dann wäre ein erster Schritt zu einem besseren gegenseitigen Verständnis getan. Ob die radikalen Kräfte aus den in dieser Arbeit gewonnenen Prinzipien einen Gewinn ziehen können ist fraglich. Zumindest gemäßigt Kräfte sollten jedoch davon profitieren, wenn einerseits im Westen mehr Augenmerk auf die Unterscheidung islamischer Bewegungen gelegt und der Hang zur Vorverurteilung verringert wird, und außerdem klare Grundsätze formuliert sind, wie es auch moderaten religiösen Gruppen möglich ist, sich am politischen Diskurs zu beteiligen.

Literatur

Alexander, Larry und Moore, Michael (2008), 'Deontological Ethics' in: *The Stanford Encyclopedia of Philosophy* (Fall 2008 Edition).

Aquin, Thomas von (1987), *Recht und Gerechtigkeit*, Übers. J. F. Groner (Bonn: IfG Verlagsgesellschaft mbH)

Augustine (1995), *The Problem of Free Choice*, Übers. D. M. Pontifex (London: Longmans).

Azzam, Abdullah (ohne Jahr), *Defense of the Muslim Lands*, URL: http://www.archive. org/details/Defense_of_the_Muslim_Lands (zuletzt besucht 8. Oktober 2011).

Azzam, Abdullah (ohne Jahr), *Join the Caravan*, URL: http://www.islamist watch.org/texts/azzam/caravan/caravan.html (zuletzt besucht 3. Oktober 2009).

Bannan, Talal Saleh (1988), *Ibn-Taymiyyah's theory of political legitimacy*, PhD Thesis (Lincoln: The University of Nebraska).

Bellamy, Alex J. (2006), *Just Wars: From Cicero to Iraq* (Cambridge: Polity Press).

Bellamy, Alex J. (2008), *Fighting Terror: Ethical Dilemmas* (London: Zed Books).

Berlin, Isaiah (1969), *Four Essays on Liberty* (Oxford: University Press).

Bota, Alice und Bernd, Ulrich (2011), 'Der Marsch auf Jerusalem' in: *Die Zeit* 22.06.2011, Nr. 26.

Butler, Ronald J. (1978), 'Report on *Analysis* 'Problem' No. 16' in: *Analysis* 38: 113-114.

Campanini, Massimo (2010), *Qu'ran: Modern Muslim Interpretations* (Florence, KY: Routledge).

Connell, F. J. (1967), 'Double Effect, Principle of' in: *The New Catholic Encyclopedia*, Vol. 4 (New York: McGraw-Hill): 1020-1022.

Damir-Geilsdorf (2003), *Herrschaft und Gesellschaft: Der islamistische Wegbereiter Sayyid Qutb und seine Rezeption* (Würzburg: Ergon).

Dworkin, Ronald (1977), *Taking Rights Seriously* (Cambridge, MA: Harvard University Press).

Foot, Philippa (2003), *Virtues and Vices: And Other Essays in Moral Philosophy* (Oxford: University Press).

Gibb, H. A. R. und Kramers, J. H. (Hrsg.) (1974), *A Shorter Encyclopedia of Islam* (Ithaca: Cornell University Press).

Grotius, Hugo (1925), *De Jure Belli ac Pacis Libri Tres*, Übers. F. W. Kelsey (Washington, DC: Carnegie Council).

Habermas, Jürgen (2001), *Glauben und Wissen: Friedenspreis des Deutschen Buchhandels 2001* (Frankfurt am Main: Suhrkamp).

Habermas, Jürgen (2006), *The Future of Human Nature* (Oxford: Polity).

Hart, H. L. A. (1968), *Intention and Punishment* (Oxford: Oxford University Press).

Held, Virginia (1970), 'Can a Random Collection of Individuals be Morally Responsible?' in: *The Journal of Philosophy* 67: 471-481.

Held, Virginia (2008), *How Terrorism is Wrong: Morality and Political Violence* (Oxford: University Press).

Hobbes, Thomas (1996), *Leviathan* (Oxford: University Press).

Hoffmann, Bruce (2006), *Inside Terrorism* (New York: Columbia University Press).

Horton, David (1994), *The Encyclopaedia of Aboriginal Australia: Aboriginal and Torres Strait Islander History, Society, and Culture* (Canberra: Aboriginal Studies Press).

Hursthouse, Rosalind (2010), 'Virtue Ethics' in: *The Stanford Encyclopedia of Philosophy* (Winter 2010 Edition).

Ignatieff, Michael (2000), *Virtual War* (London: Chatto & Windus).

Jansen, Johannes J. G. (1986), *The Neglected Duty* (New York: Macmillan).

Jörden, Jan (2004) 'Zurechnungsprobleme bei Gruppen und Kollektiven' in: Kaufmann, Matthias und Renzikowski, Joachim (Hrsg.), *Zurechnung als Operationalisierung von Verantwortung* (Frankfurt am Main: Peter Lang): 135-146.

Kamali, Mohammad Hashim (1994), *Freedom of Expression in Islam* (Kuala Lumpur: Berita Publishing).

Kaufmann, Matthias (1988), Recht ohne Regel? Die philosophischen Prinzipien in Carl Schmitts Staats- und Rechtslehre (Freiburg: Karl Alber).

Kaufmann, Matthias (1999), *Aufgeklärte Anarchie: Eine Einführung in die politische Philosophie* (Berlin: Akademie Verlag).

Kaufmann, Matthias (2004), 'Wer darf welche Rechte mit Gewalt verteidigen?' in: *Gewalt und Recht in transkultureller Perspektive* (Frankfurt am Main: Lang): 81-95.

Kaufmann, Matthias (2008), 'What is New in the Theory of War in Kant's *Metaphysics of Morals*?' in: *Jahrbuch für Recht und Ethik Bd. 16* (Berlin: Duncker & Humblot): 147-163.

Kennedy, Robert (1999), 'Is one person's terrorist another's freedom fighter? Western and Islamic approaches to 'just war' compared' in: *Terrorism and Political Violence* 11 (London: Routledge): 1-21.

Kenny, Joseph (2003), *Philosophy of the Muslim World* (Washington, DC: Council for Research Values and Philosophy).

Kepel, Gilles (1995), Der Prophet und der Pharao (München: Piper).

Kepel, Gilles (2002), *JIHAD. The Trail of Political Islam* (London: I.B. Tauris).

Kepel, Gilles und Milleli, Jean-Pierre (2008), *Al Qaeda in Its Own Words* (Cambridge: Harvard University Press).

Khan, Muqtedar M.A. (2003), 'Radical Islam, Liberal Islam' in: *Current History* Vol. 102, No 668: 417-421.

Laqueur, Walter (1987), *The Age of Terrorism* (Boston: Little, Brown and Company).

Locke, John (1977), *Zwei Abhandlungen über die Regierung* (Frankfurt: Suhrkamp).

Locke John (2003), *Über die Regierung* (Stuttgart: Reclam).

Luther, Martin (1979), *Wider die stürmenden Bauern* (Nürnberg: Verlag Medien & Kultur).

MacIntyre, Alasdair (1995), *Der Verlust der Tugend: Zur moralischen Krise der Gegenwart* (Berlin: Suhrkamp).

Mackie, John Leslie (1982), *The Miracle of Theism* (Oxford: Clarendon).

Mansfield, Laura (2006), *His Own Words: A Translation of the Writings of Dr. Ayman al Zawahiri* (Old Tappan: TLG Publications).

McIntyre, Alison (2001), 'Doing Away with Double Effect' in: *Ethics* 111: 219-255.

McIntyre, Alison (2011), 'Doctrine of Double Effect' in: *The Stanford Encyclopedia of Philosophy* (Fall 2011 Edition).

McMahan, Jeff (2009), *Killing in War* (Oxford: Clarendon Press).

McMahan, Jeff (2010), *Kann Töten gerecht sein? Krieg und Ethik* (Darmstadt: Wissenschaftliche Buchgesellschaft).

Meier, Heinrich (2009), *Die Lehre Carl Schmitts: Vier Kapitel zur Unterscheidung Politischer Theologie und Politischer Philosophie* (Stuttgart: Metzler).

Mill, John Stuart (1988), *Über die Freiheit* (Stuttgart: Reclam).

Moaddel, Mansoor und Talattof, Kamran (2002), *Modernist and Fundamentalist Debates in Islam: A Reader* (New York: Palgrave).

Narveson, Jan (1965), 'Pacifism: A Philosophical Analysis' in: *Ethics* 75: 259-271.

Nozick, Robert (1974), *Anarchy, State and Utopia* (New York: Basic Books).

Oeming, Manfred (2007), *Biblische Hermeneutik: Eine Einführung* (Darmstadt: Wissenschaftliche Buchgesellschaft).

Orend, Brian (2006), *The Morality of War* (Peterborough, Ontario: Broadview Press).

Pagden, Anthony und Lawrence, Jeremy (Hrsg.) (2003), *Vitoria: Political Writings* (Cambridge: University Press).

Qubt, Sayyid (2000), *Social Justice in Islam* (Oneonta: Islamic Publications).

Qutb, Seyyid (ohne Jahr), *Milestones* (Damascus: Dar al-Ilm).

Rahman, S. A. (1996), *Punishment of Apostasy in Islam* (New Delhi: Kitab Bhavan).

Rawls, John (2001), *The Law of Peoples: with "The Idea of Public Reason Revisited"* (Cambridge, MA: Harvard University Press).

Rawls, John (2005), *Political Liberalism* (New York: Columbia University Press).

Rödig, Jürgen (1969), *Die Denkform der Alternative in der Jurisprudenz* (Heidelberg: Springer).

Saeed, Abdullah und Saeed, Hassan (2004), *Freedom Of Religion, Apostasy And Islam*, (Farnham: Ashgate).

Sageman, Marc (2004), *Understanding Terror Networks* (Philadelphia: University of Pennsylvania Press).

Salama, Sammy und Bergoch, Joe-Ryan (2008), *Al-Jihad al-Islami* (Middleburry: Center for Nonproliferation Studies) URL: http://cns.miis.edu/archive/wtc01/aljihad.htm (zuletzt besucht 20. Januar 2012).

Sayre-McCord, Geoff (2008), 'Metaethics' in: *The Stanford Encyclopedia of Philosophy* (Fall 2008 Edition).

Schindler, D. und Toman J. (Hrsg.) (1988) *The laws of armed conflicts: a collection of conventions, resolutions, an other documents*. (Alphen aan den Rijn: Sijthoff & Noordhoff).

Schmitt, Carl (1950), *Der Nomos der Erde im Völkerrecht des Jus Publicum Europaeum* (Köln: Greven Verlag).

Schmitt, Carl (2009), *Politische Theologie: Vier Kapitel zur Lehre von der Souveränität* (Berlin: Duncker & Humblot).

Schmücker, Reinold (2000), 'Gibt es einen gerechten Krieg?' in: *DZPhil* 48: 319-340.

Schmücker, Reinold (2005), ‚Krieg als Mittel der Moral? Zur Legitimität humanitärer Interventionen' in: *Nationale Interessen und internationale Politik* (Frankfurt am Main: Peter Lang): 7-41.

Schnelle, Sebastian (2006), *Sayyid Qutb vs. John Rawls: Ein Vergleich von politischem Islam und westlichem Liberalismus* Magisterarbeit (Hamburg: Universität Hamburg).

Schnelle, Sebastian (2011), '150 Years Queensland: 150 Years Unlawful Occupation?' in: *Crossroads: An Interdisciplinary Journal for the Study of History, Philosophy, Religion and Classics*, Volume 5, Issue 2: 97-109.

Schnelle, Sebastian (2012a), 'Abdullah Azzam, Ideologue of Jihad: Freedom Fighter or Terrorist?' in: *Journal of Church and State*, Volume 54 (4): 625-647.

Schnelle, Sebastian (2012b), 'On the translation of political theology into secular language' in: *Crossroads: An Interdisciplinary Journal for the Study of History, Philosophy, Religion and Classics*, Volume 6, Issue 1: 26-30.

Schuller, Florian (Hrsg.) (2005), *Dialektik der Säkularisierung* (Freiburg: Herder).

Sharp, Gene (2010), *From Dictatorship to Democracy: A Conceptual Framework For Liberation* (Boston: The Albert Einstein Institution).

Shuffelton, Frank (Hrsg.) (2009), *The Cambridge Companion to Thomas Jefferson* (Cambridge: University Press).

Steinvorth, Ulrich (2005), 'Gründe und Grenzen militärischer Gewalt' in *Nationale Interessen und internationale Politik* (Frankfurt am Main: Peter Lang): 43-67.

Steinvorth, Ulrich (2006), *Docklosigkeit oder zur Metaphysik der Moderne* (Paderborn: Mentis).

Strauss, Leo (1959), *What is Political Philosophy?* (Glencoe: Free Press).

The White House (Hrsg.) (2011), *International Strategy for Cyberspace. May 2011*, URL: http://www.whitehouse.gov/sites/default/files/rss_viewer/international_strategy_for_cyberspace.pdf (zuletzt besucht 11. Januar 2012).

Thomson, Judith J. (1985), 'The Trolley Problem' in: *The Yale Law Journal* Vol. 94, No 6: 1395-1415.

Thomson, Judith J. (1991), 'Self-Defense' in: *Philosophy and Public Affairs* Vol. 20, No 4: 283-310.

Tibi, Bassam (2001), *Der wahre Imam* (München: Piper).

Tibi, Bassam (2003), *Im Schatten Allahs: Der Islam und die Menschenrechte* (Berlin: Ullstein).

Vitoria, Francisco de (1997), *Vorlesungen: Völkerrecht, Politik, Kirche = Relectiones*, Hrsg. Horst, Ulrich (Stuttgart: Kohlhammer).

Walzer, Michael (1977), *Just and Unjust Wars* (New York: Basic Books).

Walzer, Michael (2000), *Just and Unjust Wars* (New York: Basic Books).

Walzer, Michael (2004), *Arguing About War* (New Haven: Yale University Press).

Watt, W. Montgomery (1974), *The Majesty that was Islam: The Islamic World 661-1100* (New York: Sidgwick & Jackson).

Wolffsohn, Michael (2002), *Wem gehört das Heilige Land?* (München: Piper)

Treffpunkt Philosophie

Herausgegeben von Matthias Kaufmann, Dieter Birnbacher, Jan C. Joerden, Wolfgang Kersting, Peter Koller, Georg Lohmann, Georg Mohr, Joachim Renzikowski, Wilhelm Vossenkuhl

Band 1 Matthias Kaufmann (Hrsg.): Recht auf Rausch und Selbstverlust durch Sucht. Vom Umgang mit Drogen in der liberalen Gesellschaft. 2003.

Band 2 Georg Lohmann (Hrsg.): Demokratische Zivilgesellschaft und Bürgertugenden in Ost und West. 2003.

Band 3 Matthias Kaufmann (Hrsg.): Wahn und Wirklichkeit – Multiple Realitäten. Der Streit um ein Fundament der Erkenntnis. 2003.

Band 4 Matthias Kaufmann / Joachim Renzikowski (Hrsg.): Zurechnung als Operationalisierung von Verantwortung. 2004.

Band 5 Matthias Kaufmann / Lukas Sosoe (Hrsg.): Gattungsethik – Schutz für das Menschengeschlecht? 2005.

Band 6 Sibylle Plunger: Patientenautonomie und Willensfreiheit im Umfeld der Gerontopsychiatrie. Über die praktische Realisierbarkeit philosophischer Denkansätze in der Medizin. 2007.

Band 7 Arne Moritz / Harald Schwillus (Hrsg.): Gartendiskurse. Mensch und Garten in Philosophie und Theologie. 2007.

Band 8 Matthias Kaufmann / Robert Schnepf (Hrsg.): Politische Metaphysik. Die Entstehung moderner Rechtskonzeptionen in der Spanischen Scholastik. 2007.

Band 9 Andrés Eduardo Saldarriaga Madrigal: Person und Gerechtigkeit. Der systematische Zusammenhang von Personenkonzeption und Gerechtigkeitsphilosophie. 2009.

Band 10 Dominik Recknagel: Einheit des Denkens trotz konfessioneller Spaltung. Parallelen zwischen den Rechtslehren von Francisco Suárez und Hugo Grotius. 2010.

Band 11 André Gursky: Rechtspositivismus und konspirative Justiz als politische Strafjustiz in der DDR. 2011.

Band 12 Sebastian Schnelle: Im Namen Allahs? Gewaltrechtfertigungsstrategien islamischer Fundamentalisten aus westlicher Perspektive. 2013.

www.peterlang.de

www.ingramcontent.com/pod-product-compliance
Ingram Content Group UK Ltd.
Pitfield, Milton Keynes, MK11 3LW, UK
UKHW041119041026
8980IPUK00024B/20

9 783631 641705